DIREITO, LEGISLAÇÃO E LIBERDADE

# F. A. HAYEK

# DIREITO, LEGISLAÇÃO E LIBERDADE

*Sobre regras e ordem*

Tradução
**CARLOS SZLAK**

*"Considero a obra de Hayek uma nova oportunidade para a discussão mais fundamental no campo da filosofia política."*
SIR KARL POPPER

*"Esta promete ser a obra suprema de um pensador que dedicou toda a sua vida a refletir a respeito da sociedade e dos seus valores. A obra toda deve certamente se tornar uma contribuição imensa à filosofia social e do direito."*

PHILOSOPHICAL STUDIES

COPYRIGHT © FARO EDITORIAL, 2023
COPYRIGHT © F. A. HAYEK 1973, 1976, 1979, 1982, 2013
FOREWORD © 2013 PAUL KELLY

Vol. 1 Rules and order first published 1973
Vol. 2 The mirage of social justice first published 1976
Vol. 3 The political order of a free people first published 1979

First published in one volume with corrections and revised preface in 1982 by Routledge and Kegan Paul Ltd.

Published 2019 by Routledge

All rights reserved

Authorised translation from the English language edition published by Routledge, a member of the Taylor & Francis Group

Todos os direitos reservados.

Avis Rara é um selo da Faro Editorial.

Nenhuma parte deste livro pode ser reproduzida sob quaisquer meios existentes sem autorização por escrito do editor.

Diretor editorial **PEDRO ALMEIDA**

Coordenação editorial **CARLA SACRATO**

Preparação **TUCA FARIA**

Revisão **BARBARA PARENTE E CRIS NEGRÃO**

Capa e diagramação **OSMANE GARCIA FILHO**

Imagem de capa **R.CLASSEN | SHUTTERSTOCK**

Dados Internacionais de Catalogação na Publicação (CIP)
Jéssica de Oliveira Molinari CRB-8/9852

Hayek, Friedrich A. von (Friedrich August), 1899-1992
   Direito, legislação e liberdade : sobre regras e ordem / F. A. Hayek ; tradução de Carlos Szlak. — São Paulo : Faro Editorial, 2023.
   192 p. : (Vol. 1)

   ISBN 978-65-5957-265-6
   Título original: Law, Legislation and Liberty

   1. Ciências sociais 2. Liberdade 3. Democracia 3. Justiça social 4. Política econômica I. Título II. Szlak, Carlos

22-7096                                                                 CDD 320.01

Índice para catálogo sistemático:
1. Ciências sociais

1ª edição brasileira: 2023
Direitos de edição em língua portuguesa, para o Brasil, adquiridos por FARO EDITORIAL.

Avenida Andrômeda, 885 — Sala 310
Alphaville — Barueri — SP — Brasil
CEP: 06473-000
www.faroeditorial.com.br

# SUMÁRIO

*Apresentação* . . . . . . . . . . . . . . . . . . . . . . . . . . . . . . . . . . . . . . 11
*Apresentação à edição brasileira* . . . . . . . . . . . . . . . . . . . . . . . . 17

## VOLUME I — SOBRE REGRAS E ORDEM

*Introdução.* . . . . . . . . . . . . . . . . . . . . . . . . . . . . . . . . . . . . . . . 21

## CAPÍTULO 1 — RAZÃO E EVOLUÇÃO . . . . . . . . . . . . . . . . . 29

Construção e evolução . . . . . . . . . . . . . . . . . . . . . . . . . . . . . . . 29
Os princípios do racionalismo cartesiano. . . . . . . . . . . . . . . . . . . 30
As limitações permanentes do nosso conhecimento factual . . . . . . . . . 33
Conhecimento factual e ciência . . . . . . . . . . . . . . . . . . . . . . . . . . 36
A evolução simultânea da mente e da sociedade: o papel das normas . . . . . 38
A falsa dicotomia entre "natural" e "artificial". . . . . . . . . . . . . . . . . 41
A ascensão da abordagem evolucionista. . . . . . . . . . . . . . . . . . . . . 43
A persistência do construtivismo no pensamento atual . . . . . . . . . . . . 46
Nossa linguagem antropomórfica . . . . . . . . . . . . . . . . . . . . . . . . 48
Razão e abstração . . . . . . . . . . . . . . . . . . . . . . . . . . . . . . . . . . 50
Por que as formas extremas do racionalismo construtivista costumam levar a
uma revolta contra a razão? . . . . . . . . . . . . . . . . . . . . . . . . . . 53

## CAPÍTULO 2 — COSMOS E *TAXIS* . . . . . . . . . . . . . . . . . . . 56

O conceito de ordem . . . . . . . . . . . . . . . . . . . . . . . . . . . . . . . . 56
As duas fontes de ordem . . . . . . . . . . . . . . . . . . . . . . . . . . . . . . 58
As propriedades distintivas das ordens espontâneas . . . . . . . . . . . . . . 59
Ordens espontâneas na natureza . . . . . . . . . . . . . . . . . . . . . . . . . . 61
Na sociedade, a confiança na ordem espontânea tanto amplia quanto
limita os nossos poderes de controle . . . . . . . . . . . . . . . . . . . . 62

As ordens espontâneas resultam da obediência dos seus elementos
a certas normas de conduta. . . . . . . . . . . . . . . . . . . . . . . . 64
A ordem espontânea da sociedade é constituída de indivíduos e organizações. . 68
As normas das ordens espontâneas e as normas organizacionais. . . . . . . . 70
Os termos "organismo" e "organização" . . . . . . . . . . . . . . . . . . . 74

## CAPÍTULO 3 — PRINCÍPIOS E CONVENIÊNCIA. . . . . . . . . . . . 77

Objetivos individuais e benefícios coletivos . . . . . . . . . . . . . . . . . 77
A liberdade só pode ser preservada seguindo princípios e é destruída
seguindo a conveniência . . . . . . . . . . . . . . . . . . . . . . . . 78
As "necessidades" da política costumam ser consequências
de medidas anteriores. . . . . . . . . . . . . . . . . . . . . . . . . 81
O perigo de dar maior importância às consequências previsíveis das
nossas ações do que às meramente possíveis . . . . . . . . . . . . . . 83
O realismo espúrio e a coragem necessária para levar em consideração a utopia . 85
O papel do jurista na evolução política . . . . . . . . . . . . . . . 87
O desenvolvimento moderno do direito tem sido orientado em grande
medida por ciência econômica falsa . . . . . . . . . . . . . . . . . . 90

## CAPÍTULO 4 — O CONCEITO DINÂMICO DO DIREITO . . . . . . . . 95

O direito é mais antigo do que a legislação . . . . . . . . . . . . . . . . 95
As lições da etologia e da antropologia cultural . . . . . . . . . . . . . . 97
O processo de enunciação das práticas . . . . . . . . . . . . . . . . . . 99
Normas factuais e normas prescritivas . . . . . . . . . . . . . . . . . . 102
O direito antigo . . . . . . . . . . . . . . . . . . . . . . . . . . . . 104
A tradição clássica e medieval . . . . . . . . . . . . . . . . . . . . . . 105
Os atributos distintivos do direito resultantes do costume
e da jurisprudência . . . . . . . . . . . . . . . . . . . . . . . . . . 109
Por que o direito em evolução requer correção por meio da legislação? . . . . 112
A origem dos corpos legislativos. . . . . . . . . . . . . . . . . . . . . 113
Obediência e soberania . . . . . . . . . . . . . . . . . . . . . . . . . 115

## CAPÍTULO 5 — *NOMOS*: O DIREITO À LIBERDADE . . . . . . . . . 118

As funções do juiz. . . . . . . . . . . . . . . . . . . . . . . . . . . . 118
Como a função do juiz difere da do chefe de uma organização? . . . . . . . 121
O objetivo da jurisdição é a manutenção de uma ordem de ações
em progresso. . . . . . . . . . . . . . . . . . . . . . . . . . . . . 122

"Ações relativas a outras pessoas" e a proteção das expectativas . . . . . . . . 125

Em uma ordem dinâmica de ações, apenas algumas expectativas podem
  ser protegidas . . . . . . . . . . . . . . . . . . . . . . . . . . . . . . 127

A coincidência máxima das expectativas é obtida pela delimitação dos
  domínios protegidos. . . . . . . . . . . . . . . . . . . . . . . . . . . . 131

O problema geral dos efeitos dos valores sobre os fatos . . . . . . . . . . . . 135

O "propósito" do direito . . . . . . . . . . . . . . . . . . . . . . . . . . . 137

A enunciação do direito e a previsibilidade das decisões judiciais . . . . . . . 140

A função do juiz se restringe à esfera de uma ordem espontânea . . . . . . . . 143

Conclusões. . . . . . . . . . . . . . . . . . . . . . . . . . . . . . . . . . 147

## CAPÍTULO 6 — *THESIS*: A LEI REFERENTE À LEGISLAÇÃO . . . . . 149

A legislação se origina da necessidade de estabelecer normas organizacionais . . 149

Lei e estatuto: a aplicação da lei e a execução de prescrições . . . . . . . . . 151

A legislação e a teoria da separação dos poderes . . . . . . . . . . . . . . . 153

As funções governamentais das assembleias representativas . . . . . . . . . 154

Direito privado e direito público. . . . . . . . . . . . . . . . . . . . . . . 157

Direito constitucional. . . . . . . . . . . . . . . . . . . . . . . . . . . . . 159

Legislação financeira . . . . . . . . . . . . . . . . . . . . . . . . . . . . . 161

Direito administrativo e o poder de polícia. . . . . . . . . . . . . . . . . . . 162

As "medidas" de política governamental . . . . . . . . . . . . . . . . . . . 165

A transformação do direito privado em direito público pela legislação "social" . . 166

O viés mental de um legislativo ocupado com a administração pública . . . . 169

*Notas* . . . . . . . . . . . . . . . . . . . . . . . . . . . . . . . . . . . . 171

# APRESENTAÇÃO

Com início em 2007, a crise financeira global — a mais longa e profunda desde a década de 1930 — forçou economistas, filósofos e analistas políticos a rever as suposições e as teorias que sustentaram a política e a política econômica em economias ocidentais avançadas durante muitas décadas. A carreira de Friedrich Hayek (1899-1992) como um dos mais importantes defensores da ordem política liberal e de uma economia de livre mercado abrange o período que vai desde a década de 1930 até a década de 1990, e assim as suas ideias estão entre as mais influentes entre políticos e estrategistas econômicos na segunda metade do século XX. Ler as suas principais obras de teoria política significa confrontar tanto a ortodoxia política de grande parte da Europa e dos Estados Unidos, sem falar dos países que emergiram da dominação soviética ou das novas potências emergentes do sul global, como um grande desafio a essa ortodoxia. Também é confrontar uma das vozes importantes de aconselhamento a uma resposta à crise financeira global, que é a de John Maynard Keynes, o contemporâneo intelectual de Hayek. Assim como Hayek liderou a oposição à gestão de demanda keynesiana na década de 1930 de sua cátedra na *London School of Economics*, também no início do século XXI, com muitos aconselhando um retorno às ideias de Keynes, os livros de Hayek continuam a alertar contra o retorno do ativismo político no mercado. Seria um clichê afirmar que nada mudou e que continuamos a repetir os mesmos debates da década de 1930, mas também seria um desserviço a Hayek, cujas ideias se desenvolveram significativamente nas três décadas seguintes ao fim da Segunda Guerra Mundial, quando ele se afastou da economia e se aproximou da filosofia política, aventar que ele havia concluído sua principal contribuição intelectual nas décadas de 1930 e 1940 em seu debate com Keynes. De fato, como o keynesianismo pareceu varrer tudo antes dele, Hayek iniciou um projeto político muito maior, que começa com a rejeição do socialismo, mas que se torna cada vez mais interessado em reorientar o liberalismo e afastá-lo do seu flerte com o coletivismo do século XX. Isso requer muito mais do que uma ofensiva polêmica contra o socialismo ou um ataque técnico ao cálculo econômico, mas também uma reconsideração radical do liberalismo clássico para o final do século XX e além.

*Direito, legislação e liberdade* [*Law, Legislation and Liberty*] foi publicado originalmente em três volumes separados entre 1973 e 1979. Os títulos de cada volume — *Rules and Order* (1973), *The Mirage of Social Justice* (1976) e *The Political Order of a Free People* (1979) — dão um sinal claro da direção do pensamento de Hayek durante os vinte anos desde a conclusão de *The Constitution of Liberty* [1960 — *Os fundamentos da liberdade*], a sua principal contribuição à teoria política liberal. *The Constitution of Liberty* foi considerado uma excentricidade para a sua época, pois a filosofia política anglófona havia abandonado amplamente a teorização geral no período pós-guerra em favor da análise lógico-linguística dos conceitos. A análise conceitual deixou pouco ou nenhum espaço para o tipo de defesa normativa de primeira ordem de um regime liberal que Hayek fornece em seu livro. A economia tornou-se uma disciplina cada vez mais técnica e abandonou qualquer engajamento aberto com a política. Como uma linguagem analítica matemática, a economia profissional ficou cada mais vez distante do tipo de economia política que contrapusera Hayek a Keynes. Embora Hayek fosse receber o Prêmio Nobel de Economia em 1974 (junto com Gunnar Myrdal), os seus interesses intelectuais se voltaram claramente para a filosofia política na grande tradição de Locke, Smith, Marx e J. S. Mill.

*A Constituição da Liberdade* (publicado no Brasil pela Avis Rara) também estava fora do seu tempo porque a combinação da gestão de demanda keynesiana e um estado do bem-estar social em expansão parecia ter propiciado uma terceira via praticável entre o coletivismo de estilo soviético do tipo contra o qual Hayek alertou em *The Road of Serfdom* [1944 — *O caminho da servidão*] e as políticas econômicas de *laissez-faire* do final do século XIX na Grã-Bretanha e nos Estados Unidos. Hayek permaneceu uma voz solitária aconselhando cautela acerca do aumento constante do ativismo estatal na economia. No entanto, embora ele mantivesse muitos leitores influentes, as suas ideias foram ofuscadas pelos acontecimentos, pois mesmo na esquerda política, o "socialismo realmente existente" vinha perdendo em relação a formas mais libertárias de socialismo, e o modelo

APRESENTAÇÃO

soviético de direção política centralizada da economia e da sociedade tinha poucos defensores sérios.

*Direito, legislação e liberdade* começou como uma série de acréscimos técnicos e esclarecimentos sobre a teoria liberal básica das obras anteriores de Hayek. Em parte, esses esclarecimentos foram suscitados pela publicação de diversas contribuições importantes para a filosofia política liberal, incluindo os livros de John Rawls [*A Theory of Justice*, 1972 — *Uma teoria da justiça*], Robert Nozick [*Anarchy, State and Utopia*, 1974 — *Anarquia, Estado e utopia*] e Michael Oakeshott [*On Human Conduct*, 1975]. Cada um desses importantes livros levou Hayek em consideração, evitando a simples análise conceitual em favor da teoria geral em grande escala e, embora não tenham sido expressamente escritos em resposta a *Constituição da Liberdade*, todos interagem diretamente com a versão de liberalismo de Hayek: Rawls defende uma teoria igualitária de justiça social; Nozick propõe um liberalismo baseado em direitos que desafia Rawls e Hayek diretamente; e Oakeshott sugere um conservadorismo liberal baseado no ideal de normas impessoais ou adjetivais como base do estado de direito. Os argumentos dos seus adversários intelectuais também encontraram ecos nos desafios enfrentados pelas democracias liberais ocidentais no final da década de 1960 e início da década de 1970, como conflitos trabalhistas, libertarianismo contracultural e revolta estudantil: do ponto de vista de Hayek, cada evidente asserção de liberdade propiciava um desafio a uma ordem liberal. O argumento de *Direito, legislação e liberdade* mostra que Hayek não era um "libertário hippie", como se poderia caracterizar Nozick. Ao contrário, vemos uma importante defesa do Estado e do estado de direito, justamente em um momento em que ambos pareciam estar sob ataque de inimigos dentro das democracias liberais. O título geral dos três volumes mostra que Hayek conecta direito e liberdade de uma maneira paradoxal para a maioria dos libertários, para quem direito e liberdade devem ser antitéticos. A esse respeito, ele reconhece uma dívida em relação ao grande filósofo iluminista alemão Immanuel Kant, da mesma forma que Rawls e Nozick. No título geral, o termo problemático é *legislação*, pois essa ideia complexa introduz a noção de legislar e, consequentemente, da relação entre direito e vontade política. Qual é a natureza e a autoridade da vontade política e como isso se conecta com a liberdade como ausência de coerção arbitrária? O direito é apenas a vontade imposta da maioria? E, em caso afirmativo, um regime de liberdade é sempre possível ou estamos sempre no caminho da servidão?

No final da década de 1960 e na década de 1970, diante da manifestação política desses problemas filosóficos fundamentais, a teoria política de Hayek passou da margem do pensamento político para o centro do debate político à medida que a crescente demanda por liberalização econômica e privatização em face da estagnação econômica correspondeu à demanda igualmente vigorosa por um Estado forte e pelo estado de direito. A defesa de Hayek do estado liberal forte propiciou um modelo intelectual para aqueles que estimularam as reformas de Thatcher e Reagan no início da década de 1980 (se foi a origem dessas reformas é uma questão mais complexa).

Hayek negou que fosse conservador, preferindo o título de liberal, mas como o liberalismo enquanto força política se moveu na direção do igualitarismo e da liberdade pessoal (na verdade, é por isso que, no léxico político norte-americano, liberal equivale a esquerdista) e se afastou da liberdade e independência econômica, o conservadorismo se aproximou do liberalismo de Hayek e, pouco tempo depois, ele se tornou o porta-estandarte do novo neoliberalismo assertivo que impulsionou a globalização econômica desde o início da década de 1980.

O neoliberalismo, com a sua ênfase na desregulamentação, nos mercados abertos, na não interferência e na tributação mínima, quase alcançou o *status* de fim da história, ou seja, o vencedor final da competição histórica das ideias políticas. Essa visão popularizada por Francis Fukuyama no início da década de 1990, que se baseou em uma inspiração diferente para a sua afirmação, mesmo assim se encaixa bem na compreensão evolutiva de Hayek do progresso social e da ascensão da liberdade. A síntese complexa de Hayek da filosofia da ciência e da psicologia com a economia tradicional e a teoria política geral é concebida para explicar como uma sociedade livre se desenvolve espontaneamente usando o conhecimento disperso que é possibilitado por ações individuais livres.

Embora os argumentos de Hayek tenham tido enorme impacto na condução das agendas políticas nas últimas décadas, também enfrentaram o desafio de crise financeira global, visto que foram justamente os argumentos de Hayek contra a regulamentação que sustentaram o pacto faustiano com o setor de serviços financeiros e os bancos globais que, segundo alguns, levaram ao surgimento de bolhas imobiliárias e de crédito e à consequente perda de controle da dívida pública. Os mercados não regulamentados são cegos e egoístas, não sendo a fonte da grande civilização da liberdade reivindicada por Hayek. Os mercados podem ser extremamente criativos, bem

APRESENTAÇÃO

como extremamente destrutivos, como Joseph Schumpeter, contemporâneo de Hayek, já dissera, mas a destruição também parece se dever aos próprios padrões de civilidade e tradição dos quais as sociedades de mercado viáveis dependem. Os analistas estão começando a apregoar que o momento de maior influência de Hayek já passou e que Keynes tinha razão no fim das contas, e que o papel do estado ativista se justificou em um momento de necessidade econômica, embora uma leitura atenta de *Direito, legislação e liberdade* possa vir a surpreender muitos dos defensores mais grosseiros da globalização aventureira.

Quanto aos conservadores políticos que continuam a acreditar nos benefícios a longo prazo do livre mercado, mas que também reconhecem a importância de comunidades estáveis e sociedades vibrantes, tem havido uma busca por uma compreensão alternativa sobre uma ordem de livre mercado que reconcilie as reivindicações da sociedade com as da iniciativa e do esforço individual. Que lugar melhor para eles começarem do que a magistral obra de Hayek *Direito, legislação e liberdade*, na qual a sua visão de Grande Sociedade [Great Society] oferece uma tentativa de vincular as demandas de liberdade e oportunidade individual a uma ordem política estável? À medida que os políticos procuram uma maneira de caracterizar a sociedade civil após o recuo do estado do bem-estar social diante da austeridade fiscal, a ideia do libertarianismo individualista parece cada vez mais pouco atraente. Nesse contexto, a visão de Hayek de Grande Sociedade continua a ser uma das características mais importantes do livro, onde ele defende o realinhamento adequado do Estado e da sociedade civil. Ele exorta os liberais a reconhecer a função do estado na Grande Sociedade como o fiador das normas que constituem uma sociedade ordenada e livre, em oposição a um interesse institucional que pode ser capturado por diferentes facções da sociedade para promover os próprios interesses. Essa visão de sociedade é diferenciada e não igualitária; é respeitosa da tradição e da ordem, mas também dinâmica, e é mais do que apenas uma sociedade de mercado. Daí o desejo de Hayek de substituir a linguagem às vezes dessecante dos mercados econômicos pela ideia de uma catalaxia como uma ordem espontânea: uma sociedade que cresce e se desenvolve por meio de atos individuais de seus inúmeros participantes. Talvez *Direito, legislação e liberdade*, de Hayek, seja o texto fundador original da *Big Society*.

Em *Direito, legislação e liberdade*, os argumentos de Hayek continuam a se ocupar de algumas das questões mais prementes que enfrentamos hoje;

quer se concorde com ele ou não, os seus *insights* não podem ser ignorados quando repensamos a ideia de Estado, mercado e sociedade civil. Contudo, é muito mais do que uma obra de relevância contemporânea: o livro é uma gigantesca realização teórica de um dos maiores pensadores sociais e políticos do século XX.

PAUL KELLY

professor de filosofia política na London School of Economics and Political Science e chefe do Departamento de Governo.

# APRESENTAÇÃO À EDIÇÃO BRASILEIRA

Por sua contraposição ao keynesianismo, sua reavaliação e atualização radical do liberalismo clássico e seu alerta acerca do ativismo do Estado na economia, entre outras inúmeras questões que desenvolveu, Friedrich Hayek (1899-1992) é considerado um dos maiores pensadores sociais e políticos do século XX.

*Sobre regras e ordem, Os equívocos das políticas de justiça social e A democracia em um país verdadeiramente livre* — os títulos de cada um dos três volumes que compõem *Direito, legislação e liberdade*, publicados em 1973, 1976 e 1979, respectivamente — são fruto de um ambicioso projeto político de Hayek, iniciado já na década de 1930, quando, como partidário dos princípios do liberalismo clássico, confrontou a doutrina econômica de John Maynard Keynes, que surgiu pregando a necessidade de uma forte intervenção estatal na economia.

A partir de então, como revelou o próprio Hayek, ele começou a se desviar de teoria pura da economia, afastando-se cada vez mais dos aspectos técnicos da economia para estudar os problemas da filosofia e, em particular, os motivos pelos quais o próprio aumento da capacidade de compreensão do homem o levou a exagerar os poderes da razão e acreditar que poderia organizar deliberadamente o padrão da interação humana segundo o seu próprio arbítrio.

Em relação aos termos "direito" e "legislação" utilizados no título da obra, o direito, segundo Hayek, é formado pelo conjunto de normas que emerge "espontaneamente", de forma não planejada e não intencionada. O direito se constitui a partir das incontáveis interações das pessoas em ação em suas vidas diárias. Em contraste, a legislação é formada por um conjunto de normas e determinações específicas concebido e imposto conscientemente pelo governo. Para Hayek, a boa sociedade deve usar uma combinação de direito e legislação, embora uma grande quantidade de dano seja provocada quando ambos se confundem.

DIREITO, LEGISLAÇÃO E LIBERDADE

Em *Sobre regras e ordem*, o primeiro volume da obra, Hayek afirma que as normas gerais de conduta justa (as leis de verdade) não são todas elas resultado de criação intencional, ou seja, não surgiram do processo de legislação, ainda que o homem tenha aprendido a aperfeiçoá-las aos poucos de acordo com as suas necessidades. Essas normas do direito foram "descobertas" por meio de um processo evolutivo de seleção entre diferentes sistemas de normas, passando a constituir um sistema jurídico aceito por todos conforme foi ficando claro que ajudavam certas comunidades a prosperar mais e a sobreviver melhor do que outras comunidades que viviam à sombra de regras de organização decretadas por algum tipo de autoridade.

Além disso, *Sobre regras e ordem* sustenta que o racionalismo construtivista, em seu esforço para sujeitar tudo ao controle racional, em sua preferência pelo concreto e em sua recusa a se submeter à disciplina das normas abstratas, acaba por dar as mãos ao irracionalismo. Ademais, assevera que a liberdade só prevalecerá se for aceita como um princípio geral cuja aplicação a casos específicos não exige nenhuma justificativa. A liberdade individual, onde quer que tenha existido, em grande medida foi o resultado de um respeito frequente por princípios gerais pelos quais a comunidade tenha se comprometido, que, no entanto, nunca foram plenamente enunciados em documentos constitucionais.

Como mostra de maneira magistral este primeiro volume, direito e legislação correspondem a meios que precedem o propósito maior que é a liberdade do indivíduo, com o direito, em geral preservando-a, e a legislação, com frequência a desafiando e a colocando sob restrição de forma ilegítima.

# VOLUME I

# SOBRE REGRAS E ORDEM

*Seres inteligentes podem ter leis de sua própria autoria, mas também têm algumas que jamais fizeram.*

MONTESQUIEU
(*DE L'ESPRIT DES LOIS*, I, P. I)

# INTRODUÇÃO

*Parece haver apenas uma única solução para o problema: que a elite da humanidade adquira uma consciência da limitação da mente humana — ao mesmo tempo simples e profunda, humilde e sublime —, para que a civilização ocidental se resigne às suas desvantagens inevitáveis.*

G. FERRERO*

Quando Montesquieu e os autores da Constituição dos Estados Unidos propuseram o conceito de uma constituição limitativa[1] que havia amadurecido na Inglaterra, eles estabeleceram um padrão que foi seguido pelo constitucionalismo liberal desde então. Seu objetivo principal era garantir salvaguardas institucionais para a liberdade individual; e o dispositivo em que depositaram a sua fé foi a separação dos poderes. No entanto, a divisão de poderes entre legislativo, judiciário e executivo, sob a forma como a conhecemos, não alcançou o objetivo pretendido. Os governos em todo o mundo obtiveram, por meios constitucionais, poderes que aqueles homens lhes tinham pretendido negar. Evidentemente, a primeira tentativa de assegurar a liberdade individual por meio de constituições fracassou.

Constitucionalismo significa governo limitado.[2] Porém, a interpretação dada às fórmulas tradicionais de constitucionalismo permitiu conciliá-las com um conceito de democracia segundo o qual essa é uma forma de governo em que a vontade da maioria é ilimitada em relação a qualquer questão.[3] Em consequência, já se aventou seriamente que as constituições são uma relíquia obsoleta que não têm lugar no conceito moderno de governo.[4] E, de fato, que papel desempenha uma constituição que torna possível um governo onipotente? Será o seu papel permitir simplesmente que os governos atuem sem percalços e de maneira eficiente, independentemente dos seus objetivos?

Nessas circunstâncias, parece importante perguntar o que aqueles fundadores do constitucionalismo liberal fariam hoje se, ao perseguirem os objetivos que almejaram, pudessem dispor de toda a experiência que acumulamos durante esse tempo. Há muita coisa que deveríamos ter aprendido com a história dos últimos duzentos anos que aqueles homens com toda a sua sabedoria não podiam saber. Para mim, os seus objetivos parecem ser tão válidos como sempre. No entanto, como os seus meios se mostraram inadequados, é necessária uma nova invenção institucional.

Em outro livro, tentei reformular a doutrina tradicional do constitucionalismo liberal e espero ter conseguido esclarecê-la até certo ponto.[5] Contudo, só depois que concluí esta obra é que me dei conta do motivo pelo qual aqueles ideais não conseguiram manter o apoio dos idealistas aos quais todos os grandes movimentos políticos são devidos, e entendi quais são as crenças dominantes do nosso tempo que se revelaram irreconciliáveis com eles. Parece-me agora que as razões principais para esse desenvolvimento foram: a perda da crença em uma justiça independente do interesse pessoal; o consequente uso da legislação para autorizar a coerção, não apenas para impedir ações injustas, mas também para alcançar determinados resultados para pessoas ou grupos específicos; e a fusão nas mesmas assembleias representativas da tarefa de enunciar as normas da conduta justa com as de comandar o governo.

O que me levou a escrever outro livro sobre o mesmo tema geral do anterior foi o reconhecimento de que a preservação de uma sociedade de homens livres depende da compreensão de três ideias fundamentais que nunca foram adequadamente expostas e aos quais as três partes principais deste livro são dedicadas. A primeira ideia é que uma ordem autogeradora ou espontânea e uma organização são duas coisas distintas, e que a sua distinção está relacionada com dois tipos diferentes de normas ou leis que nelas prevalecem. A segunda ideia é que o que hoje é geralmente considerado como justiça "social" ou distributiva só tem sentido no interior da segunda dessas formas de ordem, ou seja, a organização; mas não tem sentido algum e é totalmente incompatível com aquela ordem espontânea que Adam Smith chamou de "Grande Sociedade" e que Sir Karl Popper chamou de "Sociedade Aberta". A terceira ideia é que o modelo predominante de instituição democrática liberal, em que o mesmo órgão representativo estabelece as normas de conduta justa e dirige o governo, leva necessariamente a uma transformação gradual da ordem espontânea de uma sociedade livre em um sistema totalitário posto a serviço de alguma coalização de interesses organizados.

INTRODUÇÃO

Espero demonstrar que esse desenvolvimento não é consequência necessária da democracia, mas sim um efeito apenas daquela forma particular de governo ilimitado com o qual a democracia veio a ser identificada. Se eu tiver razão, de fato parece que a forma específica de governo representativo, que agora prevalece no mundo ocidental, e que muitos sentem que devem defender, porque consideram erroneamente a única forma possível de democracia, apresenta uma tendência inerente de se afastar dos ideais a que se destinava a servir. Não se pode negar que, desde que esse tipo de democracia passou a ser aceito, viemos nos afastando do ideal de liberdade individual de que ela era considerada a melhor salvaguarda, e agora estamos sendo levados para um sistema que ninguém desejava.

No entanto, não faltam sinais de que a democracia ilimitada está a caminho do fim, e que acabará, não com uma explosão, mas com um soluço. Já está ficando claro que muitas das expectativas despertadas só podem ser satisfeitas tirando o poder de decisão das mãos das assembleias democráticas e o entregando a coalizões estabelecidas de interesses organizados e aos seus especialistas contratados. De fato, dizem-nos que a função dos órgãos representativos passou a ser a de "mobilizar o consentimento",[6] isto é, não expressar, mas manipular a opinião daqueles que eles representam. Mais cedo ou mais tarde, o povo descobrirá que não só está à mercê de novos interesses constituídos, mas também que a máquina política paragovernamental, que cresceu como consequência necessária do Estado-provedor, está produzindo um impasse ao impedir que a sociedade faça as adaptações necessárias para manter o padrão de vida existente em um mundo em mudança, quanto mais alcançar um padrão mais elevado. Provavelmente as pessoas levarão algum tempo para admitir que as instituições que criaram as levaram a tal impasse. Mas talvez já tenha chegado a hora de começar a pensar em uma saída. E a convicção de que isso exigirá alguma revisão drástica das crenças agora geralmente aceitas é o que me faz aventurar aqui em alguma invenção institucional.

Se eu soubesse, quando publiquei *The Constitution of Liberty*, que prosseguiria com a tarefa empreendida no presente livro, teria reservado este título para ele. Naquela ocasião, utilizei a palavra "constituição" no sentido amplo em que também usamos para descrever a condição física de uma pessoa. Só agora, neste livro, abordo a questão a respeito de quais disposições constitucionais, no sentido jurídico, podem ser mais propícias para a preservação da liberdade individual. Exceto por uma simples alusão em que poucos leitores terão reparado,[7] limitei-me no primeiro livro a expor os princípios

23

que os tipos de governo existentes deveriam seguir se desejassem preservar a liberdade. A crescente consciência de que as instituições vigentes tornam isso impossível me levou a me concentrar cada vez mais no que inicialmente parecia apenas uma ideia atraente, mas impraticável, até que a utopia perdeu a sua estranheza e passou a me parecer como a única solução do problema em que os fundadores do constitucionalismo liberal fracassaram.

No entanto, só no Volume III desta obra enfoco esse problema de projeto constitucional. Para tornar plausível uma sugestão de um afastamento radical em relação à tradição estabelecida, era necessário um reexame crítico não só das crenças atuais como também do significado real de algumas concepções fundamentais das quais ainda falamos só da boca para fora. De fato, logo me dei conta de que para levar a cabo o que me propusera seria necessário fazer, em relação ao século XX, o que Montesquieu havia feito em relação ao século XVIII. O leitor pode acreditar em mim quando digo que, ao longo do trabalho, mais de uma vez me desesperei no que diz respeito à minha capacidade de chegar perto do objetivo que estabelecera. Eu não estou falando aqui do fato de que Montesquieu também foi um grande gênio literário a quem nenhum mero acadêmico pode esperar imitar. Refiro-me antes à dificuldade puramente intelectual resultante da circunstância de que, embora para Montesquieu o campo que tal tarefa deveria abranger ainda não tivesse se dividido em numerosas especialidades, desde então se tornou impossível para qualquer homem dominar até mesmo as mais importantes obras relevantes. No entanto, ainda que o problema de uma ordem social apropriada seja hoje estudado a partir de diferentes ângulos da economia, jurisprudência, ciência política, sociologia e ética, o problema é que ele só pode ser abordado com sucesso como um todo. Isso significa que quem empreende tal tarefa hoje não pode invocar competência profissional em todos os campos com os quais tem que lidar nem estar familiarizado com a literatura especializada disponível sobre todas as questões que surgem.

Em nenhum lugar o impacto nocivo da divisão em especialidades é mais evidente do que nas mais antigas dessas disciplinas: a economia e o direito. David Hume e Adam Smith, pensadores do século XVIII a quem devemos as concepções básicas do constitucionalismo liberal, não menos que Montesquieu, ainda estavam preocupados com o que chamavam de "ciência da legislação", ou com princípios da política no sentido mais amplo dessa expressão. Um dos temas fundamentais deste livro será o fato de que as normas da conduta justa estudadas pelos juristas servem a um tipo de ordem cujo caráter eles ignoram em grande medida; e que essa ordem é estudada sobretudo pelos economistas que, por sua vez, ignoram da mesma forma o caráter das normas de conduta sobre as quais se baseia a ordem que estudam.

No entanto, o impacto mais sério da divisão entre diversas especialidades do que já foi um campo de investigação comum é que essa divisão deixou uma terra de ninguém; uma matéria vaga às vezes chamada de "filosofia social". Algumas das principais disputas dentro dessas disciplinas giram, de fato, em torno das diferenças acerca de questões que não são peculiares a nenhuma delas e, portanto, também não são examinadas sistematicamente por nenhuma delas, e que, por essa razão, são consideradas "filosóficas". Isso costuma servir como uma desculpa para assumir tacitamente uma posição que supostamente não exigiria nem seria capaz de justificativa racional. Contudo, esses temas cruciais sobre os quais dependem inteiramente não só interpretações factuais como também posições políticas são questões que podem e devem ser respondidas com base nos fatos e na lógica. São "filosóficas" apenas no sentido de que certas crenças amplamente aceitas, mas errôneas, decorrem da influência de uma tradição filosófica que postula uma resposta falsa a questões passíveis de um tratamento científico definido.

No primeiro capítulo deste livro, procuro demonstrar que certos pontos de vista científicos e políticos amplamente aceitos dependem de uma concepção específica relativa à formação de instituições sociais que chamarei de "racionalismo construtivista" — concepção que pressupõe que todas as instituições sociais são, e devem ser, produto de um projeto intencional. Essa tradição intelectual pode se mostrar falsa tanto nas suas conclusões factuais quanto normativas, pois as instituições existentes não são todas produto do projeto nem seria possível tornar a ordem social totalmente dependente do projeto sem, ao mesmo tempo, restringir consideravelmente a utilização do conhecimento disponível. Essa visão errônea está intimamente ligada à concepção igualmente falsa da mente humana como uma entidade que está fora do universo da natureza e da sociedade, em vez de ser ela própria produto do mesmo processo de evolução ao qual se devem as instituições da sociedade.

De fato, fui levado à convicção de que não só algumas das divergências científicas, mas também as mais importantes divergências políticas (ou "ideológicas") do nosso tempo se baseiam, em última análise, em determinadas divergências filosóficas básicas entre duas escolas de pensamento, das quais uma podemos demonstrar que está equivocada. Ambas costumam ser chamadas

DIREITO, LEGISLAÇÃO E LIBERDADE

de racionalismo, mas terei de fazer uma distinção entre elas: por um lado, o racionalismo evolucionista (ou, de acordo com Sir Karl Popper, "crítico"), e, por outro, o errôneo racionalismo construtivista (ou, ainda de acordo com Popper, "ingênuo"). Se for possível demonstrar que o racionalismo construtivista se baseia em pressupostos factualmente falsos, todo um conjunto de escolas de pensamento científico e político também se revelará errôneo.

Nos domínios teóricos, são, em particular, o positivismo jurídico e a crença afim na necessidade de um poder "soberano" ilimitado que subsistiriam ou cairiam por terra com esse erro. O mesmo se aplica ao utilitarismo, pelo menos em sua variante particularista ou "de ação". Ademais, receio que parte não desprezível do que é chamado de "sociologia" seja filha direta do construtivismo quando diz que o seu objetivo é "criar o futuro da humanidade"[8] ou quando afirma, segundo um autor, "que o socialismo é o resultado lógico e inevitável da sociologia".[9] Na verdade, todas as doutrinas totalitárias, das quais o socialismo é apenas a mais nobre e a mais influente, enquadram-se nessa categoria. Elas são falsas não por causa dos valores nos quais se baseiam, mas por causa da concepção errada das forças que viabilizaram a Grande Sociedade e a civilização. A demonstração de que as divergências entre socialistas e não socialistas se baseiam, em última análise, em questões puramente intelectuais passíveis de uma resolução científica, e não em juízos de valor divergentes, parece-me um dos resultados mais importantes da linha de pensamento buscada neste livro.

Também se afigura para mim que o mesmo erro factual pareceu, durante muito tempo, tornar insolúvel o problema mais crucial da organização política — a saber, como limitar a "vontade popular" sem lhe sobrepor outra "vontade". Assim que reconhecermos que a ordem básica da Grande Sociedade não pode se basear inteiramente no projeto e, portanto, também não pode visar a resultados previsíveis específicos, entenderemos que a exigência, como legitimação de toda autoridade, de um compromisso com os princípios gerais aprovados pela opinião geral pode muito bem impor restrições eficazes à vontade particular de toda autoridade, incluindo a da maioria do momento.

O pensamento com respeito a essas questões, que serão a minha principal preocupação, parece ter avançado pouco desde David Hume e Immanuel Kant, e sob vários aspectos a nossa análise recomeçará no ponto em que eles pararam. Foram eles os que chegaram mais perto de um claro reconhecimento do *status* dos valores como condições independentes e norteadoras de toda a construção racional. No final das contas, o que me interessa aqui, embora eu possa lidar apenas com um pequeno aspecto disso, é aquela destruição dos valores por meio do erro científico que cada vez mais me parece a grande tragédia do nosso tempo — uma tragédia, porque os valores que o erro científico tende a destronar constituem o fundamento indispensável de toda a nossa civilização, incluindo as próprias iniciativas científicas que se voltaram contra eles. A tendência do construtivismo de representar aqueles valores que não pode explicar como determinados por decisões humanas arbitrárias, ou atos de vontade, ou meras emoções, e não como as condições necessárias de fatos pressupostos tacitamente pelos seus expositores, muito tem feito para abalar os fundamentos da civilização e da própria ciência, que também se baseia em um sistema de valores que não pode ser cientificamente provado.

# CAPÍTULO 1

# Razão e evolução

*Relatar por quem e em que contexto a verdadeira lei de formação de estados livres foi reconhecida — e como essa descoberta, muito próxima daquelas que, sob os nomes de desenvolvimento, evolução e continuidade, deram a outras ciências um método novo e mais profundo — resolveu o antigo problema entre estabilidade e mudança, e estabeleceu a autoridade da tradição sobre o progresso do pensamento.*

LORD ACTON*

## Construção e evolução

Há duas maneiras de analisar o padrão das atividades humanas que levam a conclusões muito diferentes tanto acerca da sua explicação quanto das possibilidades de alterá-lo deliberadamente. Entre essas duas visões, uma se baseia em conceitos comprovadamente falsos, mas tão agradáveis à vaidade humana que alcançaram grande influência e são constantemente empregados mesmo por pessoas que sabem que se baseiam em uma ficção, porém que acreditam que a ficção é inócua. A outra visão, embora poucos questionem as suas alegações básicas se formuladas de forma abstrata, leva, sob certos aspectos, a conclusões tão desagradáveis que poucos estão dispostos a persistir nela até o fim.

A primeira visão nos dá uma sensação de poder ilimitado para realizar os nossos desejos, ao passo que a segunda nos leva à percepção de que há limitações para o que podemos realizar deliberadamente e ao reconhecimento de que algumas das nossas esperanças presentes são ilusões. No entanto, o efeito de nos deixarmos iludir pela primeira visão sempre foi o de que o homem limitou realmente o escopo do que pode alcançar. Pois sempre foi o reconhecimento dos limites do possível que permitiu ao homem fazer pleno uso dos seus poderes.[1]

A primeira visão acredita que as instituições humanas só servirão a propósitos humanos se tiverem sido concebidas deliberadamente para esses fins; muitas vezes também acredita que o fato de que uma instituição existe é prova de que ela foi criada para um propósito, e que sempre devemos reprojetar a sociedade e as suas instituições para que todas as nossas ações sejam inteiramente guiadas por propósitos conhecidos. Para a maioria das pessoas, essas proposições parecem quase evidentes por si mesmas e constituem a única atitude digna de um ser pensante. No entanto, a crença subjacente a elas, ou seja, que devemos todas as instituições benéficas ao projeto, e que apenas esse projeto as tornou ou pode torná-las úteis aos nossos propósitos, é falsa em grande medida.

Essa visão está enraizada originalmente em uma propensão profundamente arraigada do pensamento primitivo de interpretar antropomorficamente toda regularidade encontrada nos fenômenos como resultado do desígnio de uma mente pensante. Mas justo quando o homem estava bem encaminhado para se emancipar dessa concepção ingênua, ela foi ressuscitada pelo apoio de uma poderosa filosofia à qual o objetivo de libertar a mente humana de falsos preconceitos se tornou intimamente associado e que se converteu na concepção dominante do Iluminismo.

A outra visão, que avançou lenta e gradualmente desde a Antiguidade, mas foi por algum tempo quase inteiramente subjugada pela visão construtivista, mais fascinante, era a de que a ordenação da sociedade, que aumentava muito a eficácia da ação individual, não se deveu apenas a instituições e práticas criadas ou estruturadas para tal fim; ao contrário, deveu-se predominantemente a um processo descrito primeiro como "crescimento" e depois como "evolução", processo no qual as práticas que foram adotadas a princípio por outros motivos, ou mesmo por puro acaso, foram preservadas porque permitiram ao grupo em que surgiram prevalecer sobre os outros. Desde o seu primeiro desenvolvimento sistemático no século XVIII, essa visão teve que lutar não só contra o antropomorfismo do pensamento primitivo como ainda mais contra o reforço que essas visões ingênuas tinham recebido da nova filosofia racionalista. De fato, foi o desafio apresentado por essa filosofia que levou à formulação explícita da visão evolucionista.[2]

## Os princípios do racionalismo cartesiano

René Descartes foi o grande pensador de quem as ideias básicas do que chamaremos de racionalismo construtivista recebeu a sua expressão mais completa.

CAPÍTULO 1 • RAZÃO E EVOLUÇÃO

Porém, enquanto ele se absteve de tirar conclusões dessas ideias em relação a argumentos sociais e morais,[3] esses foram elaborados principalmente por seu contemporâneo um pouco mais velho (mas muito mais longevo): Thomas Hobbes. Embora o interesse imediato de Descartes fosse estabelecer critérios para a verdade das proposições, tais critérios também foram inevitavelmente aplicados pelos seus seguidores para julgar a adequação e a justificação das ações. A "dúvida radical" que fez Descartes se recusar a aceitar como verdadeiro tudo que não pudesse ser logicamente deduzido de premissas explícitas, "claras e distintas", e, portanto, para além de qualquer possível dúvida, invalidava todas aquelas normas de conduta que não podiam ser justificadas dessa maneira. Embora o próprio Descartes tivesse conseguido escapar a essas consequências, atribuindo tais normas de conduta ao desígnio de uma divindade onisciente, para aqueles entre os seus seguidores a quem isso não parecia mais uma explicação adequada a aceitação de tudo que se baseasse apenas na tradição e não pudesse ser plenamente justificado em bases racionais aparentava ser uma superstição irracional. A rejeição como "mera opinião" de tudo o que não pudesse ser demonstrado como verdadeiro por critérios cartesianos se tornou a característica dominante do movimento iniciado por Descartes.

Uma vez que para Descartes a razão era definida como dedução lógica a partir de premissas explícitas, a ação racional também passou a significar apenas a ação determinada inteiramente pela verdade conhecida e demonstrável. A partir disso, é um passo quase inevitável concluir que apenas o que é verdadeiro nesse sentido pode levar à ação bem-sucedida e que, portanto, tudo aquilo a que o homem deve as suas realizações é produto do seu raciocínio assim concebido. Instituições e práticas que não foram concebidas dessa maneira podem ser benéficas apenas por acaso. Essa se tornou a atitude característica do construtivismo cartesiano, com o seu desprezo pela tradição, pelo costume e pela história em geral. A razão do homem por si só deve capacitá-lo a construir a sociedade de uma forma nova.[4]

No entanto, essa abordagem "racionalista" significou, de fato, uma recaída em modos de pensamento antropomórficos anteriores. Gerou uma propensão renovada de atribuir a origem de todas as instituições da cultura à invenção ou ao desígnio. A moral, a religião e o direito, a linguagem e a escrita, a moeda e o mercado foram considerados como tendo sido construídos deliberadamente por alguém, ou, pelo menos, como devendo qualquer perfeição que possuíssem a tal desígnio. Essa descrição intencionalista ou pragmática[5] da história encontrou a sua expressão mais completa na concepção de formação da sociedade por meio de um contrato social, primeiro em Hobbes e depois em Rousseau, o qual, sob muitos aspectos, foi um seguidor direto de Descartes.[6] Ainda que a teoria de ambos nem sempre pretendesse ser um registro histórico do que realmente aconteceu, sempre quis fornecer uma diretriz com o intuito de decidir se as instituições existentes deveriam ou não ser aprovadas como racionais.

É a essa concepção filosófica que devemos a preferência que prevalece até os dias de hoje por tudo que é feito "conscientemente" ou "deliberadamente"; e é dessa concepção que resulta o significado depreciativo que o termo "racional" ou a expressão "não racional" possuem atualmente. Por causa disso, a presunção anterior em favor de instituições e usos tradicionais ou consagrados se tornou uma presunção em oposição a eles, e a "opinião" passou a ser considerada "mera" opinião — algo não demonstrável nem determinável pela razão e, assim, não admitido como base válida para decisões.

No entanto, a suposição básica subjacente à crença de que o homem alcançou o domínio do seu meio sobretudo mediante a sua capacidade de dedução lógica a partir de premissas explícitas é factualmente falsa, e qualquer tentativa de limitar as suas ações ao que pode ser justificado o privaria de muitos dos meios mais eficazes para o sucesso que estão disponíveis para ele. Simplesmente não é verdade que as nossas ações devem a sua eficácia somente ou sobretudo ao conhecimento que podemos verbalizar e que podem, portanto, constituir as premissas explícitas de um silogismo. Grande parte das instituições da sociedade que são condições indispensáveis para o sucesso da busca dos nossos objetivos conscientes são, de fato, fruto de costumes, hábitos ou práticas que não foram inventadas nem observadas com tal propósito em vista. Vivemos em uma sociedade na qual podemos nos orientar com êxito e na qual as nossas ações têm uma boa chance de alcançar os seus objetivos, não só porque os nossos semelhantes são governados por objetivos conhecidos ou ligações conhecidas entre meios e fins, mas porque eles também são limitados por normas cujo propósito ou origem muitas vezes não conhecemos e de cuja própria existência não costumamos estar conscientes.

O homem é tanto um animal que segue normas como um que persegue objetivos.[7] E ele é bem-sucedido não porque sabe os motivos pelos quais deve observar as normas que observa, tampouco por ser capaz de verbalizar todas essas normas, mas porque o seu pensamento e a sua ação são governados por normas que evoluíram por meio de um processo de seleção na sociedade em que vive e que, portanto, são o fruto da experiência de gerações.

## As limitações permanentes do nosso conhecimento factual

A abordagem construtivista leva a conclusões falsas porque as ações do homem são bem-sucedidas em grande medida, não apenas no estágio primitivo, mas também talvez ainda mais na civilização, porque se adaptam tanto aos fatos particulares que ele conhece como a um grande número de outros fatos que ele não conhece nem pode conhecer. E essa adaptação às circunstâncias gerais que o cercam é resultado da sua observância das normas que ele não criou e muitas vezes nem sequer conhece explicitamente, embora seja capaz de respeitá-las na prática. Ou, em outras palavras, a nossa adaptação ao nosso ambiente não consiste apenas, e talvez nem mesmo principalmente, em uma percepção das relações entre causa e efeito, mas também em nossas ações serem governadas por normas adaptadas ao tipo de mundo em que vivemos, ou seja, a circunstâncias de que não temos consciência e que, no entanto, determinam o padrão das nossas ações bem-sucedidas.

A completa racionalidade da ação no sentido cartesiano exige o conhecimento completo de todos os fatos relevantes. Um projetista ou engenheiro precisa de todos os dados e de plenos poderes para controlá-los ou manipulá-los se quiser organizar os objetos materiais para produzir o resultado pretendido. Porém, o êxito da ação na sociedade depende de um número maior de fatos particulares que alguém talvez possa saber. E, em consequência, toda a nossa civilização se baseia, e deve se basear, na nossa grande *convicção* de que não podemos *saber* ser verdadeiros no sentido cartesiano.

Então, ao longo deste livro, o que queremos pedir ao leitor é que sempre leve em consideração a ignorância necessária e irremediável da parte de todos em relação à maioria dos fatos particulares que determinam as ações de todos os diversos membros da sociedade humana. A princípio, isso pode parecer um fato tão óbvio e incontestável que mal mereceria menção e menos ainda exigiria demonstração. No entanto, o resultado de não o enfatizar constantemente é que ele é facilmente esquecido. Isso ocorre sobretudo porque é um fato bastante inconveniente, que dificulta muito mais as nossas tentativas tanto de explicar como de influenciar de forma inteligente os processos da sociedade, e impõe limites rigorosos a respeito do que podemos dizer ou fazer sobre eles. Assim, existe uma grande tentação, como primeira aproximação, de começar com a suposição de que sabemos tudo que é necessário para uma explicação ou um controle total. Essa suposição provisória costuma ser tratada como algo de pouca importância, que posteriormente pode ser abandonado sem grande impacto sobre as conclusões. Todavia, essa ignorância necessária da maioria das particularidades que fazem parte da ordem de uma Grande Sociedade é a origem do problema central de toda ordem social, e, na maioria das vezes, a falsa suposição pela qual essa ignorância é provisoriamente posta de lado nunca é explicitamente abandonada, mas apenas convenientemente esquecida. Então, o raciocínio prossegue como se essa ignorância não importasse.

A nossa irremediável ignorância sobre grande parte dos fatos particulares que determinam os processos da sociedade é, no entanto, a razão pela qual a maioria das instituições sociais assumiu a forma que realmente tem. Falar de uma sociedade a respeito da qual o observador ou qualquer um dos seus membros conhece todos os fatos particulares é falar de algo totalmente diferente de tudo que já existiu — uma sociedade na qual grande parte do que encontramos na nossa sociedade não existiria e não poderia existir e que, se alguma vez ocorresse, possuiria propriedades que nem sequer somos capazes de imaginar.

Com algum pormenor, em um livro anterior,[8] eu discuti a importância da nossa necessária ignorância sobre os fatos concretos, e aqui enfatizarei a sua importância central, apresentando-a sobretudo no início do conjunto da exposição. Porém, há diversas questões que requerem reformulação ou elaboração. Em primeiro lugar, a ignorância incurável de todos de quem estou falando é a ignorância de fatos particulares que são ou se tornarão conhecidos por alguém e, desse modo, afetarão toda a estrutura da sociedade. Essa estrutura das atividades humanas se adapta constantemente e funciona se adaptando a milhões de fatos que, em sua totalidade, não são conhecidos por ninguém. A importância desse processo é mais óbvia e foi inicialmente salientada no campo econômico. Como já foi dito: "(…) a vida econômica de uma sociedade não socialista consiste em milhões de relações ou fluxos entre diferentes empresas e famílias. Podemos elaborar alguns teoremas a seu respeito, mas jamais observar todos".[9] A percepção da importância da nossa ignorância institucional na esfera econômica e dos métodos pelos quais aprendemos a superar esse obstáculo foi, de fato, o ponto de partida[10] das ideias que, neste livro, são aplicadas sistematicamente a um campo muito maior. Será uma das nossas principais alegações que a maioria das normas de conduta que governam as nossas ações e a maioria das instituições que surgem dessa regularidade são adaptações à impossibilidade de alguém levar em consideração conscientemente todos os fatos particulares que fazem parte da ordem da sociedade. Em particular, veremos que a possibilidade de justiça se baseia nessa limitação necessária do nosso conhecimento factual e que, portanto, a percepção da natureza da justiça é negada a todos aqueles construtivistas que costumam argumentar tendo a onisciência como pressuposto.

Outra consequência desse fato básico que devemos salientar aqui é que só nos pequenos grupos da sociedade primitiva a colaboração entre os membros se baseia em geral na circunstância de que a qualquer momento eles perceberão mais ou menos as mesmas circunstâncias particulares. Alguns homens sábios podem ser mais capazes de interpretar as circunstâncias imediatamente percebidas ou de se lembrar de coisas em lugares remotos desconhecidos pelos demais. Contudo, os eventos concretos com que os indivíduos deparam nas suas atividades diárias serão bastante semelhantes para todos, e eles agirão em conjunto porque os eventos que conhecem e os objetivos a que visam são mais ou menos os mesmos.

A situação é completamente diferente na Grande Sociedade,[11] ou Sociedade Aberta, onde milhões de pessoas interagem e onde a civilização tal como a conhecemos se desenvolveu. A economia há muito tempo enfatiza a "divisão do *trabalho*" que envolve essa situação. Contudo, deu muito menos ênfase à fragmentação do *conhecimento*, ou seja, o fato de que cada membro da sociedade pode deter apenas uma pequena fração do conhecimento possuído por todos e que, assim, cada um ignora a maioria dos fatos sobre os quais se baseia o funcionamento da sociedade. No entanto, é a utilização de um conhecimento muito maior do que qualquer um pode possuir — e, portanto, o fato de cada um se mover dentro de uma estrutura coerente, cuja maioria dos determinantes lhe são desconhecidos — que constitui a característica distintiva de todas as civilizações avançadas.

Na verdade, na sociedade civilizada não é tanto o maior conhecimento que o indivíduo pode adquirir e sim o maior benefício que ele recebe do conhecimento possuído pelos outros que é a causa da sua capacidade de buscar uma gama de aspectos infinitamente mais ampla do que a mera satisfação das suas necessidades físicas mais prementes. De fato, um indivíduo "civilizado" pode ser bastante ignorante, mais ignorante do que muitos selvagens, e ainda assim se beneficiar enormemente da civilização em que vive.

O erro característico dos racionalistas construtivistas a esse respeito é tenderem a basear a sua argumentação no que foi chamado de *ilusão sinótica*, isto é, na ficção de que todos os fatos relevantes são conhecidos por alguma mente e que é possível construir uma ordem social desejável a partir desse conhecimento das particularidades. Às vezes, a ilusão é expressa com comovente ingenuidade pelos entusiastas de uma sociedade deliberadamente planejada, como quando um deles sonha com o desenvolvimento da "arte do pensamento simultâneo: a capacidade de lidar ao mesmo tempo com uma multiplicidade de fenômenos afins e de compor, em um único quadro, os atributos qualitativos e quantitativos desses fenômenos".[12] Eles parecem ignorar por completo que esse sonho simplesmente deixa de lado o problema central suscitado por qualquer tentativa de compreender ou moldar a ordem da sociedade: a nossa incapacidade de reunir como um todo pesquisável todos os dados que integram a ordem social. No entanto, todos aqueles que ficam fascinados com os belos planos resultantes dessa abordagem, porque são "tão organizados, tão visíveis, tão fáceis de entender",[13] são vítimas da ilusão sinótica e esquecem que esses planos devem a sua aparente clareza à desconsideração do planejador em relação a todos os fatos que ele desconhece.

## Conhecimento factual e ciência

O homem moderno se tornou tão relutante em admitir que as limitações constitucionais do seu conhecimento formam uma barreira permanente para a possibilidade da construção racional do conjunto da sociedade principalmente pela sua confiança ilimitada nos poderes da ciência. Ouvimos falar tanto do rápido progresso do conhecimento científico que passamos a achar que todas as simples limitações do conhecimento estão logo fadadas a desaparecer. No entanto, essa confiança se baseia em um equívoco a respeito das tarefas e dos poderes da ciência, ou seja, na crença errônea de que a ciência é um método de verificação de fatos particulares e que o progresso das suas técnicas nos permitirá verificar e manipular todos os fatos particulares que possamos querer.

Em certo sentido, dizer que a nossa civilização se baseia na subjugação da ignorância é, naturalmente, um mero lugar-comum. No entanto, a nossa própria familiaridade com essa ideia tende a ocultar de nós o que existe de mais importante nela: a saber, que a civilização se baseia no fato de que todos nós nos beneficiamos do conhecimento que *não* possuímos. E uma das maneiras pelas quais a civilização nos ajuda a superar essa limitação na extensão do conhecimento individual é vencendo a ignorância, não mediante a aquisição de mais conhecimento, mas sim mediante a utilização do conhecimento que está e permanece amplamente disperso entre os indivíduos. A limitação do conhecimento com a qual estamos preocupados não é, portanto, uma limitação que a ciência possa superar. Ao contrário de uma crença generalizada, a ciência não consiste no conhecimento de fatos particulares; e, no caso de fenômenos muito complexos, os poderes da ciência também são limitados pela impossibilidade prática de verificação de todos os fatos particulares que teríamos de saber para que as teorias científicas nos dessem o poder de prever eventos específicos. O estudo de fenômenos relativamente simples do mundo físico — onde a ciência demonstrou ser possível formular as relações determinantes como funções de algumas variáveis que podem ser facilmente verificáveis em casos específicos e onde, como consequência, tornou-se possível o progresso surpreendente das disciplinas que tratam deles — criou a ilusão de que em breve o mesmo também será verdade no que diz respeito aos fenômenos mais complexos. Contudo, nem a ciência nem nenhuma técnica conhecida[14] nos permite superar a realidade de que nenhuma mente e, portanto, também nenhuma ação deliberadamente dirigida pode levar em conta todos os fatos particulares que são conhecidos por alguns homens, mas não como um todo por qualquer pessoa em particular.

Com efeito, no seu esforço para explicar e prever eventos específicos, o que faz com tanto sucesso no caso de fenômenos relativamente simples (ou em casos em que pode, pelo menos aproximadamente, isolar "sistemas fechados" relativamente simples), a ciência depara com a mesma barreira de ignorância factual quando se trata de aplicar as suas teorias a fenômenos muito complexos. Em alguns campos, a ciência desenvolveu teorias importantes que nos proporcionam grande compreensão sobre o caráter geral de alguns fenômenos, mas nunca produzirá previsões de eventos específicos, ou uma explicação completa — simplesmente porque nunca conseguiremos conhecer todos os fatos particulares que, de acordo com essas teorias, teríamos de conhecer para chegar a tais conclusões concretas. O melhor exemplo disso é a teoria darwinista (ou neodarwinista) da evolução dos organismos biológicos. Se fosse possível verificar os fatos particulares do passado que atuaram na seleção das formas específicas que surgiram, isso forneceria uma explicação completa da estrutura dos organismos existentes; e do mesmo modo, se fosse possível verificar todos os fatos particulares que atuarão neles ao longo de algum período futuro, isso deveria nos permitir prever o desenvolvimento futuro. Mas, é claro, nunca seremos capazes de fazer nem uma coisa nem outra, porque a ciência não tem nenhum meio de verificar todos os fatos particulares necessários para realizar tal façanha.

Há outro equívoco afim no que concerne ao objetivo e ao poder da ciência que também será útil mencionar neste momento. Trata-se da crença de que a ciência se ocupa exclusivamente do que existe, e não do que poderia ser. Porém, em grande medida, o valor da ciência consiste em nos dizer o que aconteceria se alguns fatos fossem diferentes do que são. Todas as afirmações da ciência teórica têm a forma de enunciados do tipo "se…, então…", e são interessantes sobretudo na medida em que as condições que inserimos na cláusula "se" diferem daquelas que realmente existem.

Talvez em nenhum outro lugar esse equívoco tenha sido tão importante quanto na ciência política, onde parece que se tornou um obstáculo à análise séria dos problemas realmente importantes. Nesse caso, a ideia equivocada de que a ciência é tão só um conjunto de fatos observados levou a um confinamento da pesquisa a uma determinação do que existe, apesar de o valor principal de *toda* ciência ser nos dizer quais seriam as consequências se as condições, sob alguns aspectos, se tornassem diferentes do que são.

O fato de um número crescente de cientistas sociais se limitar ao estudo do que existe em alguma parte do sistema social não torna os seus resultados mais realistas — na verdade, os torna amplamente irrelevantes para a maioria das decisões acerca do futuro. A ciência social proveitosa deve ser predominantemente um estudo do que *não* existe: uma construção de modelos hipotéticos de mundos possíveis que poderiam existir se algumas das condições alteráveis se tornassem diferentes. Precisamos de uma teoria científica principalmente para nos dizer quais seriam os efeitos se algumas condições fossem como nunca foram antes. Todo conhecimento científico é conhecimento não de fatos particulares, mas de hipóteses que até o momento resistiram às tentativas sistemáticas de refutá-las.

## A evolução simultânea da mente e da sociedade: o papel das normas

Os erros do racionalismo construtivista estão intimamente relacionados com o dualismo cartesiano, ou seja, com a concepção de um conteúdo mental de existência independente que se situa fora do universo da natureza e que permitiu ao homem, dotado de tal mente desde o início, a projetar as instituições da sociedade e da cultura entre as quais vive. Claro, a verdade é que essa mente é uma adaptação ao meio natural e social em que o homem vive e que

CAPÍTULO 1 · RAZÃO E EVOLUÇÃO

se desenvolveu em constante interação com as instituições que determinam a estrutura da sociedade. A mente é tanto o produto do meio social em que cresceu e que não criou quanto algo que, por sua vez, influenciou e alterou essas instituições. É o resultado de o homem ter se desenvolvido em sociedade e ter adquirido os hábitos e as práticas que aumentaram as chances de subsistência do seu grupo. A concepção de uma mente já plenamente desenvolvida concebendo as instituições que tornaram possível a vida em sociedade é contrária a tudo que sabemos sobre a evolução do homem.

A herança cultural em que o homem nasce consiste em um complexo de práticas ou normas de conduta que prevaleceram porque possibilitaram que um grupo de homens fosse bem-sucedido, mas cuja adoção não resultou de se saber que teriam efeitos desejados. O homem agiu antes de pensar e não entendeu antes de agir. Aquilo que chamamos de entendimento é, em última instância, simplesmente a sua capacidade de reagir ao seu ambiente com um padrão de ações que o ajuda a subsistir. Esse é o mínimo de verdade no behaviorismo e no pragmatismo, doutrinas que, no entanto, simplificaram tanto e de maneira tão grosseira as relações determinantes que se tornaram mais obstáculos do que ajuda para a sua compreensão.

"Aprender com a experiência" — tanto entre os homens quanto entre os animais — não é um processo essencialmente de raciocínio, mas de observância, disseminação, transmissão e desenvolvimento de práticas que prevaleceram porque foram bem-sucedidas — muitas vezes não porque conferiram qualquer benefício reconhecível ao indivíduo que age, mas porque aumentaram as chances de sobrevivência do grupo ao qual ele pertencia.[15] O resultado desse desenvolvimento não será, em um primeiro momento, o conhecimento articulado, mas sim um conhecimento que, embora possa ser descrito em termos de normas, o indivíduo não é capaz de verbalizar, sendo apenas capaz de observá-lo na prática. A mente não cria tantas normas que consistem em normas de ação, ou seja, um conjunto de normas que existem e que a mente não criou, mas que passaram a governar as ações dos indivíduos porque as ações em conformidade com elas alcançaram resultados melhores do que aquelas de indivíduos ou grupos concorrentes.[16]

De início, não há distinção entre as práticas que precisamos observar para alcançar determinado resultado e as práticas que temos o dever de observar. Existe apenas uma maneira estabelecida de fazer as coisas, e não há distinção entre conhecimento de causa e efeito e conhecimento da forma de ação adequada ou admissível. O conhecimento do mundo é o conhecimento

39

do que devemos ou não fazer em certos tipos de circunstâncias. E para evitar o perigo é tão importante saber o que nunca devemos fazer quanto saber o que devemos fazer para alcançar determinado resultado.

Sendo assim, essas normas de conduta não se desenvolveram como condições reconhecidas para a obtenção de um propósito conhecido, mas evoluíram porque os grupos que as praticavam eram mais bem-sucedidos e suplantavam os demais grupos. Eram normas que, dado o tipo de ambiente em que o homem vivia, garantiram a sobrevivência de um maior número de grupos ou indivíduos que as praticavam. O problema de se conduzir com sucesso em um mundo apenas parcialmente conhecido pelo homem foi assim resolvido pela adesão a normas que lhe serviram bem, mas que ele não sabia nem podia *saber* que eram verdadeiras no sentido cartesiano.

Portanto, há dois atributos dessas normas, que governam a conduta humana, e que a fazem parecer inteligente que vamos ter de enfatizar ao longo de todo este livro, pois a abordagem construtivista nega implicitamente que observar essas normas possa ser racional. É claro que apenas algumas normas serão desse tipo nas sociedades avançadas; o que queremos enfatizar é apenas que essas sociedades também devem sua ordem, em parte, a algumas dessas normas.

O primeiro desses atributos que a maioria das normas de conduta possuía originalmente é que elas são observadas na prática sem serem conhecidas de forma enunciada ("verbalizada" ou explícita) pela pessoa em ação. Tais normas se manifestarão numa regularidade de ação que pode ser explicitamente caracterizada, mas que não resulta da capacidade que tenham as pessoas em ação de enunciá-las. O segundo atributo é que tais normas passam a ser observadas porque, de fato, dão ao grupo em que são praticadas uma força superior, e não porque esse efeito seja conhecido por aqueles que são orientados por elas. Embora tais normas venham a ter aceitação geral porque a sua observância produz certas consequências, elas não são observadas com a intenção de produzir tais consequências — consequências que a pessoa em ação não precisa conhecer.

Não podemos considerar aqui a difícil questão de como os homens podem aprender uns com os outros tais normas de conduta, com frequência abstratas demais, por meio do exemplo e da imitação (ou "por analogia"), embora nem aqueles que servem de exemplo nem aqueles que aprendem com eles possam ter consciência da existência das normas que, no entanto, cumprem estritamente. Esse é um problema que conhecemos melhor no aprendizado da linguagem pelas crianças, que são capazes de elaborar corretamente expressões complicadas que nunca ouviram antes;[17] mas isso também ocorre em campos como o da conduta, o da moral e o do direito, e na maioria das habilidades em que somos orientados por normas que sabemos seguir, mas somos incapazes de verbalizar.

O aspecto importante é que todo homem que cresce em uma determinada cultura encontrará normas em si mesmo ou poderá descobrir que age de acordo com normas — e, da mesma forma, reconhecerá as ações dos outros em conformidade ou não com diversas normas. É claro que isso não prova que elas sejam parte permanente ou inalterável da "natureza humana", ou que sejam inatas, mas prova apenas que elas fazem parte de uma herança cultural que tende a ser razoavelmente constante, sobretudo na medida em que não são verbalizadas e, portanto, tampouco são problematizadas ou analisadas conscientemente.

## A falsa dicotomia entre "natural" e "artificial"

A discussão dos problemas sobre os quais nos debruçamos foi por muito tempo dificultada pela aceitação universal de uma distinção enganosa, introduzida pelos gregos antigos e de cujo efeito perturbador ainda não nos libertamos totalmente. Consiste na divisão dos fenômenos entre aqueles que, em termos modernos, são "naturais" e aqueles que são "artificiais". Os termos gregos originais, que parecem ter sido introduzidos pelos sofistas no século V a.C., eram *physei*, que significa "por natureza", e, em contraposição, *nomo*, mais bem traduzido como "por convenção", ou *thesei*, que significa aproximadamente "por decisão intencional".[18] O uso de dois termos com significados um tanto diferentes para expressar a segunda parte da divisão indica a confusão que tem cercado a discussão desde então. A distinção pretendida talvez seja entre objetos que existiam independentemente e objetos que foram resultados da *ação* humana ou entre objetos que surgiram independentemente do *desígnio* humano e objetos que surgiram como resultado dele. A falta de distinção entre esses dois significados levou à situação em que um autor poderia afirmar em relação a um determinado fenômeno que ele era artificial porque resultava da ação humana, enquanto outro poderia descrever o mesmo fenômeno como natural porque, evidentemente, não resultava do desígnio humano. Apenas no século XVIII pensadores como Bernard Mandeville e David Hume deixaram claro que existia uma categoria de fenômenos que, dependendo de qual das duas definições alguém aderisse, se enquadraria em uma ou outra das duas categorias e, portanto, deveria ser atribuída a uma terceira classe distinta de fenômenos, posteriormente descritos por Adam Ferguson como "o resultado da ação humana, mas não do desígnio humano".[19] Esses foram os fenômenos cuja explicação exigiu um corpo teórico distinto e que vieram a constituir o objeto das ciências sociais teóricas.

Contudo, nos mais de dois mil anos durante os quais a distinção introduzida pelos gregos antigos dominou o pensamento quase sem contestação, a dicotomia ficou profundamente enraizada nos conceitos e na linguagem. No século II d.C., um gramático latino, Aulo Gélio, traduziu os termos gregos *physei* e *thesei* por *naturalis* e *positivus*, dos quais a maioria das línguas europeias derivou as palavras para descrever os dois tipos de direito.[20]

Posteriormente, ocorreu um desenvolvimento promissor na discussão dessas questões pelos escolásticos medievais, que chegou mais perto de um reconhecimento da categoria intermediária dos fenômenos que eram "resultado da ação humana, mas não do desígnio humano". No século XII, alguns desses autores começaram a incluir sob *naturalis* tudo o que não era resultado da invenção humana ou criação intencional;[21] e com o passar do tempo, foi se tornando cada vez mais reconhecido que diversos fenômenos sociais se enquadravam nessa categoria. Com efeito, na discussão dos problemas da sociedade pelos últimos escolásticos, os jesuítas espanhóis do século XVI, *naturalis* se tornou um termo técnico para os fenômenos sociais que não foram moldados deliberadamente pela vontade humana. Na obra de um deles, Luís de Molina, explica-se, por exemplo, que o "preço natural" é assim chamado porque "resulta da própria coisa, independentemente de leis e decretos, mas depende de muitas circunstâncias que alteram isso, como os sentimentos dos homens, as suas estimativas dos seus diferentes usos, muitas vezes até em consequência de caprichos e prazeres".[22] De fato, esses nossos ancestrais pensavam e "agiam sob uma forte impressão de ignorância e falibilidade da humanidade",[23] e, por exemplo, sustentavam que o "preço matemático" exato pelo qual uma mercadoria podia ser justamente vendida era conhecido apenas por Deus, porque dependia de um número maior de circunstâncias do que qualquer homem podia conhecer, e que, portanto, a determinação do "preço justo" devia ser deixada ao mercado.[24]

No entanto, esse início de uma abordagem evolucionista foi sufocado nos séculos XVI e XVII pela ascensão do racionalismo construtivista, com o resultado de que tanto o termo "razão" quanto o termo "direito natural" mudaram completamente de significado. "Razão", que havia abarcado a capacidade da mente de distinguir entre o bem e o mal, ou seja, entre o que estava e o que não estava de acordo com as normas estabelecidas,[25] passou a significar a capacidade de construir tais normas por dedução a partir de premissas explícitas. O conceito de direito natural foi assim transformado no conceito de um "direito baseado na razão" e, portanto, quase no oposto do que significara. Esse novo direito natural racionalista de Hugo Grotius e seus sucessores[26] compartilhava de fato com os seus antagonistas positivistas a concepção de que toda lei era criada pela razão ou podia, pelo menos, ser por esta plenamente justificada, diferindo dela apenas no pressuposto de que a lei pudesse ser logicamente derivada de premissas *a priori*, enquanto o positivismo a considerava uma construção intencional fundada no conhecimento empírico dos efeitos que teria na realização dos propósitos humanos desejáveis.

## A ascensão da abordagem evolucionista

Após a recaída cartesiana no pensamento antropomórfico sobre essas questões, um novo avanço foi realizado por Bernard Mandeville e David Hume. É provável que eles tenham se inspirado mais na tradição do direito consuetudinário inglês, sobretudo como exposto por Matthew Hale, do que na do direito natural.[27] Cada vez mais se começou a perceber que a formação de padrões regulares nas relações humanas que não eram objetivo consciente das ações humanas suscitava um problema que exigia o desenvolvimento de uma teoria social sistemática. No campo da economia, essa necessidade foi satisfeita durante a segunda metade do século XVIII pelos filósofos da moral escoceses, liderados por Adam Smith e Adam Ferguson, ao passo que as consequências extraídas para a teoria política foram formuladas de maneira magnífica pelo grande visionário Edmund Burke, em cuja obra, porém, procura-se em vão uma teoria sistemática. No entanto, enquanto na Inglaterra o desenvolvimento sofria novo revés com a intrusão do construtivismo sob a forma do utilitarismo benthamita,[28] ganhava nova vitalidade na Europa continental com as "escolas históricas" de linguística e de direito.[29] Após os primeiros passos dados pelos filósofos escoceses, o desenvolvimento sistemático da abordagem evolucionista em relação aos fenômenos sociais aconteceu principalmente na Alemanha por meio de Wilhelm von Humboldt e F. C. von Savigny. Não podemos examinar aqui o desenvolvimento da

DIREITO, LEGISLAÇÃO E LIBERDADE

linguística, embora tenha sido esse durante muito tempo o único campo, além da ciência econômica, onde se alcançou uma teoria coerente; e o grau em que, desde a época romana, a teoria do direito foi fecundada por concepções emprestadas dos gramáticos merece ser mais bem compreendido.[30] Nas ciências sociais, foi por meio de Sir Henry Maine,[31] seguidor de Savigny, que a abordagem evolucionista se reintroduziu na tradição inglesa. E no grande estudo dos métodos das ciências sociais realizado em 1883 por Carl Menger, fundador da Escola Austríaca de economia, o lugar central ocupado por todas as ciências sociais a respeito do problema da formação espontânea de instituições e o seu caráter genético foi mais plenamente reafirmado na Europa continental. Nos últimos tempos, a tradição foi desenvolvida de modo mais proveitoso pela antropologia cultural, cujas figuras principais — pelo menos algumas delas — têm plena consciência dessa ancestralidade.[32]

Como o conceito de evolução vai desempenhar papel central ao longo da nossa discussão, é importante esclarecer alguns mal-entendidos que, nos últimos tempos, têm feito com que os estudiosos da sociedade relutem em utilizá-lo. O primeiro é a crença errônea de que é um conceito que as ciências sociais tomaram emprestado da biologia. Na verdade, foi o contrário, e se Charles Darwin foi capaz de aplicar com sucesso à biologia um conceito que ele tinha aprendido em grande parte das ciências sociais, isso não o torna menos importante em seu campo de origem. Foi na discussão sobre formações sociais como a língua e a moral, o direito e a moeda, que no século XVIII os conceitos análogos de evolução e formação espontânea de uma ordem foram finalmente formulados com clareza e forneceram as ferramentas intelectuais que Darwin e os seus contemporâneos foram capazes de aplicar à evolução biológica. Os filósofos da moral do século XVIII e as escolas históricas do direito e da língua podem muito bem ser considerados, como alguns dos teóricos da língua do século XIX se consideram, como darwinistas antes de Darwin.[33]

Um teórico social do século XIX que recorresse a Darwin para lhe ensinar a ideia da evolução não era digno de respeito. Infelizmente, alguns recorreram e apresentaram visões que, sob o nome de "darwinismo social", foram responsáveis desde então pela desconfiança com que o conceito de evolução tem sido considerado pelos cientistas sociais. Claro que existem diferenças importantes entre a maneira pela qual o processo de seleção atua na transmissão cultural que leva à formação de instituições sociais e a maneira pela qual atua na seleção de características biológicas inatas e a sua transmissão por meio de herança fisiológica. O erro do "darwinismo social" foi que ele se

44

CAPÍTULO 1 • RAZÃO E EVOLUÇÃO

concentrou na seleção de indivíduos, e não na de instituições e práticas, e na seleção de capacidades inatas dos indivíduos, e não na de capacidades culturalmente transmitidas. Porém, embora o esquema da teoria darwinista tenha só aplicação limitada a essas últimas, e o seu uso literal leve a graves distorções, o conceito básico de evolução ainda é o mesmo em ambos os campos.

O outro grande mal-entendido que depreciou a teoria da evolução social é a crença de que a teoria da evolução consiste em "leis de evolução". No máximo, isso se aplica em um sentido especial da palavra "lei", e sem dúvida não se aplica, como muitas vezes se pensa, no sentido do enunciado de uma sequência necessária de etapas ou fases específicas pelas quais o processo de evolução deve passar e que, por extrapolação, leva a previsões do curso futuro da evolução. A teoria da evolução propriamente dita não fornece mais do que um relato de um processo cujo resultado dependerá de um grande número de fatos particulares, numerosos demais para que possamos conhecer em sua totalidade e, portanto, não leva a previsões sobre o futuro. Por consequência, estamos limitados a "explicações do princípio" ou, simplesmente, a previsões do padrão abstrato ao qual o processo obedecerá.[34]

As pretensas leis da evolução geral, supostamente derivadas da observação, na verdade não têm nada a ver com a legítima teoria da evolução explicativa do processo. Elas resultam das concepções totalmente diferentes do historicismo de Comte, Hegel e Marx, e da sua abordagem holística, e reivindicam uma necessidade puramente mística de que a evolução deve seguir certo curso predeterminado. Embora se deva admitir que o significado original do termo "evolução" se refere a esse "desenrolamento" de potencialidades já contidas no germe, o processo pelo qual a teoria biológica e social da evolução explica o aparecimento de diferentes estruturas complexas não implica tal sucessão de passos específicos. Aqueles para quem o conceito de evolução implica sequências necessárias de "etapas", ou "fases", predeterminadas pelas quais o desenvolvimento de um organismo ou uma instituição social deve passar têm razão, portanto, ao rejeitar tal concepção de evolução, para a qual não há garantia científica.

Neste momento, mencionaremos, apenas de passagem, que as frequentes tentativas de usar a ideia da evolução não apenas como explicação do surgimento de normas de conduta como também como base de uma ciência prescritiva da ética tampouco têm fundamento na legítima teoria da evolução, mas pertencem àquelas extrapolações das tendências observadas como "leis de evolução", para as quais não há justificativa. Isso precisa ser dito aqui, pois alguns biólogos

45

eminentes, que com certeza compreendem a teoria da evolução propriamente dita, ficaram tentados a fazer tais asserções.[35] No entanto, a nossa preocupação aqui é apenas mostrar que tais abusos do conceito de evolução em disciplinas como antropologia, ética e também direito, que desacreditaram o conceito por algum tempo, basearam-se em um equívoco em relação à natureza da teoria da evolução; e que, se esta teoria for entendida em seu sentido correto, continua a ser verdade que as estruturas complexas, formadas espontaneamente, com as quais a teoria social tem que lidar, só podem ser compreendidas como resultado de um processo de evolução e que, portanto, nesse caso, "o elemento genético é inseparável da ideia de ciências teóricas".[36]

## A persistência do construtivismo no pensamento atual

É difícil avaliar plenamente até que ponto a falácia construtivista determinou durante os últimos trezentos anos as atitudes de muitos dos pensadores mais independentes e corajosos. A rejeição das explicações dadas pela religião sobre a fonte e os fundamentos da validade das normas morais e jurídicas tradicionais levou à rejeição dessas próprias normas na medida em que não podiam ser racionalmente justificadas. Pelo seu feito em assim "libertar" a mente humana é a que muitos dos pensadores célebres do período devem a sua fama. Podemos aqui ilustrar isso apenas selecionando quase ao acaso alguns exemplos típicos.[37]

Um dos mais conhecidos é, obviamente, Voltaire, cujas ideias a respeito do problema sobre o qual vamos nos debruçar com maior atenção expressaram-se na exortação: "Se você quer boas leis, queime as existentes e faça novas leis".[38] Uma influência ainda maior foi exercida por Rousseau. Já foi dito que para ele:[39]

> não havia nenhuma lei, exceto a lei desejada por homens vivos — essa foi a sua maior heresia sob muitos pontos de vista, inclusive o cristão; também foi a sua maior afirmação em teoria política. (...) O que ele fez, e foi bastante revolucionário, foi solapar a fé de muitas pessoas na justiça da sociedade em que viviam.

E o fez exigindo que a "sociedade" fosse justa como se um ser pensante ela fosse.

A recusa em admitir como obrigatórias quaisquer normas de conduta cuja justificação não tivesse sido racionalmente demonstrada ou "deixada clara e convincente para cada indivíduo"[40] tornou-se um tema sempre recorrente no século XIX. Dois exemplos vão demonstrar essa atitude. No início daquele século, Alexander Herzen sustentava: "Você quer um manual de regras, mas, na minha opinião, ao atingir determinada idade, deve-se ter vergonha de precisar usar tal manual [porque] o homem verdadeiramente livre cria a sua própria moralidade".[41] E de maneira muito semelhante, um eminente filósofo positivista contemporâneo afirma que "o poder da razão não deve ser buscado nas normas que a razão dita à nossa imaginação, mas sim na capacidade de nos libertarmos de todo tipo de normas a que fomos condicionados pela experiência e pelas tradições".[42]

A melhor caracterização desse estado de espírito feita por um pensador representativo do nosso tempo se encontra no relato realizado por Keynes, em 1938, em uma palestra intitulada "Minhas primeiras convicções" ["My early beliefs"].[43] Referindo-se a trinta e cinco anos antes, quando ele tinha vinte anos, Keynes disse o seguinte de si mesmo e dos seus amigos:

> Nós repudiávamos completamente a responsabilidade pessoal de obedecermos às normas gerais. Reivindicávamos o direito de julgar cada caso individual pelos seus méritos, e a sabedoria, a experiência e o autocontrole para conseguir fazê-lo. Essa era uma parte muito importante da nossa crença, mantida com energia e agressividade, e, para o mundo exterior, era a nossa característica mais óbvia e perigosa. Repudiávamos completamente a moral usual, as convenções e a sabedoria tradicional. Ou seja, éramos, no sentido estrito do termo, imoralistas (...) não reconhecíamos nenhuma obrigação moral, nenhuma sanção interior a que devêssemos nos ajustar ou obedecer. Perante os céus, afirmávamos ser os nossos próprios juízes em nosso próprio julgamento.

Ao que ele acrescentou: "No que me diz respeito, é tarde demais para mudar. Sou, e sempre serei, um imoralista".

Para quem cresceu antes da Primeira Guerra Mundial, é óbvio que, naquela altura, essa não era uma atitude específica do Grupo de Bloomsbury, mas sim uma atitude bastante difundida, compartilhada por muitos dos espíritos mais ativos e independentes da época.

## Nossa linguagem antropomórfica

Percebe-se o quão profundamente a interpretação construtivista ou intencionalista errônea permeia o nosso pensamento acerca dos fenômenos da sociedade quando consideramos o significado de diversos termos que temos de usar para nos referir a eles. De fato, a maioria dos erros contra os quais temos que argumentar ao longo deste livro está tão profundamente integrada em nossa linguagem que o uso de termos estabelecidos levará o incauto quase necessariamente a conclusões errôneas. A linguagem que temos de usar desenvolveu-se no curso de milênios, quando o homem só podia conceber uma ordem como produto do projeto, e quando considerava como prova da ação de um projetista pessoal qualquer ordem que ele descobrisse nos fenômenos. Em consequência, praticamente todos os termos de que dispomos para descrever tais estruturas ordenadas ou o seu funcionamento estão carregados de sugestão de que um agente pessoal os criou. Por causa disso, os termos levam frequentemente a conclusões falsas.

Até certo ponto, isso vale para todo o vocabulário científico. As ciências físicas, tanto quanto a biologia ou a teoria social, tiveram que fazer uso de termos de origem antropomórfica. Porém, o físico que fala de "força", de "inércia" ou de um corpo que "age" sobre outro emprega esses termos em um sentido técnico de entendimento geral, e não propenso a induzir ao erro. Contudo, falar de sociedade que "age" evoca de imediato associações que são muito enganosas.

Em geral, vamos nos referir a essa propensão como "antropomorfismo", embora o termo não seja totalmente preciso. Para sermos mais exatos, deveríamos distinguir entre a atitude ainda mais primitiva que *personifica* entidades como sociedade, atribuindo-lhes a posse de uma mente, e que é corretamente descrita como *antropomorfismo* ou *animismo*, e a interpretação um pouco mais sofisticada, que atribui a ordem e o funcionamento dessas entidades ao *desígnio* de algum organismo distinto, e que é mais bem descrita como *intencionalismo, artificialismo*[44] ou, como fazemos aqui, *construtivismo*. No entanto, essas duas propensões se misturam de modo mais ou menos imperceptível e, para os nossos propósitos, utilizaremos via de regra "antropomorfismo" sem fazer uma distinção mais sutil.

Como praticamente todo o vocabulário disponível para a discussão das ordens espontâneas de que vamos tratar possui essas conotações enganosas, devemos ser, em certa medida, arbitrários ao decidir quais palavras usaremos em um sentido estritamente não antropomórfico e quais usaremos apenas se

CAPÍTULO 1 • RAZÃO E EVOLUÇÃO

quisermos implicar intenção ou desígnio. Contudo, para preservar a clareza, é essencial que, com respeito a muitas palavras, nós as usemos apenas em relação aos resultados de construções intencionais ou apenas em relação aos resultados de formação espontânea, mas não para ambas as situações. Às vezes, porém, como no caso do termo "ordem", será necessário utilizá-lo em um sentido neutro, incluindo tanto ordens espontâneas quanto "organizações" ou "arranjos". Esses últimos dois termos, que só usaremos para resultados de projeto, ilustram o fato de que muitas vezes é tão difícil encontrar termos que sempre impliquem desígnio quanto é difícil encontrar aqueles que não o sugerem. Em geral, o biólogo não hesitará em falar de "organização" sem implicar desígnio, mas soaria estranho se ele dissesse que um organismo não só tinha como também era uma organização ou que havia sido organizado. O papel desempenhado pelo termo "organização" no desenvolvimento do pensamento político moderno e o significado que a "teoria de organização" moderna lhe atribui parecem justificar, no presente contexto, uma restrição do seu significado apenas aos resultados do desígnio.

Uma vez que a distinção entre uma ordem feita e uma que se forma como resultado de regularidades das ações dos seus elementos será o tópico principal do próximo capítulo, não precisamos nos estender mais sobre ela aqui. E, no Volume II, teremos que examinar mais detidamente o caráter quase invariavelmente confuso da pequena palavra "social" que, por causa do seu caráter particularmente esquivo, gera confusão em quase todas as frases em que é usada.

Descobriremos também que noções atuais — como a de que a sociedade "age", ou que "trata", "recompensa" ou "remunera" pessoas, ou que "valoriza", "possui" ou "controla" objetos ou serviços, ou que é "responsável por" ou "culpada de" algo, ou que tem uma "vontade" ou "propósito", pode ser "justa" ou "injusta", ou que a economia "distribui" ou "aloca" recursos — sugerem todas uma falsa intepretação intencionalista ou construtivista das palavras que poderiam ter sido usadas sem essa conotação, mas que, quase inevitavelmente, levam o usuário a conclusões ilegítimas. Veremos que tais confusões estão na raiz dos conceitos básicos de escolas de pensamento muito influentes que sucumbiram totalmente à crença de que todas as normas ou leis devem ter sido inventadas ou explicitamente acordadas por alguém. Apenas quando se supõe indevidamente que todas as normas de conduta justa foram criadas deliberadamente por alguém é que tais sofismas se tornam plausíveis quanto a que todo poder de fazer leis deve ser arbitrário ou que deve sempre existir uma suprema fonte de poder "soberana" da

DIREITO, LEGISLAÇÃO E LIBERDADE

qual toda lei deriva. Muitos dos velhos quebra-cabeças da teoria política e muitas das concepções que afetaram profundamente a evolução das instituições políticas são fruto dessa confusão. Isso vale sobretudo para aquela tradição na teoria do direito que, mais do que qualquer outra, orgulha-se de ter evitado totalmente os conceitos antropomórficos, a saber, o positivismo jurídico; pois, em exame, demonstra se basear inteiramente no que chamamos de falácia construtivista. Na realidade, ele é um dos principais desdobramentos do construtivismo racionalista que, ao tomar ao pé da letra a expressão de que o homem "criou" todas as suas instituições e cultura, foi levado à ficção de que toda a lei é o produto da vontade de alguém.

Outro termo cuja ambiguidade teve efeito confuso semelhante na teoria social, sobretudo em algumas teorias positivistas do direito, e que, portanto, deve ser mencionado sucintamente aqui, é "função". Trata-se de um termo quase indispensável para a discussão daquelas estruturas autossustentáveis que encontramos tanto em organismos biológicos quanto em ordens sociais espontâneas. Tal função pode ser desempenhada sem que a parte atuante saiba para que serve a sua ação. Porém, o antropomorfismo característico da tradição positivista levou a uma curiosa distorção: da descoberta de que uma instituição cumpria uma função chegou-se à conclusão de que as pessoas que exercem a função devem ser dirigidas a exercê-la por outra vontade humana. Assim, a percepção verdadeira de que a instituição da propriedade privada cumpria uma função necessária para a manutenção da ordem espontânea da sociedade levou à crença de que, para esse fim, era necessário o poder de direção de alguma autoridade — uma opinião até expressamente prevista nas constituições de alguns países que foram elaboradas sob inspiração positivista.

## Razão e abstração

Os aspectos da tradição cartesiana que descrevemos como construtivismo também costumam ser chamados simplesmente de racionalismo, o que tende a gerar mal-entendidos. Por exemplo, tornou-se habitual referir-se aos seus primeiros críticos, em especial Bernard Mandeville e David Hume, como "antirracionalistas",[45] o que deu a impressão de que esses "antirracionalistas" estavam menos interessados em conseguir o uso mais eficaz da razão do que os que reivindicavam especialmente para si o título de racionalistas. No entanto, o fato é que os chamados antirracionalistas insistem que tornar a razão

50

CAPÍTULO 1 • RAZÃO E EVOLUÇÃO

tão eficaz quanto possível requer uma percepção das limitações dos poderes da razão consciente e da ajuda que obtemos dos processos dos quais não temos consciência; uma percepção de que o racionalismo construtivista carece. Assim, se o desejo de tornar a razão tão eficaz quanto possível é o que pretende o racionalismo, eu próprio sou um racionalista. Se, no entanto, o termo significa que a razão consciente deve determinar cada ação específica, então não sou um racionalista, e esse racionalismo me parece bastante irracional. Com certeza, uma das tarefas da razão é decidir até onde deve estender o seu controle ou até onde deve recorrer a outras forças que não pode controlar totalmente. Portanto, é preferível, nesse contexto, distinguir não entre "racionalismo" e "antirracionalismo", mas entre um racionalismo construtivista e um racionalismo evolucionista, ou, nas palavras de Karl Popper, um racionalismo ingênuo e um racionalismo crítico.

Relacionadas ao significado incerto do termo "racionalismo" estão as opiniões geralmente consideradas sobre a atitude em relação à "abstração" característica do "racionalismo". Muitas vezes, a palavra é usada até para descrever uma dependência excessiva de abstração. No entanto, a propriedade característica do racionalismo construtivista é que ele não se contenta com a abstração — que ele não reconhece que os conceitos abstratos são um meio de lidar com a complexidade do concreto que a nossa mente não é capaz de dominar plenamente. Por outro lado, o racionalismo evolucionário reconhece as abstrações como os meios indispensáveis da mente que lhe permitem lidar com a realidade que não é capaz de compreender plenamente. Isso está relacionado com o fato de que, na visão construtivista, a "abstração" é concebida como uma propriedade restrita ao pensamento consciente ou aos conceitos, quando, na verdade, é uma característica de todos os processos que determinam a ação muito antes de aparecerem no pensamento consciente ou serem expressos na linguagem. Sempre que um *tipo* de situação provoca em um indivíduo a *disposição* para certo *padrão* de resposta, a relação básica descrita como "abstrata" está presente. Não resta dúvida de que as capacidades peculiares de um sistema nervoso central consistem justamente no fato de que estímulos específicos não provocam diretamente respostas específicas, mas possibilitam que certas classes ou configurações de estímulos gerem determinadas disposições em relação a classes de ações, e que apenas a superposição de muitas dessas disposições especifica a ação particular resultante. Essa "primazia do abstrato", como a denominei em outro estudo,[46] será levada em conta ao longo deste livro.

51

Portanto, a abstração será considerada aqui não só como uma propriedade apresentada por todos os processos mentais (conscientes ou inconscientes) em maior ou menor grau, mas como a base da capacidade do homem de se mover com sucesso em um mundo muito imperfeitamente conhecido por ele — uma adaptação à sua ignorância de grande parte dos fatos particulares que o cercam. O objetivo principal da nossa ênfase nas normas que governam as nossas ações é revelar a importância central do caráter abstrato de todos os processos mentais.

Assim considerada, a abstração não é algo que a mente produz por meio de processos de lógica a partir da sua percepção da realidade, mas sim uma propriedade das categorias com as quais opera — não um produto da mente, mas o que constitui a mente. Nunca agimos, e nunca poderíamos agir, levando plenamente em consideração todos os fatos de uma situação específica, mas sim sempre destacando como relevantes apenas alguns dos seus aspectos; não por escolha consciente ou seleção intencional, mas por um mecanismo sobre o qual não exercemos controle intencional.

Talvez fique claro agora que a nossa constante ênfase no caráter não racional de muitas das nossas ações não tem o objetivo de menosprezar ou criticar essa maneira de agir, mas, ao contrário, revela uma das razões pelas quais ela é bem-sucedida; e não de sugerir que devemos procurar entender plenamente por que fazemos o que fazemos, mas mostrar que isso é impossível; e que podemos fazer uso de tanta experiência não porque a possuamos, mas porque, sem o sabermos, ela se incorporou aos esquemas de pensamento que nos orientam.

Há dois possíveis equívocos sobre a posição que assumimos que devemos tentar evitar. Um resulta do fato de que a ação orientada por normas de que não temos consciência costuma ser descrita como "instintiva" ou "intuitiva". Não há muito problema em relação ao uso dessas palavras, exceto que ambas, e sobretudo "intuitiva", costumam se referir à percepção do particular e relativamente concreto, embora o que nos interesse aqui sejam as capacidades que determinam propriedades muito gerais ou abstratas das ações realizadas. Tal como é geralmente usado, o termo "intuitivo" sugere um atributo não possuído por normas abstratas que seguimos nas nossas ações, e por isso é melhor evitá-lo.

O outro possível mal-entendido a respeito de nossa posição é a impressão de que a ênfase que damos ao caráter não consciente de muitas das normas que governam a nossa ação está relacionada com a concepção de uma mente inconsciente ou subconsciente, subjacente às teorias da psicanálise ou "psicologia profunda". No entanto, embora até certo ponto as duas visões possam objetivar uma explicação dos mesmos fenômenos, na verdade elas são totalmente diferentes. Não vamos usar, e de fato consideraremos como injustificada e falsa, toda a concepção de uma mente inconsciente que difere da mente consciente apenas por ser inconsciente, mas que sob todos os outros aspectos opera da mesma maneira racional e propositada que a mente consciente. Nada se ganha postulando tal entidade mística ou atribuindo às diversas propensões ou normas que juntas produzem a ordem complexa que chamamos de mente qualquer das propriedades apresentadas pela ordem resultante. Nesse sentido, a psicanálise parece ter meramente criado outro fantasma que, por sua vez, considera-se que governa o "fantasma na máquina"[47] do dualismo cartesiano.

## Por que as formas extremas do racionalismo construtivista costumam levar a uma revolta contra a razão?

Para concluir este capítulo introdutório, algumas observações são feitas sobre um fenômeno que transcende o escopo deste livro, mas que é de considerável importância para a compreensão dos seus problemas mais imediatos. Referimo-nos ao fato de que o racionalismo construtivista que não conhece limites para as aplicações da razão consciente tem dado origem, repetidas vezes na história, a uma revolta contra a razão. De fato, esse fenômeno, em que uma superestimação dos poderes da razão leva, por desilusão, a uma reação violenta contra a orientação da razão abstrata e a uma exaltação dos poderes da vontade particular, não é nem um pouco paradoxal, mas quase inevitável.

A ilusão que conduz os racionalistas construtivistas regularmente a uma entronização da vontade consiste na crença de que a razão pode transcender o âmbito do abstrato e, por si mesma, é capaz de determinar a conveniência de ações específicas. No entanto, é sempre apenas em combinação com impulsos específicos e não racionais que a razão pode determinar o que fazer, e a sua função é basicamente agir como um freio à emoção ou direcionar a ação impulsionada por outros fatores. A ilusão de que somente a razão pode nos dizer o que devemos fazer, e que, portanto, todos os homens sensatos devem ser capazes de se juntar ao esforço de buscar objetivos comuns como membros de uma organização, é rapidamente dissipada quando tentamos colocá-la em prática. Contudo, o desejo de usar a nossa razão para transformar o conjunto da sociedade em um motor racionalmente dirigido persiste, e para realizá-lo fins comuns são impostos a todos que não podem ser justificados pela razão e não podem ser mais do que decisões de vontades particulares.

A revolta racionalista contra a razão, se assim podemos chamá-la, é dirigida em geral contra a abstração do pensamento. Ela se recusa a reconhecer que todo pensamento deve permanecer abstrato em vários graus e que, portanto, nunca pode por si só determinar inteiramente ações específicas. A razão é apenas uma disciplina, uma percepção das limitações das possibilidades de ação eficaz, que muitas vezes vai nos dizer o que não fazer. Essa disciplina é necessária justamente porque o nosso intelecto não é capaz de apreender a realidade em toda a sua complexidade. Embora o uso da abstração amplie o escopo dos fenômenos que podemos dominar intelectualmente, faz isso limitando o grau em que podemos prever os efeitos das nossas ações e, desse modo, também limitando a certos traços gerais o grau em que podemos moldar o mundo ao nosso gosto. Por isso, o liberalismo restringe o controle intencional da ordem geral da sociedade à aplicação daquelas normas gerais necessárias para a formação de uma ordem espontânea, cujos detalhes não podemos prever.

Talvez ninguém tenha percebido essa ligação entre liberalismo e percepção dos poderes limitados do pensamento abstrato com mais clareza do que o ultrarracionalista que se tornou a principal fonte do irracionalismo e totalitarismo modernos: G. W. F. Hegel. Ao escrever que "a visão que se apega à abstração é o *liberalismo*, sobre o qual o concreto sempre prevalece e que sempre afunda na luta contra este",[48] Hegel realmente descreveu o fato de que ainda não estamos maduros o suficiente para nos submeter por qualquer período de tempo à estrita disciplina da razão e permitir que as nossas emoções rompam constantemente as suas restrições.

Assim, a confiança no abstrato não é fruto de uma superestimação, mas sim de uma percepção dos poderes limitados da nossa razão. É a superestimação dos poderes da razão que leva à revolta contra a submissão a normas abstratas. O racionalismo construtivista rejeita a exigência dessa disciplina da razão porque se ilude de que a razão pode controlar diretamente todas as particularidades; e assim é levado a uma preferência pelo concreto sobre o abstrato, do particular sobre o geral, porque os seus adeptos não percebem o quanto limitam com isso o alcance do verdadeiro controle pela razão. A arrogância da razão se manifesta naqueles que acreditam que podem prescindir da abstração e alcançar o domínio pleno do concreto e, assim, dominar positivamente o processo social. O desejo de remodelar a sociedade à imagem do homem individual, que desde Hobbes tem dominado a teoria política racionalista, e que atribui propriedades à Grande Sociedade que somente indivíduos ou organizações criadas deliberadamente podem possuir, resulta em um esforço não apenas por ser racional, mas para tornar tudo racional. Embora devamos nos esforçar para construir uma boa sociedade, no sentido de que gostaríamos de viver nela, não podemos torná-la boa no sentido de fazê-la se comportar moralmente. Não faz sentido aplicar os padrões de comportamento consciente àquelas consequências não intencionais da ação individual que tudo o que é autenticamente social representa, exceto eliminando o não intencional — o que significaria eliminar tudo aquilo que chamamos de cultura.

A Grande Sociedade e a civilização que ela tornou possível são o resultado da crescente capacidade do homem de comunicar o pensamento abstrato; e ao dizermos que aquilo que todos os homens têm em comum é a sua razão, estamos nos referindo à sua capacidade comum de pensamento abstrato. O fato de que, em grande medida, o homem usa essa capacidade sem conhecer explicitamente os princípios abstratos que o guiam, e não compreende todas as razões para se deixar guiar dessa maneira, gerou uma situação em que a própria superestimação desses poderes da razão, de que o homem tem consciência, levou-o a desprezar aquilo que tornou a razão tão poderosa: o seu caráter abstrato. Foi a incapacidade de reconhecer que as abstrações ajudam a nossa razão a ir mais longe do que poderia se ela tentasse dominar todas as particularidades que produziram uma série de escolas de filosofia hostis à razão abstrata — filosofias do concreto, da "vida" e da "existência" que exaltam a emoção, o particular e o instintivo, e que estão prontas para apoiar emoções relacionadas à raça, nação e classe.

Assim, o racionalismo construtivista, em seu esforço para sujeitar tudo ao controle racional, na sua preferência pelo concreto e na sua recusa a se submeter à disciplina das normas abstratas, acaba por dar as mãos ao irracionalismo. A construção só é possível a serviço de fins específicos que, em última instância, devem ser não racionais, e a respeito dos quais nenhum argumento racional é capaz de produzir entendimento se já não estiver presente desde o início.

*O homem do sistema (...) parece imaginar que pode dispor os diferentes membros de uma grande sociedade com tanta facilidade quanto a mão dispõe as diferentes peças sobre um tabuleiro de xadrez. Ele não considera que as peças não possuem nenhum princípio de movimento além daquele que a mão lhes imprime; mas que, no grande tabuleiro de xadrez da sociedade humana, cada peça tem um princípio de movimento próprio, totalmente diferente daquele que o legislativo resolva lhe imprimir. Se esses dois princípios coincidirem e agirem na mesma direção, o jogo da sociedade humana prosseguirá fácil e harmoniosamente, e é muito provável que seja feliz e bem-sucedido. Se forem opostos ou diferentes, o jogo prosseguirá de forma miserável, e a sociedade humana deverá estar todo o tempo no mais alto grau de desordem.*

ADAM SMITH*

## O conceito de ordem

O conceito central em torno do qual a discussão deste livro vai girar é o conceito de ordem e, em particular, a distinção entre dois tipos de ordem que vamos chamar provisoriamente de ordem "feita" ["*made*" order] e ordem "evolutiva" ["*grown*" order]. Ordem é um conceito indispensável para a discussão de todos os fenômenos complexos, no qual deve desempenhar, em grande medida, o papel que o conceito de lei desempenha na análise dos fenômenos mais simples.[1] Não há outro termo adequado além de "ordem" para designá-lo, embora "sistema", "estrutura" ou "padrão" possam ser usados de vez em quando. O termo "ordem" possui, é claro, uma longa história nas ciências sociais,[2] mas nos últimos tempos tem sido evitado, sobretudo por causa da ambiguidade do seu significado e da sua frequente associação com ideias autoritárias. No entanto, não podemos prescindir dele, e teremos de nos prevenir contra interpretações errôneas, definindo claramente o sentido geral em que devemos empregá-lo e, então, distinguir inequivocamente entre duas maneiras diferentes pelas quais tal ordem pode se originar.

Por "ordem", vamos descrever sempre uma *situação em que uma multiplicidade de elementos de vários tipos se encontram tão relacionados uns com os outros que, a partir do nosso contato com alguma parte espacial ou temporal do todo, podemos aprender a formar expectativas corretas em relação ao resto, ou pelo menos expectativas que tenham uma boa probabilidade de se provarem corretas.*[3] Nesse sentido, é evidente que toda sociedade deve possuir uma ordem e que tal ordem muitas vezes existirá sem ter sido deliberadamente criada. Como foi dito por um eminente antropólogo social: "(…) é óbvio que há alguma ordem, coerência e constância na vida social. Se não houvesse, nenhum de nós seria capaz de cuidar da própria vida ou satisfazer nossas necessidades mais elementares".[4]

Vivendo como membros da sociedade e dependendo, para a satisfação da maior parte das nossas necessidades, de diversas formas de cooperação com os outros, precisamos claramente, para alcançar os nossos objetivos, que as expectativas relativas às ações dos outros, nas quais se baseiam os nossos planos, correspondam àquilo que eles realmente farão. Essa correspondência entre as intenções e as expectativas que determinam as ações de diferentes indivíduos é a forma em que a ordem se manifesta na vida social; e a questão de como tal ordem surge é que será a nossa preocupação imediata. A primeira resposta a que os nossos hábitos antropomórficos de pensamento quase inevitavelmente nos levam é que deve ser decorrente do projeto de alguma mente pensante.[5] E como a ordem tem sido geralmente interpretada como um *arranjo* intencional, o conceito se tornou impopular entre a maioria dos amigos da liberdade e tem sido preferido principalmente pelos autoritários. De acordo com essa interpretação, a ordem na sociedade há que se basear numa relação de mando e obediência, ou numa estrutura hierárquica do conjunto da sociedade na qual a vontade dos superiores, e em última instância de alguma autoridade suprema única, determina o que cada indivíduo deve fazer.

No entanto, essa conotação autoritária do conceito de ordem deriva inteiramente da crença de que a ordem só pode ser criada por forças externas ao sistema (ou "exógenas"). Não se aplica a um equilíbrio criado a partir de dentro[6] (ou "endógeno"), como aquele que a teoria geral do mercado procura explicar. Sob muitos aspectos, uma ordem espontânea desse tipo possui propriedades diferentes daquelas de uma ordem feita.

## As duas fontes de ordem

O estudo das ordens espontâneas foi por muito tempo a tarefa singular da teoria econômica, embora, é claro, a biologia, desde a sua origem, tenha se preocupado com o tipo especial de ordem espontânea que chamamos de organismo. Só recentemente surgiu dentro das ciências físicas, sob o nome de cibernética, uma disciplina específica que também trata dos chamados sistemas auto-organizadores ou autogeradores.[7]

A distinção entre esse tipo de ordem de outro que foi criado por alguém colocando elementos de um conjunto nos seus lugares ou dirigindo os seus movimentos é indispensável para a compreensão dos processos da sociedade e também para qualquer política social. Há diversos termos disponíveis para designar cada tipo de ordem. A ordem feita, a que já nos referimos como ordem exógena ou arranjo, pode ser, além disso, designada como uma construção, uma ordem artificial ou, sobretudo quando temos que lidar com uma ordem social dirigida, como uma *organização*. Por outro lado, a ordem evolutiva, à qual nos referimos como ordem autogeradora ou endógena, é mais idealmente descrita como *ordem espontânea*. O grego clássico foi mais afortunado em possuir palavras distintas para designar os dois tipos de ordem, a saber, *taxis* para uma ordem feita, como uma ordem de batalha,[8] e *cosmos* para uma ordem evolutiva, significando originalmente "uma ordem correta num estado ou numa comunidade".[9] Ocasionalmente, vamos nos valer dessas palavras gregas como termos técnicos para descrever os dois tipos de ordem.

Não seria exagero dizer que a teoria social começa com a — e tem um objetivo só por causa da — descoberta da existência de estruturas ordenadas que são produto da ação de muitos homens, mas não são o resultado do desígnio humano. Em alguns campos, isso agora é universalmente aceito. Embora em certa época os homens acreditassem que até a linguagem e a moral tinham sido "inventadas" por algum gênio do passado, todos admitem agora que elas são consequência de um processo de evolução cujos resultados ninguém previu ou planejou. Porém, em outros campos, muitos ainda tratam com desconfiança a alegação de que os padrões de interação de muitas pessoas podem revelar uma ordem que não foi feita deliberadamente; na esfera econômica, em particular, os críticos, por incompreensão, ainda ridicularizam a expressão "mão invisível" pela qual, na linguagem do seu tempo, Adam Smith descreveu como o homem é levado "a promover um fim que não fazia parte das suas intenções".[10] Se reformadores indignados ainda se queixam do caos da Economia, insinuando uma completa ausência de ordem, isso ocorre em parte porque não conseguem conceber uma ordem que não seja feita deliberadamente, e em parte porque para eles uma ordem significa algo que visa a fins concretos, que é, como veremos, o que uma ordem espontânea não pode fazer.

Vamos examinar mais adiante (ver Volume II, capítulo 10) como se produz essa coincidência de expectativas e planos que caracteriza a ordem do mercado e a natureza de benefícios que dela obtemos. Por enquanto, estamos apenas interessados no fato de que existe uma ordem não feita pelo homem e nas razões pelas quais não se admite isso com mais facilidade. A principal razão é que ordens como a do mercado não se impõem aos nossos sentidos, mas devem ser investigadas pelo nosso intelecto. Não podemos ver, nem normalmente perceber intuitivamente, essa ordem de ações significativas, mas apenas somos capazes de reconstruí-la mentalmente investigando as relações existentes entre os elementos. Vamos descrever essa característica dizendo que é uma ordem abstrata, e não uma ordem concreta.

## As propriedades distintivas das ordens espontâneas

De fato, a nossa habitual identificação de ordem com uma ordem feita, ou *taxis*, resulta que tendemos a atribuir a toda ordem certas propriedades que os arranjos intencionais habitualmente — e com respeito a algumas dessas propriedades necessariamente — possuem. Essas ordens são mais ou menos *simples* ou, no mínimo, limitam-se necessariamente a graus de complexidade moderados que o criador ainda consegue examinar; em geral, são *concretas* no sentido que acabamos de mencionar, ou seja, de que a sua existência pode ser percebida intuitivamente pela inspeção; e, por fim, tendo sido feitas deliberadamente, invariavelmente *servem* (ou em algum momento serviram) *a um propósito* do criador. Nenhuma dessas características pertence necessariamente a uma ordem espontânea ou *cosmos*. O seu grau de complexidade não se limita ao que uma mente humana pode dominar. A sua existência não precisa se manifestar aos nossos sentidos, mas pode se basear em relações puramente *abstratas*, que só somos capazes de reconstruir mentalmente. E não tendo sido feita, *não é* legítimo dizer que *tenha um propósito específico*, embora a consciência da sua existência possa ser muito importante para a nossa busca bem-sucedida de uma grande variedade de diferentes propósitos.

As ordens espontâneas não são necessariamente complexas, mas ao contrário dos arranjos humanos intencionais podem alcançar algum grau de complexidade. Uma das nossas principais alegações será que ordens muito complexas, abrangendo mais fatos particulares do que qualquer cérebro pode verificar ou manipular, só podem ser produzidas por meio de forças que induzem a formação de ordens espontâneas.

As ordens espontâneas não precisam ser o que chamamos de abstratas, mas muitas vezes vão consistir em um sistema de relações abstratas entre elementos que também são definidos apenas por propriedades abstratas e, por isso, não serão intuitivamente perceptíveis e identificáveis, exceto com base numa teoria que explique o seu caráter. A importância do caráter abstrato de tais ordens reside no fato de que elas podem persistir enquanto todos os elementos particulares que as compõem, e até o número desses elementos, mudam. Tudo o que é necessário para preservar essa ordem abstrata é que se mantenha certa estrutura de relações, ou que os elementos de certo tipo (mas em número variável) continuem a se relacionar de certa maneira.

O mais importante, porém, é a relação de uma ordem espontânea com o conceito de propósito. Como essa ordem não foi criada por um agente externo, a ordem como tal tampouco pode ter propósito, embora a sua existência possa ser muito útil aos indivíduos que se movem dentro dessa ordem. Contudo, em um sentido diferente, pode-se dizer que a ordem se baseia na ação propositada dos seus elementos, em que "propósito" significaria, é claro, apenas que as suas ações tendem a assegurar a preservação ou a restauração dessa ordem. O uso do termo "propositado" nesse sentido, como uma espécie de "taquigrafia teleológica", como tem sido chamada por alguns biólogos, não é questionável desde que não impliquemos uma consciência do propósito por parte dos elementos, mas queiramos apenas dizer que os elementos adquiriram regularidades de conduta propícias à manutenção da ordem — presumivelmente porque aqueles que agiram de determinada maneira tiveram dentro da ordem resultante uma chance melhor de sobrevivência do que aqueles que não agiram. Em geral, porém, é preferível evitar a esse respeito o termo "propósito" e, em vez disso, falar de "função".

## Ordens espontâneas na natureza

Será esclarecedor considerar brevemente o caráter de certas ordens espontâneas encontradas na natureza, pois nesse caso algumas das suas propriedades características se destacam com mais clareza. No mundo físico, existem diversos exemplos de ordens complexas que só poderíamos produzir nos valendo das forças conhecidas que tendem a levar à sua formação, e nunca colocando deliberadamente cada elemento na posição apropriada. Nunca podemos produzir um cristal ou um composto orgânico complexo colocando os átomos individuais em uma posição tal que formem a estrutura de um cristal ou o sistema baseado em anéis benzênicos que constituem um composto orgânico. Porém, podemos criar as condições em que eles se organizarão dessa maneira.

Nesses casos, o que determina não apenas o caráter geral do cristal ou do composto que será formado, mas também a posição particular de cada elemento neles? O aspecto importante é que a regularidade da conduta dos elementos determinará o caráter geral da ordem resultante, mas não todos os detalhes da sua manifestação específica. A maneira particular pela qual se manifestará a ordem abstrata resultante vai depender, além das normas que governam as ações dos elementos, da sua posição inicial e de todas as circunstâncias específicas do ambiente imediato ao qual cada um reagirá durante a formação dessa ordem. Em outras palavras, a ordem sempre será uma adaptação a um grande número de fatos particulares que não serão conhecidos em sua totalidade por ninguém.

Assim, devemos notar que um padrão regular se formará não apenas se todos os elementos obedecerem às mesmas normas e as suas diferentes ações forem determinadas apenas pelas diferentes posições dos diversos indivíduos em relação uns aos outros, mas também, como acontece no caso do composto químico, se existirem diferentes tipos de elementos que agem, em parte, de acordo com normas distintas. Seja qual for o caso, seremos capazes apenas de prever o caráter geral da ordem que se formará, e não a posição específica que cada elemento particular ocupará em relação a qualquer outro elemento.

Sob certos aspectos, outro exemplo da física é ainda mais ilustrativo. No conhecido experimento escolar em que limalhas de ferro sobre uma folha de papel se organizam ao longo de algumas linhas de força de um ímã colocado embaixo da folha, podemos prever a forma geral das cadeias que serão formadas pelas limalhas que se ligam; mas não podemos prever ao longo de quais elementos da família de um número infinito de tais curvas, que definem o campo magnético, essas cadeias se colocarão. Isso dependerá da posição, da direção, do peso, da aspereza ou da uniformidade de cada uma das limalhas de ferro e de todas as irregularidades da superfície do papel. As forças emanadas do ímã e de cada uma das limalhas de ferro interagirão assim com o ambiente para produzir um caso único de um padrão geral cujo caráter será determinado por leis conhecidas, mas cuja aparência concreta dependerá de circunstâncias específicas que não somos capazes de determinar plenamente.

## Na sociedade, a confiança na ordem espontânea tanto amplia quanto limita os nossos poderes de controle

Como uma ordem espontânea resulta da adaptação de elementos individuais a circunstâncias que afetam diretamente apenas alguns deles, e que em sua totalidade não precisam ser conhecidas, ela pode se ampliar a circunstâncias tão complexas que nenhuma mente pode compreendê-las. Desse modo, o conceito se torna particularmente importante quando passamos dos fenômenos mecânicos para fenômenos "mais altamente organizados" ou essencialmente complexos, como os que encontramos nos âmbitos da vida, da mente e da sociedade. Nesse caso, temos que lidar com as estruturas "evolutivas" com um grau de complexidade que elas assumiram e só puderam assumir porque foram produzidas por forças de ordenação espontâneas. Em consequência, elas nos apresentam dificuldades singulares na nossa tentativa de explicá-las, assim como em qualquer tentativa de influenciar o seu caráter. Como podemos, no máximo, conhecer as normas observadas pelos elementos de diversos tipos que constituem as estruturas, mas não cada um dos elementos e nunca todas as circunstâncias específicas em que cada um se encontra, o nosso conhecimento ficará restrito ao caráter geral da ordem que se formará. E mesmo quando, como acontece numa sociedade de seres humanos, podemos estar em condições de alterar pelo menos algumas das normas de conduta a que os elementos obedecem, seremos com isso capazes de influenciar apenas o caráter geral, e não o detalhe da ordem resultante.

Isso significa que, embora o uso das forças de ordenação espontâneas nos permita induzir a formação de uma ordem com tal grau de complexidade (ou seja, englobando tal número de elementos, diversidade e variedade de

CAPÍTULO 2 • *COSMOS E TAXIS*

condições) que nunca poderíamos dominar intelectualmente ou arranjar deliberadamente, teremos menos poder sobre os detalhes dessa ordem do que teríamos sobre os de uma ordem que produzíssemos por meio de arranjo. No caso das ordens espontâneas, podemos, determinando alguns dos fatores que as formam, definir as suas características abstratas, mas teremos que deixar as particularidades para circunstâncias que desconhecemos. Assim, recorrendo às forças de ordenação espontâneas, podemos ampliar o escopo ou alcance da ordem que podemos induzir a se formar, precisamente porque a sua manifestação específica dependerá de um número de circunstâncias muito maior do que podemos conhecer — e, no caso de uma ordem social, porque tal ordem utilizará o conhecimento distinto de todos os seus diversos membros, sem que esse conhecimento jamais se concentre em uma única mente, ou esteja sujeito aos processos de coordenação e adaptação intencionais que são executados pela mente.

Consequentemente, o grau de poder de controle sobre a ordem mais ampla e mais complexa será muito menor do que aquele que poderíamos exercer sobre uma ordem feita ou *taxis*. Haverá muitos aspectos da primeira sobre os quais não teremos nenhum controle, ou que, pelo menos, não seremos capazes de alterar sem interferir nas — e nessa medida impedir as — forças que produzem a ordem espontânea. Qualquer desejo que possamos ter no concernente à posição específica dos elementos individuais, ou da relação entre indivíduos ou grupos específicos, não poderia ser satisfeito sem perturbar a ordem geral. O tipo de poder que nesse sentido teríamos sobre um arranjo concreto ou *taxis* não teríamos sobre uma ordem espontânea onde conheceríamos e poderíamos influenciar apenas os aspectos abstratos.

É importante observar aqui que existem dois aspectos diferentes em que a ordem pode ser uma questão de grau. Quão bem ordenado é um conjunto de objetos ou eventos depende de quantos atributos dos elementos (ou das suas relações) podemos aprender a prever. A esse respeito, ordens diferentes podem diferir entre si de uma maneira ou de ambas: primeiro, a ordenação pode envolver apenas um número muito pequeno de relações entre os elementos ou um grande número de relações; segundo, a regularidade assim definida pode ser grande no sentido de que será confirmada por todas ou quase todas as circunstâncias; ou pode prevalecer apenas na maioria das circunstâncias e, assim, nos permitir prever a sua ocorrência apenas com certo grau de probabilidade. No primeiro caso, podemos prever apenas algumas das características da estrutura resultante, mas com grande segurança; essa ordem seria limitada, mas talvez mesmo assim fosse perfeita. No segundo caso, seremos capazes de prever muito mais, mas apenas com um grau moderado de certeza. Todavia, o conhecimento da existência de uma ordem ainda será útil mesmo que essa ordem seja limitada em um ou em ambos os aspectos; e a confiança em forças de ordenação espontâneas pode ser preferível ou mesmo indispensável, embora a ordem para a qual o sistema tende seja de fato mais ou menos imperfeitamente abordada. Em particular, a ordem de mercado assegurará habitualmente apenas certa probabilidade de que as relações previstas prevaleçam, mas essa é, contudo, a única maneira pela qual tantas atividades que dependem de conhecimento disperso podem ser efetivamente integradas numa ordem única.

## As ordens espontâneas resultam da obediência dos seus elementos a certas normas de conduta

Já assinalamos que a formação das ordens espontâneas é o resultado de os seus elementos seguirem certas normas nas suas respostas ao seu ambiente imediato. A natureza dessas normas ainda requer um exame mais completo, em parte porque a palavra "norma" tende a sugerir algumas ideias equivocadas, e em parte porque as normas que determinam uma ordem espontânea diferem em aspectos importantes de outros tipos de normas necessárias à regulação de uma organização ou *taxis*.

Sobre a primeira questão, os exemplos de ordens espontâneas que demos da física são instrutivos porque mostram claramente que as normas que governam as ações dos elementos dessas ordens espontâneas não precisam ser normas "conhecidas" por esses elementos; basta que os elementos realmente se comportem de uma maneira capaz de ser definida por essas normas. Portanto, o conceito de norma como o utilizamos nesse contexto não implica que essas normas existam em formas enunciadas ("verbalizadas"), mas apenas que é possível descobrir normas que as ações dos indivíduos de fato seguem. Para enfatizar isso, falamos ocasionalmente de "regularidade" em vez de normas, mas regularidade, é claro, significa simplesmente que os elementos se comportam de acordo com as normas.

Nesse sentido, o fato de que normas existem e atuam sem ser explicitamente conhecidas por aqueles que as obedecem também se aplica a muitas das normas que governam as ações dos homens e, assim, determinam

CAPÍTULO 2 • COSMOS E TAXIS

uma ordem social espontânea. Sem dúvida, o homem não conhece todas as normas que orientam as suas ações no sentido de ele ser capaz de expressá-las em palavras. Pelo menos na sociedade humana primitiva, quase tanto quanto em sociedades animais, a estrutura da vida social é determinada por normas de conduta que se manifestam apenas por serem de fato observadas. Só quando os intelectos individuais começam a diferir em grau significativo se torna necessário expressar essas normas numa forma em que possam ser comunicadas e ensinadas explicitamente, o comportamento desviante possa ser corrigido e as diferenças de opinião acerca de comportamento apropriado possam ser resolvidas. Embora o homem nunca tenha existido sem obedecer às leis, é claro que por centenas de milhares de anos ele viveu sem as "conhecer", no sentido de ser capaz de enunciá-las.

Nesse contexto, porém, ainda mais importante é que nem toda regularidade no comportamento dos elementos assegura uma ordem geral. Algumas normas que governam o comportamento individual podem evidentemente impossibilitar no todo a formação de uma ordem geral. O nosso problema é que espécie de normas de conduta produzirá uma ordem social e que espécie de ordem será produzida por normas específicas.

O exemplo clássico de normas de comportamento de elementos que não produzirão ordem vem das ciências físicas: é a segunda lei da termodinâmica ou a lei da entropia, de acordo com a qual a tendência das moléculas de um gás se moverem em velocidades constantes em linhas retas gera um estado para o qual se criou o termo "desordem perfeita". Da mesma forma, é evidente que, na sociedade, um comportamento perfeitamente regular dos indivíduos só poderia produzir desordem: se a norma fosse que todo indivíduo tentasse matar qualquer outro que encontrasse, ou fugir assim que visse outro, o resultado seria, sem dúvida, a impossibilidade completa de uma ordem em que as atividades dos indivíduos se baseassem na colaboração com os demais.

Assim, a sociedade só pode existir se, mediante um processo de seleção, as normas que levam os indivíduos a se comportar de uma maneira que possibilite a vida social tiverem evoluído. Não devemos esquecer que, para esse fim, a seleção funcionará como entre sociedades de diferentes tipos, isto é, será orientada pelas propriedades das suas respectivas ordens, mas desde que as propriedades que sustentam essa ordem sejam as propriedades dos indivíduos, especificamente a sua propensão para obedecer a certas normas de conduta sobre as quais se baseia a ordem de ação do grupo.

65

Dito de outro modo: numa ordem social, as circunstâncias específicas a que cada indivíduo reagirá serão aquelas conhecidas por ele. Porém, as reações individuais a circunstâncias particulares apenas resultarão numa ordem geral se os indivíduos obedecerem às normas que produzirão uma ordem. Mesmo uma semelhança muito limitada em seu comportamento pode ser suficiente, desde que as normas a que todos obedecem sejam aquelas que produzam uma ordem. Essa ordem sempre constituirá uma adaptação à profusão de circunstâncias conhecidas por todos os membros dessa sociedade em seu conjunto, mas não conhecidas em sua totalidade por nenhuma pessoa. Isso não significa necessariamente que as diferentes pessoas, em circunstâncias semelhantes, farão exatamente a mesma coisa; mas apenas que, para formação de tal ordem geral, é necessário que, sob certos aspectos, todos os indivíduos sigam normas definidas ou que as suas ações se limitem a certo alcance. Em outras palavras, as reações dos indivíduos aos acontecimentos em seu ambiente só precisam ser semelhantes em certos aspectos abstratos para assegurar que resultem em uma determinada ordem geral.

Sendo assim, esta é uma questão de importância central tanto para a teoria social quanto para a política social: quais propriedades as normas devem possuir para que as ações distintas dos indivíduos produzam uma ordem geral? Algumas dessas normas serão obedecidas por todos os indivíduos de uma sociedade por causa da maneira semelhante pela qual o ambiente se apresenta às suas mentes. Outras eles seguirão espontaneamente porque serão parte da sua tradição cultural comum. No entanto, haverá ainda outras normas que talvez eles tenham de obedecer, pois, embora fosse do interesse de cada um ignorá-las, a ordem geral da qual depende o sucesso das suas ações só ocorrerá se essas normas forem seguidas por todos.

Numa sociedade moderna, baseada no intercâmbio, uma das principais regularidades do comportamento individual resultará da semelhança de situações em que a maioria dos indivíduos se encontra ao trabalhar para obter uma renda; o que significa que, normalmente, preferirão um retorno maior pelos seus esforços do que um menor, e muitas vezes se esforçarão mais em uma determinada direção se as perspectivas de retorno melhorarem. Essa norma será seguida com frequência suficiente para imprimir a essa sociedade certo tipo de ordem. Mas ainda que a maioria das pessoas siga essa norma, o caráter da ordem resultante permanecerá muito indefinido e, por si só, certamente não seria suficiente para dar-lhe um caráter benéfico. Para que a ordem resultante seja benéfica, as pessoas também devem observar algumas normas convencionais, isto é, normas que não derivem simplesmente dos seus desejos e da sua percepção das relações de causa e efeito, mas que sejam padronizadas e lhes digam o que devem ou não fazer.

Mais adiante consideraremos de maneira mais detalhada a relação exata entre os diversos tipos de normas que as pessoas de fato obedecem e a ordem de ações resultantes. Então, o nosso principal interesse serão as normas que, pelo fato de podermos alterá-las deliberadamente, tornam-se o principal instrumento pelo qual podemos afetar a ordem resultante, especificamente as normas jurídicas. Por enquanto, o nosso objetivo deve ser deixar claro que, embora as normas sobre as quais se baseia uma ordem espontânea também possam ser de origem espontânea, nem sempre isso acontece. Embora, sem dúvida, uma ordem tenha se formado originalmente de maneira espontânea porque os indivíduos seguiram normas que não foram feitas deliberadamente, mas surgiram espontaneamente, as pessoas aprenderam aos poucos a melhorar essas normas; e pelo menos é concebível que a formação de uma ordem espontânea dependa inteiramente das normas que foram feitas deliberadamente. Portanto, o caráter espontâneo da ordem resultante deve ser distinguido da origem espontânea das normas nas quais se baseia, e é possível que uma ordem que ainda teria de ser descrita como espontânea se baseie em normas que são inteiramente o resultado de um projeto intencional. É claro que no tipo de sociedade com a qual estamos familiarizados apenas algumas das normas que as pessoas de fato observam — especificamente algumas das normas jurídicas (mas nunca todas, mesmo essas) — serão o produto de um projeto intencional, ao passo que a maioria das normas de moral e costumes será produto de evoluções espontâneas.

Mesmo uma ordem baseada em normas feitas pode ter caráter espontâneo, o que é demonstrado pelo fato de que a sua manifestação específica sempre dependerá das diversas circunstâncias que o criador dessas normas não conhecia nem poderia conhecer. O conteúdo específico da ordem dependerá das circunstâncias concretas conhecidas apenas pelos indivíduos que obedecem às normas e as aplicam a fatos conhecidos apenas por eles. Será pelo conhecimento desses indivíduos tanto das normas quanto dos fatos particulares que ambos determinarão a ordem resultante.

DIREITO, LEGISLAÇÃO E LIBERDADE

## A ordem espontânea da sociedade é constituída de indivíduos e organizações

Em qualquer grupo de homens de tamanho considerável, a colaboração sempre se baseará na ordem espontânea e também na organização intencional. Não resta dúvida de que, para diversas tarefas limitadas, a organização é o método mais poderoso de coordenação eficaz, porque nos permite adaptar a ordem resultante muito mais plenamente aos nossos desejos, ao passo que quando, devido à complexidade das circunstâncias a serem levadas em consideração, temos que confiar nas forças que contribuem para uma ordem espontânea, o nosso poder sobre os conteúdos específicos dessa ordem é necessariamente limitado.

O fato de os dois tipos de ordem coexistirem regularmente em toda sociedade de qualquer grau de complexidade não significa, contudo, que possamos combiná-los da maneira que quisermos. O que, na verdade, encontramos em todas as sociedades livres é que, embora grupos de homens se unam em organizações para a realização de alguns fins específicos, a coordenação das atividades de todas essas distintas organizações, assim como dos distintos indivíduos, é produzida pelas forças que produzem uma ordem espontânea. A família, a propriedade rural, a fábrica, a pequena e a grande empresa e as diversas associações, e todas as instituições públicas, incluindo o governo, são organizações que, por sua vez, estão integradas numa ordem espontânea mais abrangente. Convém reservar o termo "sociedade" para essa ordem geral espontânea, para que possamos distingui-la de todos os grupos menores organizados que existirão em seu interior, assim como dos grupos menores e mais ou menos isolados como a horda, a tribo ou o clã, cujos membros agirão, pelo menos sob certos aspectos, sujeitos a uma orientação central a favor de propósitos comuns. Em alguns casos, será o mesmo grupo que, às vezes, como quando engajado na maior parte da sua rotina diária, atuará como uma ordem espontânea mantida pela observância das normas convencionais, sem a necessidade de prescrições, enquanto, em outras ocasiões, como quando na caça, na migração ou na guerra, atuará como uma organização sujeita à vontade direcionada de um chefe.

A ordem espontânea que chamamos de sociedade tampouco precisa ter limites tão nítidos quanto os das organizações. É frequente haver um núcleo, ou diversos núcleos, de indivíduos mais estreitamente relacionados ocupando uma posição central em uma ordem mais frouxamente conectada, mas mais extensa. Essas sociedades particulares no interior da Grande Sociedade podem surgir como resultado da proximidade espacial ou de algumas outras circunstâncias especiais que geram relações mais estreitas entre os seus membros. E diferentes sociedades parciais desse gênero costumam se sobrepor, e cada indivíduo, além de ser membro da Grande Sociedade, pode integrar outras sociedades parciais ou subordens espontâneas, e também diversas organizações existentes dentro da Grande Sociedade abrangente.

Entre as organizações existentes no interior da Grande Sociedade, uma que costuma ocupar uma posição bastante especial será aquela que chamamos de governo. Embora seja concebível que a ordem espontânea que chamamos de sociedade possa existir sem governo, desde que o mínimo de normas exigido para a formação dessa ordem seja observado sem um aparato organizado para a sua aplicação, na maioria dos casos a organização que chamamos de governo se torna indispensável para assegurar a obediência a essas normas.

Essa função específica se assemelha à de uma equipe de manutenção de uma fábrica, cujo objetivo não é produzir quaisquer serviços ou produtos a serem consumidos pelos cidadãos, mas sim garantir que o mecanismo que regula a produção desses bens e serviços seja mantido em condições de funcionamento. Os propósitos para os quais esse maquinário está sendo usado em certo momento será determinado por aqueles que operam os seus componentes e, em última instância, por aqueles que compram os seus produtos.

No entanto, a mesma organização encarregada de manter em ordem uma estrutura operacional que os indivíduos utilizarão para os seus próprios fins, além da tarefa de zelar pela aplicação das normas sobre as quais essa ordem se baseia, deverá também em geral prestar outros serviços que a ordem espontânea não pode produzir de maneira adequada. Essas duas funções distintas do governo não são em geral nitidamente separadas; contudo, conforme veremos, a distinção entre as funções coercitivas pelas quais o governo impõe normas de conduta, e as suas funções de serviço pelas quais precisa apenas administrar recursos postos à sua disposição, é de fundamental importância. Na segunda função, é uma organização entre outras e, como as demais, faz parte de uma ordem geral espontânea, ao passo que na primeira propicia uma condição essencial para a preservação dessa ordem geral.

Em inglês é possível, e por muito tempo foi habitual, discutir esses dois tipos de ordem em termos de distinção entre "sociedade" e "governo". Não é necessário na discussão desses problemas, desde que diga respeito apenas

DIREITO, LEGISLAÇÃO E LIBERDADE

a um país, introduzir o termo "Estado" devido à sua grande carga metafísica. Em grande medida, sob a influência do pensamento da Europa continental, sobretudo o hegeliano, ao longo dos últimos cem anos o costume de falar do "Estado" (de preferência com "E" maiúsculo) passou a ser amplamente adotado quando seria mais apropriado e exato usar "governo". No entanto, aquele que representa ou desenvolve uma política sempre é a organização governamental; e em nada contribui para a clareza insistir no termo "Estado" quando o termo "governo" é suficiente. Torna-se especialmente enganoso quando o termo "Estado", em vez de "governo", é usado em contraposição ao termo "sociedade" para indicar que o primeiro é uma organização e, o segundo, uma ordem espontânea.

## As normas das ordens espontâneas
e as normas organizacionais

Uma das nossas principais alegações é que, embora a ordem espontânea e a organização sempre coexistam, ainda não é possível misturar esses dois princípios de ordem como quisermos. Se isso não é entendido de maneira mais geral é porque, para a determinação de ambos os tipos de ordem, temos que confiar nas normas, e porque geralmente não são reconhecidas as diferenças importantes entre os tipos de normas exigidas pelos dois tipos diferentes de ordem.

Até certo ponto, toda organização deve também confiar em normas, e não apenas em prescrições específicas. Nesse caso, o motivo é o mesmo que torna necessário que uma ordem espontânea confie somente nas normas: a saber, orientando as ações dos indivíduos mediante normas, em vez de prescrições específicas, é possível fazer uso de um conhecimento que ninguém possui em sua totalidade. Toda organização cujos membros não sejam meros instrumentos do organizador só determinará por meio de prescrições a função a ser desempenhada por cada membro, os objetivos a serem alcançados e certos aspectos gerais dos métodos a serem empregados, e deixará que os detalhes sejam decididos pelos indivíduos a partir dos seus respectivos conhecimentos e habilidades.

Nesse caso, a organização depara com o problema enfrentado por qualquer tentativa de colocar ordem em atividades humanas complexas: o organizador deve querer que os indivíduos que precisam cooperar façam uso do conhecimento que ele mesmo não possui. Em nenhuma organização, exceto no tipo mais simples, é concebível que todos os detalhes de todas as atividades sejam controlados por uma única mente. Com certeza, ninguém ainda conseguiu organizar deliberadamente todas as atividades que ocorrem em uma sociedade complexa. Se algum dia alguém conseguisse organizar plenamente tal sociedade, já não faria mais uso de muitas mentes, mas seria totalmente dependente de uma única; sem dúvida, não seria uma sociedade muito complexa, mas sim bastante primitiva — assim como logo seria a mente cujos conhecimento e vontade determinassem tudo. Os fatos que poderiam ser incluídos no projeto de tal ordem só poderiam ser aqueles que fossem conhecidos e assimilados por essa mente; e como apenas esse indivíduo poderia decidir sobre a ação e assim ganhar experiência, não haveria nenhuma interação de muitas mentes na qual uma mente solitária pudesse se desenvolver.

O que distingue as normas que regerão a ação em uma organização é que elas devem ser normas para o desempenho das tarefas atribuídas. Pressupõem que o lugar de cada indivíduo em uma estrutura fixa é determinado mediante prescrição e que as normas que cada indivíduo deve obedecer dependem do lugar que lhe foi designado e dos fins específicos que lhe foram indicados pela autoridade dirigente. Assim, as normas regularão apenas os detalhes da ação dos funcionários nomeados ou dos órgãos governamentais.

Portanto, as normas organizacionais são necessariamente subsidiárias das prescrições e preenchem as lacunas deixadas por elas. Tais normas serão diferentes para os distintos membros da organização, segundo os vários papéis que lhes foram atribuídos, e deverão ser interpretadas em função dos propósitos determinados pelas prescrições. Sem a atribuição de uma função e a definição dos fins visados por prescrições específicas, a simples norma abstrata não seria suficiente para dizer a cada indivíduo o que ele deve fazer.

Em contraste, as normas que governam uma ordem espontânea devem ser independentes de propósitos e devem ser as mesmas, se não necessariamente para todos os membros, pelo menos para a totalidade das classes de membros não designados individualmente por nomes. Como veremos, devem ser normas aplicáveis a um número desconhecido e indeterminável de pessoas e ocorrências. Deverão ser aplicadas pelos indivíduos em função dos seus respectivos conhecimentos e propósitos; e a sua aplicação será independente de qualquer propósito comum, que o indivíduo nem precisa conhecer.

Nos termos que adotamos, isso significa que as normas gerais do direito sobre as quais se baseia uma ordem espontânea visam a uma ordem abstrata, cujo conteúdo particular ou concreto não é conhecido ou previsto por ninguém; enquanto as prescrições, e também as normas que governam uma organização, servem a resultados particulares visados por aqueles que estão no comando da organização. Quanto mais complexa a ordem objetivada, maior será o papel das ações distintas que deverão ser determinadas por circunstâncias desconhecidas pelos que dirigem o conjunto, e o controle será mais dependente das normas, e não de prescrições específicas. Nos tipos mais complexos de organizações, de fato, pouco mais do que a atribuição de funções específicas e o objetivo geral será determinado pelo comando da autoridade suprema, ao passo que o desempenho dessas funções será regulado apenas por normas — no entanto, por normas que, pelo menos até certo ponto, são peculiares às funções atribuídas a pessoas específicas. Só ao passarmos do tipo maior de organização, o governo, que como organização ainda deve se dedicar a um conjunto limitado e determinado de propósitos específicos, para a ordem geral do conjunto da sociedade, é que encontramos uma ordem que se baseia exclusivamente em normas e de caráter inteiramente espontâneo.

A estrutura da sociedade moderna só atingiu o grau de complexidade que possui — e que supera em muito qualquer outro que poderia ter sido alcançado por meio da organização intencional — porque se desenvolveu como uma ordem espontânea, sem depender da organização. Na verdade, é claro, as normas que possibilitaram o desenvolvimento dessa ordem complexa não foram concebidas inicialmente na expectativa desse resultado; mas aqueles povos que por acaso adotaram normas adequadas desenvolveram uma civilização complexa que posteriormente muitas vezes se estendeu a outros povos. Sustentar que devemos planejar deliberadamente a sociedade moderna porque ela se tornou complexa é, portanto, paradoxal, e resulta de uma incompreensão completa dessas circunstâncias. Ao contrário, o fato é que podemos preservar uma ordem de tal complexidade não pelo método de dirigir os seus membros, mas apenas indiretamente fazendo cumprir e aprimorando as normas propícias à formação de uma ordem espontânea.

Veremos que é impossível não só substituir a ordem espontânea pela organização e ao mesmo tempo utilizar ao máximo o conhecimento disperso de todos os seus membros, mas também aprimorar ou corrigir essa ordem interferindo nela por meio de prescrições diretas. Nunca pode ser racional adotar essa combinação de ordem espontânea e organização. Embora seja sensato suplementar as prescrições que determinam uma organização com normas subsidiárias e usar as organizações como elementos de uma ordem espontânea,

CAPÍTULO 2 • *COSMOS E TAXIS*

nunca pode ser vantajoso suplementar as normas que governam uma ordem espontânea com prescrições isoladas e subsidiárias concernentes a essas atividades em que as ações são orientadas pelas normas gerais de conduta. Essa é a essência do argumento contra a "interferência" ou "intervenção" na ordem do mercado. O motivo por que essas prescrições isoladas, que exigem ações específicas de membros da ordem espontânea, nunca são capazes de melhorar essa ordem, mas devem perturbá-la, é que elas se referirão a uma parte de um sistema de ações interdependentes determinadas por informações e orientadas por propósitos conhecidos apenas pelas diversas pessoas em ação, mas não pela autoridade dirigente. A ordem espontânea resulta de cada elemento contrabalançando todos os diversos fatores que atuam sobre ele, e ajustando todas as suas diversas ações umas às outras — um equilíbrio que será destruído se algumas ações forem determinadas por outro agente com base em outros conhecimentos e a serviço de diferentes fins.

Portanto, o que o argumento geral contra "interferência" significa é que, embora possamos nos esforçar para aprimorar a ordem espontânea revisando as normas gerais em que ela se baseia e possamos suplementar os seus resultados pelos esforços de diversas organizações, não podemos melhorar os resultados mediante prescrições específicas que privam os seus membros da possibilidade de utilizar os seus conhecimentos por causa dos seus propósitos.

Ao longo deste livro, teremos que considerar como esses dois tipos de normas forneceram o modelo para duas concepções totalmente diferentes de direito e como isso fez com que autores que utilizam a mesma palavra "direito" falassem de coisas diferentes. Isso fica mais claro no contraste que encontramos ao longo da história entre aqueles para quem o direito e a liberdade eram inseparáveis[11] e aqueles para quem eram incompatíveis. Encontramos uma grande tradição que começa com os gregos antigos e Cícero,[12] percorre a Idade Média,[13] passa pelos liberais clássicos como John Locke, David Hume, Immanuel Kant[14] e os filósofos da moral escoceses, e chega até diversas figuras ilustres norte-americanas[15] dos séculos XIX e XX, para quem direito e liberdade não podiam existir separadamente; ao passo que para Thomas Hobbes, Jeremy Bentham[16] e diversos pensadores franceses[17] e os positivistas jurídicos modernos, o direito significa inevitavelmente uma usurpação da liberdade. Esse aparente conflito entre longas linhagens de grandes pensadores não significa que eles chegaram a conclusões opostas, mas apenas que empregaram a palavra "direito" em sentidos diferentes.

## Os termos "organismo" e "organização"

Algumas observações devem ser acrescentadas a respeito dos termos em que a distinção examinada neste capítulo foi discutida com mais frequência no passado. Desde o início do século XIX, os termos "organismo" e "organização" foram frequentemente utilizados para contrastar os dois tipos de ordem. Como consideramos aconselhável evitar o primeiro termo e adotar o segundo num sentido específico, alguns comentários sobre a sua história podem ser convenientes.

Era natural que a analogia organísmica fosse usada desde a Antiguidade para definir a ordem espontânea da sociedade, pois os organismos eram os únicos tipos de ordem espontânea com os quais todos estavam familiarizados. De fato, os organismos são um tipo de ordem espontânea e, assim sendo, apresentam muitas das características de outras ordens espontâneas. Sendo assim, era tentador tomar emprestado dos organismos termos como "crescimento", "adaptação" e "função". No entanto, eles são ordens espontâneas de um tipo muito especial, e também possuem propriedades que de forma alguma pertencem necessariamente a todas as ordens espontâneas; em consequência, a analogia logo se torna mais enganosa do que proveitosa.[18]

A principal peculiaridade dos organismos, que os distingue das ordens espontâneas da sociedade, é que, neles, grande parte dos elementos individuais ocupa lugares fixos que, pelos menos quando os organismos estão maduros, eles conservam definitivamente. Via de regra, também são sistemas mais ou menos constantes que consistem em um número fixo de elementos que, embora alguns possam ser substituídos por outros equivalentes, mantêm uma ordem no espaço facilmente perceptível pelos sentidos. Por conseguinte, nos termos que usamos, os organismos são ordens de um tipo mais concreto do que as ordens espontâneas da sociedade, que podem ser preservadas ainda que o número total de elementos mude e os elementos individuais mudem de lugar. Esse caráter relativamente concreto em relação à ordem dos organismos se revela no fato de que a sua existência como totalidades distintas pode ser captada intuitivamente pelos sentidos, enquanto a ordem espontânea abstrata das estruturas sociais em geral só pode ser reconstruída pela mente.

Quase invariavelmente, a interpretação da sociedade como um organismo tem sido utilizada para fundamentar ideias hierárquicas e autoritárias às quais o conceito mais geral de ordem espontânea não dá apoio. De fato,

CAPÍTULO 2 • *COSMOS E TAXIS*

desde que Menênio Agripa, por ocasião da primeira secessão da plebe romana, empregou a metáfora organísmica para justificar os privilégios de um grupo específico, ela deve ter sido usada inúmeras vezes para propósitos semelhantes. A ideia de lugares fixos atribuídos a elementos específicos de acordo com as suas "funções" distintas e a determinação muito mais concreta das estruturas biológicas em comparação com o caráter abstrato das estruturas espontâneas da sociedade tornaram realmente de valor bastante questionável a concepção organísmica para a teoria social. Essa metáfora foi usada de modo ainda mais abusivo do que o próprio termo "ordem" ao ser interpretado como ordem feita ou *taxis*, e muitas vezes foi utilizada na defesa de uma ordem hierárquica, da necessidade de "diploma", da relação de mando e obediência ou da preservação de posições estabelecidas de indivíduos específicos, e por isso, justificadamente, tornou-se suspeita.

Por outro lado, o termo "organização", que no século XIX costumava ser usado em contraposição a "organismo" para expressar a distinção que discutimos,[19] e que manteremos para caracterizar uma ordem feita ou *taxis*, é de origem relativamente recente. Ele parece ter entrado em uso geral na época da Revolução Francesa, com referência ao qual Kant observou certa vez que "na reconstrução de um grande Estado recentemente empreendida por um grande povo, a palavra *organização* foi usada muitas vezes e de maneira apropriada para a instituição de magistraturas e até de todo o Estado".[20] A palavra se tornou característica do espírito do período napoleônico[21] e passou a ser o conceito central nos planos de "reconstrução da sociedade" dos principais fundadores do socialismo moderno, ou seja, os sansimonianos, e de Auguste Comte.[22] Até o termo "socialismo" entrar em uso geral, "a organização da sociedade como um todo" era, de fato, a denominação comum de se referir ao que agora definimos como socialismo.[23] O seu papel central, em particular no pensamento francês durante a primeira metade do século XIX, foi claramente percebido pelo jovem Ernest Renan, que em 1849, já falava do ideal de uma "organização científica da humanidade como a última palavra da ciência moderna e a sua ousada, mas legítima ambição".[24]

Em inglês, a palavra "organização" parece ter entrado em uso geral por volta de 1790 como um termo técnico para definir um "arranjo sistemático para um propósito definido".[25] Contudo, foram os alemães que a adotaram com especial entusiasmo, passando logo a acreditar que a palavra parecia expressar a sua capacidade peculiar de serem superiores aos outros povos. Isso gerou até mesmo uma curiosa rivalidade entre acadêmicos franceses e alemães, que, durante a Primeira Guerra Mundial, engajaram--se em uma disputa literária ligeiramente cômica, além das frentes de batalha, referente a qual das duas nações tinha o maior direito de reivindicar o segredo da organização.[26]

Ao restringir o termo aqui a uma ordem feita ou *taxis*, seguimos o que aparentemente tornou-se o uso geral em sociologia e sobretudo no que é conhecido como "teoria da organização".[27] Nesse sentido, a ideia de organização é consequência natural da descoberta dos poderes do intelecto humano e, em especial, da atitude geral do racionalismo construtivista. Por muito tempo, essa ideia pareceu o único processo pelo qual uma ordem útil aos propósitos humanos poderia ser deliberadamente alcançada, e é, de fato, o método inteligente e poderoso para alcançar certos resultados conhecidos e previsíveis. Todavia, como o seu desenvolvimento é uma das grandes realizações do construtivismo, assim também a desconsideração em relação aos seus limites é um dos seus defeitos mais graves. O que a ideia ignora é o fato de que o desenvolvimento da mente capaz de dirigir uma organização, e o da ordem mais abrangente dentro da qual as organizações funcionam, baseia-se em adaptações ao imprevisível, e que a única possibilidade de transcender a capacidade das mentes individuais é recorrer às forças "auto-organizadoras" e suprapessoais que criam as ordens espontâneas.

## CAPÍTULO 3

# Princípios e conveniência

*Recorrer com frequência aos princípios fundamentais é absolutamente necessário para preservar as bênçãos da liberdade.*

CONSTITUIÇÃO DA CAROLINA DO NORTE*

## Objetivos individuais e benefícios coletivos

A tese deste livro é que uma condição de liberdade em que todos possam usar o seu conhecimento a favor dos seus propósitos, limitados apenas por normas de conduta justa de aplicação universal, tenderá a propiciar-lhes as melhores condições para alcançar os seus objetivos; e que tal sistema tenderá a ser conquistado e mantido apenas se toda a autoridade, incluindo a da maioria do povo, for limitada, no exercício do poder coercitivo, por princípios gerais com os quais a comunidade se comprometeu. A liberdade individual, onde quer que tenha existido, em grande medida foi o fruto de um respeito predominante por tais princípios, que, no entanto, nunca foram plenamente enunciados nos documentos constitucionais. A liberdade foi preservada por períodos prolongados porque tais princípios, percebidos de modo vago e impreciso, governaram a opinião pública. As instituições pelas quais os países do mundo ocidental tentaram proteger a liberdade individual contra a intrusão progressiva do governo sempre se mostraram inadequadas quando transferidas para países onde tais tradições não prevaleciam. E não proporcionaram proteção suficiente contra os efeitos dos novos anseios que, mesmo entre os povos do Ocidente, agora muitas vezes assumem mais importância do que as concepções mais antigas — concepções que possibilitaram os períodos de liberdade quando esses povos alcançaram a sua posição atual.

Não vou desenvolver aqui uma definição mais completa do termo "liberdade" nem me estenderei sobre por que considero a liberdade individual

DIREITO, LEGISLAÇÃO E LIBERDADE

tão importante. Já procurei fazer isso em outro livro.[1] Contudo, algumas palavras devem ser ditas acerca de por que prefiro a fórmula breve pela qual repetidamente conceituei a condição de liberdade, especificamente um estado em que cada um pode usar o seu conhecimento em busca dos seus propósitos, à frase clássica de Adam Smith: "Todo homem, desde que não viole as leis da justiça, permanece perfeitamente livre para buscar os seus próprios interesses a seu próprio modo".[2] A razão da minha preferência é que esta última formulação sugere, de modo desnecessário e infeliz, um vínculo entre a defesa da liberdade individual e o egoísmo. Porém, a liberdade de buscar os seus próprios objetivos é pelo menos tão importante para o altruísta completo quanto para o mais rematado egoísta. O altruísmo, para ser uma virtude, certamente não pressupõe que se deva seguir a vontade de outra pessoa. Mas é verdade que muitas vezes o pretenso altruísmo se manifesta em um desejo de fazer os outros servirem aos fins que o "altruísta" considera importantes.

Não precisamos voltar aqui ao fato inegável de que os efeitos benéficos da vontade de uma pessoa sobre os outros muitas vezes só se tornarão visíveis se a pessoa agir como parte de um esforço conjunto de muitos, de acordo com um plano coerente, e que, em diversos casos, pode ser difícil para o indivíduo isolado fazer muito acerca dos males que o preocupam profundamente. Mas é, naturalmente, parte da sua liberdade que, para tais propósitos, ele possa se juntar a (ou criar) organizações que lhe permitirão participar de uma ação conjunta. E embora alguns dos fins do altruísta sejam alcançáveis apenas pela ação coletiva, os fins puramente egoístas também serão frequentemente alcançados por esse meio. Não há vínculo necessário entre altruísmo e ação coletiva, nem entre egoísmo e ação individual.

## A liberdade só pode ser preservada seguindo princípios e é destruída seguindo a conveniência

Da percepção de que os benefícios da civilização se baseiam no uso de um conhecimento maior do que aquele que pode ser utilizado em qualquer esforço deliberadamente conjunto segue-se que não está em nosso poder construir uma sociedade desejável simplesmente reunindo os elementos particulares que por si mesmos parecem desejáveis. Embora provavelmente todo aprimoramento benéfico deva ser gradual, se cada passo não for orientado por um

CAPÍTULO 3 • PRINCÍPIOS E CONVENIÊNCIA

conjunto de princípios coerentes, o resultado tenderá a ser uma supressão da liberdade individual.

A razão para isso é muito simples, embora em geral não seja compreendida. Como o valor da liberdade se baseia nas oportunidades que ela propicia para ações imprevistas e imprevisíveis, raramente saberemos o que perdemos devido a uma determinada restrição da liberdade. Qualquer restrição, qualquer coerção diferente da aplicação de normas gerais, visará à obtenção de algum resultado específico previsível, mas em geral não se saberá o que é impedido. Os efeitos diretos de qualquer interferência na ordem do mercado serão próximos e claramente visíveis na maioria dos casos, ao passo que os efeitos mais indiretos e remotos serão quase todos desconhecidos e, portanto, não serão levados em consideração.[3] Nunca ficaremos sabendo todos os custos de obtenção de determinados resultados por meio dessa interferência.

Assim, quando decidimos cada questão apenas pelo que parecem ser os seus méritos particulares, sempre superestimamos as vantagens da orientação central. Frequentemente, a nossa escolha parecerá ser entre certo ganho conhecido e tangível e a mera probabilidade de impedimento de alguma ação benéfica desconhecida por pessoas desconhecidas. Desse modo, se a escolha entre liberdade e coerção é tratada como uma questão de conveniência,[4] a liberdade está fadada a ser sacrificada em quase todos os casos. Como em um caso específico quase nunca saberemos quais seriam as consequências de permitir às pessoas fazerem as suas próprias escolhas, fazer com que a tomada de decisão em cada caso dependa apenas dos resultados específicos previsíveis levará à destruição progressiva da liberdade. Deve haver poucas restrições à liberdade que não possam ser justificadas com base no fato de que não sabemos a perda específica que elas causarão.

O fato de que a liberdade só pode ser preservada se for considerada como um princípio supremo que não deve ser sacrificado em troca de vantagens específicas foi plenamente compreendido pelos principais pensadores do século XIX, um dos quais até descreveu o liberalismo como "o sistema de princípios".[5] Esse é o ônus principal das suas advertências sobre "O que se vê e o que não se vê em economia política"[6] e sobre "o pragmatismo que em oposição às intenções dos seus representantes leva inexoravelmente ao socialismo".[7]

No entanto, todas essas advertências foram ignoradas, e o progressivo abandono dos princípios e a crescente determinação nos últimos cem anos de agir pragmaticamente[8] são uma das inovações mais importantes da política social e econômica. O fato de que devemos renegar todos os princípios

DIREITO, LEGISLAÇÃO E LIBERDADE

ou "ismos" para obter maior domínio sobre o nosso destino é agora apregoado como a nova sabedoria do nosso tempo. Aplicar a cada tarefa as "técnicas sociais" mais adequadas à sua solução, livres de qualquer crença dogmática, parece a alguns a única maneira digna de proceder de uma era racional e científica.[9] As "ideologias", ou seja, os conjuntos de princípios, tornaram-se em geral tão impopulares como sempre foram para aspirantes a ditadores como Napoleão I ou Karl Marx, os dois homens que deram à palavra o seu moderno sentido depreciativo.

Se não estou enganado, esse desprezo em voga pela "ideologia", ou por todos os princípios gerais ou "ismos", é uma atitude característica dos socialistas desiludidos que, por terem sido forçados pelas contradições inerentes da sua própria ideologia a descartá-la, concluíram que todas as ideologias devem ser errôneas e que, para ser racional, deve-se prescindir de uma. Mas ser orientado apenas, como eles imaginam ser possível, por propósitos específicos e explícitos conscientemente aceitos, e rejeitar todos os valores gerais cuja condutividade a resultados específicos desejáveis não pode ser demonstrada (ou ser orientado apenas pelo que Max Weber chama de "racionalidade dotada de propósito"), é uma impossibilidade. Embora, reconhecidamente, uma ideologia seja algo que não pode ser "provado" (ou demonstrado como verdadeiro), pode muito bem ser algo cuja ampla aceitação é a condição indispensável para grande parte das coisas específicas pelas quais aspiramos.

Esses pretensos "realistas" modernos simplesmente desprezam a antiga advertência de que se alguém começa a interferir de forma não sistemática na ordem espontânea não há ponto de parada possível, e que, portanto, é necessário escolher entre sistemas alternativos. Eles se satisfazem em pensar que ao agir experimentalmente, e, portanto, "cientificamente", conseguirão ajustar aos poucos uma ordem desejável, escolhendo para cada resultado particular desejado o que a ciência lhes mostra ser o meio mais apropriado para alcançá-lo.

Como as advertências contra esse tipo de procedimento foram muitas vezes incompreendidas, do modo como um dos meus livros anteriores foi, algumas palavras a mais sobre as suas intenções podem ser apropriadas. O que pretendi sustentar em *The Road of Serfdom*[10] [*O Caminho da Servidão*] certamente não foi que quando divergimos, ainda que ligeiramente, do que considero os princípios de uma sociedade livre seremos inevitavelmente levados a percorrer todo o caminho para um sistema totalitário. Era, antes, o

80

que em linguagem mais simples se expressa quando dizemos: "Se não corrigir os seus princípios, você irá para o inferno". O fato de isso frequentemente ter sido entendido como uma descrição de um processo necessário sobre o qual não temos poder uma vez iniciado é simplesmente uma indicação de quão pouco se entende a importância dos princípios para a determinação da política, e, em particular, quão completamente negligenciado é o fato fundamental de que, pelas nossas ações políticas, geramos involuntariamente a aceitação de princípios que tornarão necessárias outras ações.

O que é ignorado por esses "realistas" modernos irrealistas que se orgulham da modernidade dos seus pontos de vista é que eles estão defendendo algo que a maior parte do mundo ocidental vem fazendo de fato nas últimas duas ou três gerações, e que é responsável pelas condições da política atual. O fim da era liberal dos princípios pode muito bem remontar ao momento que, há mais de oitenta anos, W. S. Jevons declarou que na política econômica e social "não podemos estabelecer normas rígidas, mas sim devemos tratar cada caso em detalhes por seus méritos".[11] Dez anos mais tarde, Herbert Spencer já podia falar da "escola imperante da política", a qual "demonstra apenas desprezo por toda doutrina que implique restrições às ações de conveniência imediata" ou se baseie em "princípios abstratos".[12]

Essa visão "realista" que vem dominando a política há tanto tempo quase nunca produziu os resultados que os seus defensores desejavam. Em vez de termos alcançado maior domínio sobre o nosso destino, na verdade nos encontramos em geral comprometidos com um caminho que não escolhemos deliberadamente e confrontados com "necessidades inevitáveis" de novas ações que, embora nunca pretendidas, são o resultado do que fizemos.

## As "necessidades" da política costumam ser consequências de medidas anteriores

O argumento frequente de que certas medidas políticas são inevitáveis possui um duplo aspecto curioso. No que concerne aos desdobramentos que são aprovados por quem emprega esse argumento, ele é prontamente aceito e utilizado como justificativa das suas ações. Porém, quando os desdobramentos tomam um rumo indesejável, a insinuação de que não são consequência de circunstâncias além do nosso controle, mas sim consequência necessária das nossas decisões anteriores, é rejeitada com desdém. A ideia de que não

DIREITO, LEGISLAÇÃO E LIBERDADE

somos totalmente livres para escolher qualquer combinação de características que desejamos que a nossa sociedade possua, ou ajustá-las em um conjunto viável, ou seja, de que não podemos forjar uma ordem social desejável como um mosaico selecionando as partes específicas de que mais gostamos, e que diversas medidas bem-intencionadas podem ter uma longa série de consequências imprevisíveis e indesejáveis, parece intolerável ao homem moderno. Ensinaram-lhe que, para satisfazer os seus desejos, ele também pode alterar à vontade o que fez e, inversamente, que o que ele pode alterar ele também deve ter feito. Ele ainda não aprendeu que essa crença ingênua resulta da ambiguidade da palavra "feito" que já discutimos.

Na verdade, é claro, o principal motivo pelo qual certas medidas parecem inevitáveis consiste, em geral, no resultado das nossas ações anteriores e das opiniões mantidas no momento. A maioria das "necessidades" da política é criação nossa. Já tenho idade suficiente para ter ouvido várias vezes de homens mais velhos que certas consequências da sua política, que eu previ, jamais ocorreriam, e posteriormente, quando ocorreram, para ter ouvido de homens mais jovens que essas consequências foram inevitáveis e totalmente independentes do que havia sido feito.

Não podemos obter um conjunto coerente apenas combinando quaisquer elementos de que gostamos porque a adequação de qualquer arranjo específico no interior de uma ordem espontânea dependerá de todo o resto dela, e porque qualquer mudança específica que fizermos nela nos dirá pouco sobre como isso funcionaria em um cenário diferente. Um experimento pode apenas nos informar se uma inovação se encaixa ou não em uma determinada estrutura. Porém, é uma ilusão esperar que possamos construir uma ordem coerente por meio de experimentação aleatória, com soluções específicas de problemas individuais e sem seguir princípios norteadores. A experiência nos diz muito sobre a eficácia de diferentes sistemas sociais e econômicos como um todo. Contudo, uma ordem de complexidade concernente a uma sociedade moderna não pode ser concebida como um todo nem moldando cada parte separadamente sem levar em conta o resto, mas apenas aderindo sistematicamente a certos princípios ao longo de um processo de evolução.

Isso não quer dizer que esses "princípios" devem necessariamente assumir a forma de normas enunciadas. Os princípios costumam ser guias mais eficazes para a ação quando aparecem como nada mais do que um preconceito irracional, um sentimento generalizado de que certas coisas simplesmente "não são feitas"; se bem que no momento em que são

82

CAPÍTULO 3 • PRINCÍPIOS E CONVENIÊNCIA

explicitamente declarados começa a especulação acerca da sua correção e da sua validade. É provavelmente verdade que, no século XVIII, os ingleses, pouco afeitos à especulação sobre princípios gerais, eram por isso muito mais firmemente orientados por opiniões fortes acerca de que tipos de ações políticas eram admissíveis do que os franceses, que se esforçavam muito para descobrir e adotar tais princípios. Uma vez perdida a certeza instintiva, talvez como resultado de tentativas infrutíferas de expressar em palavras os princípios que haviam sido observados "intuitivamente", não há como recuperar essa orientação exceto buscando o enunciado correto do que antes era conhecido implicitamente.

A impressão de que os ingleses dos séculos XVII e XVIII, por meio do seu dom de "avanço através de erros" e do seu "talento para a conciliação", conseguiram construir um sistema viável sem falar muito sobre princípios, ao passo que os franceses, com toda a sua preocupação sobre pressupostos explícitos e formulações claras, nunca conseguiram isso, pode, portanto, ser enganosa. A verdade parece ser que, enquanto eles falavam pouco em princípios, os ingleses eram muito mais orientados seguramente por princípios, ao mesmo tempo que, na França, a própria especulação acerca de princípios básicos impedia a consolidação firme de qualquer conjunto de princípios.

## O perigo de dar maior importância às consequências previsíveis das nossas ações do que às meramente possíveis

A preservação de um sistema livre é muito difícil justamente porque exige uma rejeição constante de medidas que parecem ser necessárias para assegurar determinados resultados, com base no fato de que entram em conflito com uma norma geral, e muitas vezes sem o nosso conhecimento de quais serão os custos de não observarmos a norma no caso específico. Portanto, uma defesa exitosa da liberdade deve ser dogmática e não fazer concessões à conveniência, mesmo quando não for possível demonstrar que, além dos efeitos benéficos conhecidos, algum resultado prejudicial particular também resultaria da sua violação. A liberdade só prevalecerá se for aceita como um princípio geral cuja aplicação a casos específicos não exige justificação. Dessa maneira, é um equívoco censurar o liberalismo clássico por ter sido demasiadamente doutrinário. O seu defeito não foi a adesão obstinada a princípios, mas sim a falta de princípios suficientemente definidos para proporcionar orientação clara, e que muitas vezes parecia simplesmente aceitar as funções tradicionais do governo e se opor a todas as novas. A coerência só é possível se princípios definidos forem aceitos. Porém, sob muitos aspectos, o conceito de liberdade com o qual os liberais do século XIX trabalhavam era tão vago que não propiciava orientação clara.

As pessoas não se absterão dessas restrições à liberdade individual, que lhes parecem o remédio mais simples e mais direto para um mal reconhecido, se não prevalecer uma forte crença em princípios definidos. A perda dessa crença e a preferência pela conveniência é, em parte, resultado do fato de que não temos mais princípios que possam ser racionalmente defendidos. Os princípios básicos que foram aceitos em certo momento não eram adequados para decidir o que é e o que não é admissível em um sistema livre. Não temos mais nem mesmo um nome de conhecimento geral para o que a expressão "sistema livre" descreve apenas vagamente. Com certeza, nem "capitalismo" ou *laissez-faire* o descreve adequadamente; e ambos os termos são compreensivelmente mais populares entre os inimigos do que entre os defensores de um sistema livre. No máximo, "capitalismo" é uma expressão apropriada para a compreensão parcial desse sistema em uma determinada fase histórica, mas sempre enganoso porque sugere um sistema que beneficia principalmente os capitalistas, embora, na verdade, seja um sistema que impõe sobre uma empresa uma disciplina sob a qual os gestores se irritam e da qual se esforçam para escapar. *Laissez-faire* nunca foi mais do que um princípio básico. Efetivamente, ele expressava um protesto contra os abusos do poder governamental, mas nunca forneceu um critério pelo qual fosse possível decidir quais eram as funções propriamente ditas do governo. Quase o mesmo se aplica aos termos "livre iniciativa" ou "economia de mercado" que, sem uma definição da esfera livre do indivíduo, dizem pouco. A expressão "liberdade nos termos do direito", que em certo momento talvez transmitisse o ponto fundamental melhor do que qualquer outra, tornou-se quase sem sentido porque tanto "liberdade" quanto "direito" não têm mais um significado claro. E o único termo que no passado era ampla e corretamente entendido, a saber, "liberalismo", foi, "como uma homenagem suprema, mas não intencional, apropriado pelos adversários desse ideal".[13]

O leitor leigo pode não ter plena consciência de quanto já nos afastamos do ideal expresso por esses termos. Ao passo que o jurista ou cientista político irá perceber imediatamente que o que defenderei é um ideal que em

CAPÍTULO 3 • PRINCÍPIOS E CONVENIÊNCIA

grande medida desapareceu e nunca foi plenamente alcançado, provavelmente é verdade que a maioria das pessoas acredita que algo assim ainda governa os assuntos públicos. Porque nos afastamos do ideal muito mais do que a maioria imagina, e porque, a menos que esse desenvolvimento seja logo controlado, ele irá, pela sua própria dinâmica, transformar a sociedade de livre em totalitária, é que devemos reconsiderar os princípios gerais que norteiam as nossas ações políticas. Ainda somos tão livres como somos porque certas predisposições tradicionais, mas que rapidamente desaparecem, impediram o processo pelo qual a lógica inerente às mudanças que já fizemos tende a se afirmar em um campo cada vez mais amplo. No atual estado de opinião, a vitória final do totalitarismo seria, de fato, nada mais do que a vitória final das ideias já dominantes na esfera intelectual sobre uma resistência meramente tradicionalista.

## O realismo espúrio e a coragem necessária para levar em consideração a utopia

Com respeito à política, a percepção metodológica de que no caso de ordens espontâneas complexas nunca seremos capazes de determinar mais do que os princípios gerais sobre os quais elas agem ou de prever as mudanças particulares que qualquer evento no ambiente ocasionará possui consequências profundas. Significa que quando nos valemos de forças de ordenação espontâneas, muitas vezes não conseguimos prever as mudanças particulares pelas quais a adaptação necessária às circunstâncias externas alteradas será realizada, e às vezes talvez nem mesmo seremos capazes de conceber de que maneira a restauração de um "equilíbrio" perturbado pode ser alcançado. Esse desconhecimento de como o mecanismo da ordem espontânea resolverá esse "problema", que sabemos que deve ser resolvido de alguma forma para que a ordem geral não se desintegre, costuma gerar pânico e a demanda por ação governamental para a restauração do equilíbrio perturbado.

Frequentemente, até mesmo a obtenção de uma percepção parcial do caráter da ordem geral espontânea se torna a causa das demandas por controle deliberado. Enquanto a balança comercial ou a relação entre oferta e procura de qualquer mercadoria se ajustava de maneira espontânea após qualquer perturbação, os homens raramente se perguntavam como isso acontecia. Porém, uma vez que se conscientizaram da necessidade de reajustamentos tão

DIREITO, LEGISLAÇÃO E LIBERDADE

constantes, sentiram que alguém deveria se tornar responsável para realizá--los deliberadamente. O economista, pela própria natureza da sua visão esquemática da ordem espontânea, só podia se contrapor a essa preocupação afirmando de forma confiante que o novo equilíbrio requerido se estabeleceria de algum jeito se não interferíssemos nas forças espontâneas; contudo, dada a sua usual incapacidade de prever com precisão como isso aconteceria, as suas asserções não foram muito convincentes.

No entanto, quando é possível prever como as forças espontâneas tenderão a restaurar o equilíbrio perturbado, a situação fica ainda pior. A necessidade de adaptação a eventos imprevistos sempre significará que alguém vai ser prejudicado, que as expectativas de alguém serão frustradas ou que os seus esforços não terão sucesso. Isso leva à exigência de que o ajuste necessário seja realizado por orientação deliberada, o que na prática significa que a autoridade deve decidir quem será prejudicado. Frequentemente, o efeito disso é que os ajustes necessários serão evitados sempre que puderem ser previstos.

A visão útil que a ciência pode proporcionar para a orientação política consiste numa compreensão da natureza geral da ordem espontânea, e não em qualquer conhecimento das particularidades de uma situação concreta, que a ciência não tem nem pode ter. A avaliação correta do que a ciência tem a contribuir para a solução das nossas missões políticas, que no século XIX era bastante generalizada, foi ofuscada pela nova tendência resultante de um equívoco agora em voga da natureza do método científico: a crença de que a ciência consiste num conjunto de fatos particulares observados, o que é errôneo no que concerne à ciência em geral, mas enganoso em dobro quando temos de lidar com as partes de uma ordem espontânea complexa. Como todos os eventos em qualquer parte dessa ordem são interdependentes, e uma ordem abstrata desse tipo não possui partes concretas recorrentes identificáveis por atributos individuais, é necessariamente inútil tentar descobrir, por observação, regularidades em qualquer das suas partes. Nesse campo, a única teoria que pode reivindicar *status* científico é a teoria da ordem geral; e essa teoria (embora tenha, é claro, que ser testada com base nos fatos) nunca pode ser obtida indutivamente pela observação, mas apenas por meio da construção de modelos mentais constituídos de elementos observáveis.

A visão míope da ciência que se concentra no estudo de fatos particulares porque só eles são empiricamente observáveis, e cujos defensores até se orgulham de não serem orientados por uma concepção de ordem geral que só pode ser obtida pelo que eles chamam de "especulação abstrata", de modo algum aumenta o nosso poder de moldar uma ordem desejável, mas, na verdade, nos priva de toda a orientação eficaz para uma ação bem-sucedida. O "realismo" espúrio que se ilude acreditando que pode prescindir de qualquer concepção norteadora da natureza da ordem geral, e se limita a um exame de "técnicas" específicas para a obtenção de determinados resultados, é, na realidade, extremamente irrealista. Sobretudo quando essa atitude leva, como frequentemente acontece, a um julgamento da pertinência de medidas específicas pela consideração da "viabilidade" num dado clima de opinião política, ela muitas vezes tende simplesmente a nos levar ainda mais a um impasse. Esses devem ser os resultados finais de medidas sucessivas que tendem, todas elas, a destruir a ordem geral que, ao mesmo tempo, os seus defensores admitem tacitamente existir.

Até certo ponto, não se pode negar que o modelo norteador da ordem geral sempre será uma utopia, algo para a qual a situação existente será apenas uma aproximação distante e que muitos considerarão totalmente impraticável. Todavia, apenas sustentando constantemente a concepção norteadora de um modelo internamente consistente — capaz de ser obtido pela aplicação consistente dos mesmos princípios — é que algo como uma estrutura eficaz para uma ordem espontânea funcional será alcançada. Para Adam Smith, "esperar, de fato, que a liberdade de comércio seja totalmente restaurada na Grã-Bretanha é tão absurdo quanto esperar que uma Oceana ou Utopia se estabeleça nela".[14] Contudo, setenta anos depois, em grande parte como resultado da sua obra, isso foi alcançado.

A palavra "utopia", como "ideologia", é um nome feio hoje; e não resta dúvida de que a maioria das utopias visa a uma reestruturação radical da sociedade e sofre de contradições internas que inviabilizam a sua concretização. Porém, uma visão ideal de uma sociedade não totalmente alcançável, ou uma concepção norteadora da ordem geral a ser visada, não é só a precondição indispensável de qualquer política racional, mas também a principal contribuição que a ciência pode dar para as soluções dos problemas da política prática.

## O papel do jurista na evolução política

Na sociedade moderna, o principal instrumento de mudança intencional é a legislação. No entanto, por mais rigorosos que possamos ser em analisar de antemão cada ato legislativo, nunca somos livres para reformular completamente o sistema jurídico ou remodelá-lo de acordo com um projeto coerente, mas sem base na realidade. A elaboração de lei é necessariamente um processo contínuo, em que cada passo gera consequências até então imprevistas quanto ao que será possível ou necessário fazer a seguir. As partes de um sistema jurídico ajustam-se mutuamente não tanto conforme uma ideia geral abrangente, mas adaptadas gradualmente umas às outras pela aplicação sucessiva de princípios gerais a problemas particulares — isto é, princípios que muitas vezes nem sequer são explicitamente conhecidos, mas estão tão só implícitos nas medidas particulares que são tomadas. Para aqueles que imaginam ser possível organizar deliberadamente todas as atividades particulares de uma Grande Sociedade segundo um plano coerente, deveria ser objeto de uma reflexão séria o fato de que isso não se mostrou possível nem mesmo em relação a essa parte do conjunto que é o sistema jurídico. Poucos fatos exibem com mais clareza do que o processo de alteração da legislação como as concepções dominantes provocam uma mudança contínua, produzindo medidas que, de início, ninguém desejara ou previra, mas que parecem inevitáveis no devido tempo. Nesse processo, cada passo é determinado por problemas que surgem quando os princípios estabelecidos por (ou implícitos em) decisões anteriores são aplicados a circunstâncias que não foram então previstas. Não há nada de especialmente misterioso nessa "dinâmica interna do direito" que produz uma mudança não desejada como um todo por ninguém.

Nesse processo, cada jurista é necessariamente mais um instrumento involuntário, um elo numa cadeia de eventos cuja totalidade ele não percebe, do que um iniciador consciente. Quer ele atue como juiz ou como redator de um estatuto, a estrutura de concepções gerais em que devemos inserir a sua decisão lhe é dada, e a sua tarefa é aplicar esses princípios gerais do direito, e não questioná-los. Por mais que ele se preocupe com as futuras implicações das suas decisões, só pode julgá-las no contexto de todos os outros princípios reconhecidos do direito que lhe são dados. É claro que é assim que deve ser; é da essência do pensamento jurídico e das decisões justas que o jurista se esforce para tornar todo o sistema consistente.

Costuma-se dizer que o viés profissional do jurista é conservador.[15] Em determinadas condições, especificamente quando alguns princípios básicos do direito já são aceitos há muito tempo, eles de fato governarão todo o sistema jurídico, o seu espírito geral e também cada norma isolada e cada aplicação no seu interior. Nessas ocasiões, o sistema jurídico apresentará grande

CAPÍTULO 3 • PRINCÍPIOS E CONVENIÊNCIA

estabilidade inerente. Todo jurista, quando tiver de interpretar ou aplicar uma norma que não esteja de acordo com o restante do sistema, procurará adaptá-la de modo a adequá-la às outras. Vez ou outra, os profissionais do direito, em geral, podem assim, na verdade, até anular a intenção do legislador, não por desrespeito ao direito, mas, ao contrário, porque a sua técnica os leva a privilegiar o que ainda é a parte predominante do direito e inserir nele um elemento estranho, transformando-o de modo a harmonizá-lo com o todo.

No entanto, a situação é totalmente diferente quando uma filosofia geral do direito que não está de acordo com a maior parte do direito existente ganhou recentemente ascendência. Os mesmos juristas, por meio dos mesmos hábitos e técnicas, e em geral de modo involuntário, irão se tornar uma força revolucionária, tão eficazes em transformar o direito nos mínimos detalhes quanto foram antes em preservá-lo. As mesmas forças que na primeira condição garantem a imobilidade, na segunda tenderão a acelerar a mudança até que essa tenha transformado toda a jurisprudência muito além de quaisquer expectativas ou desejos. Se esse processo levará a novo equilíbrio ou à desintegração de toda a jurisprudência no sentido em que ainda entendemos a palavra irá depender do caráter da nova filosofia.

Vivemos um desses períodos de transformação do direito por forças internas, e se afirma que se os princípios, que atualmente orientam esse processo, puderem chegar às suas últimas consequências lógicas, o direito, tal como o conhecemos, como a principal defesa da liberdade do indivíduo, está fadado a desaparecer. Em diversas áreas, os juristas, como agentes de uma concepção geral que não criaram, já se tornaram os instrumentos não de princípios de justiça, mas de um aparato em que o indivíduo passa a servir aos fins dos seus governantes. O pensamento jurídico já parece ser governado a tal ponto por novas concepções das funções do direito que, se essas concepções fossem aplicadas sistematicamente, todo o sistema de normas de conduta individual seria transformado num sistema de normas organizacionais.

De fato, esses desenvolvimentos foram observados com apreensão por diversos juristas, cuja principal preocupação ainda é com o que por vezes é descrito como direito dos juristas [*lawyer's law*], ou seja, aquelas normas de conduta justa que no passado eram consideradas *o direito*. Porém, a liderança na jurisprudência, ao longo do processo que descrevemos, deslocou-se dos profissionais do direito privado para os do direito público, com o resultado de que, hoje, os pressupostos filosóficos que governam o desenvolvimento de todo o direito, incluindo o privado, são quase totalmente moldados

89

DIREITO, LEGISLAÇÃO E LIBERDADE

por homens cuja principal preocupação é o direito público ou as normas de organização governamental.

## O desenvolvimento moderno do direito tem sido orientado em grande medida por ciência econômica falsa

No entanto, seria injusto responsabilizar os juristas por essa situação mais do que os economistas. De fato, em geral, o advogado desempenhará melhor a sua tarefa se simplesmente aplicar os princípios gerais do direito que aprendeu e que é o seu dever aplicar consistentemente. É apenas na teoria do direito, na formulação e elaboração desses princípios gerais, que surge o problema básico da sua relação com uma ordem viável de ações. Para tal formulação e elaboração, uma compreensão dessa ordem é absolutamente essencial para que qualquer escolha inteligente entre princípios alternativos seja feita. No entanto, durante as últimas duas ou três gerações, um mal-entendido, em vez de uma compreensão do caráter dessa ordem, orientou a filosofia do direito.

Por sua vez, os economistas, pelo menos depois da época de David Hume e Adam Smith, que também eram filósofos do direito, decerto não mostraram maior apreço pelo significado do sistema de normas jurídicas, cuja existência era tacitamente pressuposta por seus argumentos. Raramente colocaram a sua explicação da determinação de uma ordem espontânea de uma forma que pudesse ser de muita utilidade para o teórico do direito. Todavia, é provável que eles tenham contribuído involuntariamente tanto quanto os juristas para a transformação de toda a ordem social.

Isso se evidencia quando analisamos o motivo que costuma ser dado pelos juristas para as grandes mudanças que o caráter do direito sofreu nos últimos cem anos. Em todos os lugares, seja na literatura jurídica inglesa, norte-americana, francesa ou alemã, encontramos supostas necessidades econômicas dadas como razões para essas mudanças. Para o economista, a leitura do relato pelo qual os juristas explicam essa transformação do direito é uma experiência um tanto melancólica: ele se vê acusado de todos os pecados dos seus predecessores. Os relatos do desenvolvimento moderno do direito estão repletos de referências a "forças prementes irreversíveis" e "tendências inevitáveis" que, supostamente, exigiram de maneira imperativa determinadas mudanças. O fato de que "todas as democracias modernas"

90

CAPÍTULO 3 • PRINCÍPIOS E CONVENIÊNCIA

fizeram isso ou aquilo é apresentado como prova da sabedoria ou necessidade de tais mudanças.

Invariavelmente, esses relatos falam de um período passado de *laissez-faire*, como se tivesse havido uma época em que não se fazia nenhum esforço para melhorar o arcabouço jurídico de modo a fazer o mercado funcionar de maneira mais produtiva ou a suplementar os seus resultados. Quase sem exceção, esses relatos baseiam a sua argumentação na *fable convenue* [fábula conveniente] de que a livre iniciativa atuou em detrimento da mão de obra e alegam que o "capitalismo primitivo" ou o "liberalismo" provocou um declínio no padrão material da classe trabalhadora. A lenda, embora totalmente falsa,[16] tornou-se parte do folclore do nosso tempo. O fato é que, sem dúvida, como resultado do crescimento dos mercados livres, a remuneração da mão de obra experimentou, nos últimos cento e cinquenta anos, um aumento não visto em nenhum período anterior da história. Grande parte das obras contemporâneas sobre filosofia do direito também estão repletas de clichês ultrapassados a respeito da suposta tendência autodestrutiva da concorrência, ou da necessidade de "planejamento" criada pela crescente complexidade do mundo moderno — clichês resultantes do entusiasmo pelo "planejamento" de trinta ou quarenta anos atrás, quando era amplamente aceito e as suas implicações totalitárias ainda não eram claramente compreendidas.

É sem dúvida questionável se, nos últimos cem anos, tanta ciência econômica falsa foi difundida por qualquer outro meio que não o doutrinamento dos jovens juristas por seus mestres de que "era necessário" fazer isso ou aquilo, ou de que determinadas circunstâncias "tornavam inevitável" adotar certas medidas. Parece ser quase um hábito de pensamento do jurista considerar que a decisão do legislador sobre algo é prova de sabedoria dessa decisão. Isso significa, porém, que os esforços do jurista serão benéficos ou perniciosos de acordo com a sabedoria ou insensatez dos precedentes que o orientam, sendo provável que ele se torne o perpetuador tanto dos erros como dos acertos do passado. Se ele aceita como obrigatória para si a tendência observável do desenvolvimento, terá tanta probabilidade de se tornar simplesmente o instrumento mediante o qual as mudanças que ele não entende se realizam quanto de se tornar o criador consciente de uma nova ordem. Em tal condição, será necessário procurar critérios da conveniência dos desenvolvimentos fora da ciência jurídica.

Isso não quer dizer que só a ciência econômica forneça os princípios que devem orientar a legislação — embora, considerando a influência que as

DIREITO, LEGISLAÇÃO E LIBERDADE

concepções econômicas inevitavelmente exercem, devamos desejar que essa influência venha da boa ciência econômica, e não daquele acervo de mitos e fábulas acerca do desenvolvimento econômico que atualmente parecem governar o pensamento jurídico. A nossa alegação é que os princípios e as pressuposições que orientam o desenvolvimento do direito inevitavelmente provêm, em parte, de fora do direito, e podem ser benéficos só se forem baseados na concepção verdadeira sobre como as atividades numa Grande Sociedade podem ser ordenadas de maneira eficaz.

O papel do jurista na evolução social e a maneira pela qual as suas ações são determinadas são, de fato, o melhor exemplo de uma verdade de fundamental importância: especificamente que, queiramos ou não, os fatores decisivos que determinarão essa evolução sempre serão ideias altamente abstratas e muitas vezes mantidas inconscientemente sobre o que é certo e adequado, e não propósitos particulares ou desejos concretos. Não é tanto a que os homens conscientemente visam, e sim as suas opiniões sobre os métodos admissíveis que determinam não só o que será feito como também se alguém terá o poder de fazê-lo. Essa é a mensagem reiterada pelos maiores estudiosos das questões sociais e sempre desconsiderada, especificamente que "embora os homens sejam muito mais governados pelo interesse, o próprio interesse e todas as questões humanas são inteiramente governados pela *opinião*".[17]

Poucas alegações são tão desacreditadas pela maioria dos homens práticos e são tão desconsideradas pela escola dominante do pensamento político quanto isto: que aquilo que é desdenhosamente chamado de ideologia tem poder dominante sobre aqueles que acreditam estar livres dela ainda mais do que sobre aqueles que a adotam conscientemente. Todavia, há poucas coisas que impressionam mais fortemente o estudioso da evolução das instituições sociais do que o fato de que, o que as determina decisivamente, não são boas ou más intenções concernentes às suas consequências imediatas, mas as pressuposições gerais em termos das quais as questões particulares são decididas.

Em grande medida, o poder das ideias abstratas se baseia no próprio fato de que elas não são consideradas conscientemente como teorias, mas são tratadas pela maioria das pessoas como verdades evidentes por si mesmas, que atuam como pressuposições tácitas. O fato de esse poder dominante das ideias ser tão raramente admitido se deve em grande medida à maneira simplificada demais com que costuma ser afirmado, o que sugere que alguma grande mente teve o poder de imprimir nas gerações posteriores as

CAPÍTULO 3 • PRINCÍPIOS E CONVENIÊNCIA

concepções particulares. Mas que ideias predominarão, sobretudo sem que as pessoas tenham delas consciência, é sem dúvida determinado por um processo lento e bastante complexo que raramente podemos reconstituir em linhas gerais, mesmo em retrospecto. Decerto é humilhante ter que admitir que as nossas decisões atuais são determinadas pelo que ocorreu há muito tempo em uma remota área de especialização sem que o público em geral jamais tenha tido conhecimento disso, e sem que aqueles que formularam a nova concepção tivessem consciência de quais seriam as suas consequências, especialmente quando não se tratava da descoberta de fatos novos, mas uma concepção filosófica geral que mais tarde afetaria decisões particulares. Essas opiniões não só os homens comuns como também os especialistas em campos específicos aceitam sem reflexão e, em geral, tão só porque são "modernas".

É necessário dar-se conta de que grande parte dos agentes mais prejudiciais deste mundo não costumam ser homens maus, mas sim idealistas magnânimos, e que, em particular, as bases da barbárie totalitária foram estabelecidas por pensadores respeitáveis e bem-intencionados que nunca reconheceram o fruto que geraram.[18] O fato é que, em especial no campo jurídico, certos pressupostos filosóficos norteadores provocaram uma situação em que teóricos bem-intencionados, bastante admirados até hoje mesmo em países livres, já elaboraram todos os conceitos básicos de uma ordem totalitária. Na verdade, os comunistas, não menos que os fascistas ou os nacional-socialistas, simplesmente utilizaram os conceitos fornecidos por gerações de teóricos de direito para chegar às suas doutrinas.

No entanto, o que nos interessa aqui é mais o presente do que o passado. Apesar do colapso dos regimes totalitários no mundo ocidental, as suas ideias básicas continuaram a ganhar terreno na esfera teórica, tanto que para transformar completamente o sistema jurídico em um sistema totalitário basta agora permitir que as ideias já imperantes na esfera abstrata sejam transpostas para a prática.

Em nenhum lugar essa situação pode ser observada com mais clareza do que na Alemanha, que não só forneceu em grande medida ao resto do mundo as concepções filosóficas que geraram os regimes totalitários como também foi um dos primeiros países a sucumbir a esse produto das concepções cultivadas na esfera abstrata. Embora o alemão comum, por experiência própria, provavelmente tenha sido purgado a fundo de qualquer inclinação consciente para manifestações reconhecíveis de totalitarismo, as concepções filosóficas básicas simplesmente recuaram para a esfera abstrata, e agora se ocultam nos corações de pensadores sérios e respeitados, prontas a retomar o controle dos acontecimentos, a menos que desacreditadas a tempo.

Na verdade, não há melhor exemplo ou maior explicitação da maneira pela qual as concepções filosóficas acerca da natureza da ordem social afetam o desenvolvimento do direito do que as teorias de Carl Schmitt, que, muito antes da chegada de Hitler ao poder, direcionou as suas formidáveis energias intelectuais à luta contra o liberalismo em todas as suas formas;[19] em seguida, ele se tornou um dos principais apologistas de Hitler no campo jurídico, e ainda desfruta de grande influência entre os filósofos do direito e especialistas em direito público alemães; e cuja terminologia característica é empregada de boa vontade tanto pelos socialistas alemães quanto pelos filósofos conservadores. A sua ideia básica, como ele finalmente a formulou, é que a partir do pensamento "normativo" da tradição liberal o direito avançou gradualmente através de uma fase "decisionista", na qual a vontade das autoridades legislativas decidia sobre assuntos particulares, até a concepção de uma "formação de ordem concreta", ou seja, um desenvolvimento que envolve "uma reinterpretação do ideal do *nomos* como uma concepção total do direito, implicando uma ordem e uma comunidade concretas".[20] Em outras palavras, o direito não deve consistir de normas abstratas que possibilitam a formação de uma ordem espontânea pela ação livre de indivíduos mediante a limitação do alcance das suas ações, mas sim deve ser o instrumento de arranjo ou organização pelo qual o indivíduo é levado a servir a propósitos concretos. Esse é o resultado inevitável de um desenvolvimento intelectual em que as forças auto-ordenadoras da sociedade e o papel do direito em um mecanismo de ordenação não são mais compreendidos.

# CAPÍTULO 4

# O conceito dinâmico do direito

*Non ex regula ius sumatur, sed ex iure quod est regula fiat.*

JULIUS PAULUS*

## O direito é mais antigo do que a legislação

A legislação — a criação intencional das leis — foi corretamente considerada, entre todas as invenções do homem, aquela carregada das mais graves consequências, mais profunda nos seus efeitos até do que o fogo e a pólvora.[1] Ao contrário do próprio direito, que jamais foi "inventado" no mesmo sentido, a invenção da legislação ocorreu relativamente tarde na história da humanidade. Ela entregou nas mãos dos homens um instrumento de grande poder que eles necessitavam para realizar algum bem, mas que ainda não aprenderam a controlar para que não gere grande mal. Abriu ao homem possibilidades inteiramente novas e lhe deu uma nova sensação de poder sobre o seu destino. No entanto, a discussão acerca de quem deveria deter esse poder ofuscou indevidamente a questão muito mais fundamental de até onde esse poder deveria se estender. Com certeza, continuará sendo um poder perigosíssimo enquanto acreditarmos que só fará mal se exercido por homens maus.[2]

No sentido de normas de conduta aplicadas, o direito é, sem dúvida, coetâneo da sociedade; apenas a observância de normas comuns torna possível a existência pacífica dos indivíduos em sociedade.[3] Muito antes de o homem ter desenvolvido a linguagem a ponto de lhe permitir emitir prescrições gerais, um indivíduo só seria aceito como membro de um grupo se obedecesse às suas normas. Em certo sentido, tais normas podiam não ser conhecidas e ainda precisavam ser descobertas, porque a partir de "saber como" agir[4] ou ser capaz de reconhecer que os atos de outrem obedeciam ou não a práticas aceitas, ainda há um longo caminho para se conseguir verbalizar tais normas. Contudo, embora pudesse ser geralmente reconhecido que a descoberta e a exposição de quais eram as normas aceitas (ou a enunciação das normas que seriam aprovadas quando postas em prática) fosse uma tarefa que exigia sabedoria especial, ninguém ainda concebia a lei como algo que os homens pudessem fazer segundo sua vontade.

Não é por acaso que ainda usamos a mesma palavra "lei" para designar as normas invariáveis que governam a natureza e as que governam a conduta dos homens. De início, os dois tipos de normas foram concebidos como algo que existia independentemente da vontade humana. Ainda que as tendências antropomórficas de todo pensamento primitivo fizessem com que os homens muitas vezes atribuíssem os dois tipos de lei à criação de algum ser sobrenatural, ambos eram considerados verdades eternas que o homem podia tentar descobrir, mas que não podia alterar.

Por outro lado, para o homem moderno, a crença de que toda lei que governa a ação humana é produto da legislação parece tão óbvia que a alegação de que o direito é mais antigo que a legislação tem quase o caráter de um paradoxo. No entanto, não resta dúvida de que existiam leis séculos antes de ocorrer ao homem que ele podia fazê-las ou alterá-las. A crença de que ele podia fazer isso surgiu pouco antes do período da Grécia Clássica, desapareceu em seguida e ressurgiu no final da Idade Média, quando foi ganhando aos poucos maior aceitação.[5] No entanto, na forma em que hoje em dia é amplamente aceita, em específico que toda lei é, pode e deve ser produto da livre invenção de um legislador, é factualmente falsa, um produto errôneo daquele racionalismo construtivista que já descrevemos.

Veremos mais adiante que toda a concepção do positivismo jurídico que deriva toda lei da vontade de um legislador é fruto da falácia intencionalista característica do construtivismo; uma recaída naquelas teorias de projeto das instituições humanas que entram em conflito irreconciliável com tudo o que sabemos acerca da evolução do direito e da maioria das outras instituições humanas.

O que sabemos sobre as sociedades pré-humanas e humanas primitivas sugere uma origem e determinação da lei diferente daquela presumida pelas teorias que a atribuem à vontade de um legislador. E embora a doutrina positivista também esteja em flagrante conflito com o que sabemos sobre a história do nosso direito, a história jurídica propriamente dita começa em um estágio de evolução demasiado tardio para que as suas origens se manifestem com clareza. Se quisermos nos libertar da influência onipresente da

CAPÍTULO 4 • O CONCEITO DINÂMICO DO DIREITO

presunção intelectual de que o homem em sua sabedoria concebeu, ou poderia ter concebido, todo o sistema de normas jurídicas ou morais, devemos começar com uma análise dos primórdios da vida social primitiva e até pré-humana.

Nesse caso, a teoria social tem muito a aprender com duas jovens ciências — a etologia e a antropologia cultural —, que sob muitos aspectos se basearam na teoria social originalmente elaborada no século XVIII pelos filósofos da moral escoceses. No campo do direito, de fato, essas jovens disciplinas confirmaram amplamente o ensinamento evolucionário de Edward Coke, Matthew Hale, David Hume e Edmund Burke, F. C. von Savigny, H. S. Maine e J. C. Carter, e são totalmente contrárias ao construtivismo racionalista de Francis Bacon ou Thomas Hobbes, Jeremy Bentham ou John Austin, ou dos positivistas alemães, de Paul Laband a Hans Kelsen.

## As lições da etologia e da antropologia cultural

Os principais pontos sobre os quais o estudo comparativo do comportamento fez um esclarecimento tão importante sobre a evolução do direito são: em primeiro lugar, que deixou claro que os indivíduos aprenderam a cumprir (e a fazer cumprir) normas de conduta muito antes de essas normas poderem ser verbalizadas; e, em segundo lugar, que essas normas evoluíram porque levaram à formação de uma ordem de atividades do grupo como um todo, atividades que, embora resultantes das regularidades das ações dos indivíduos, devem ser claramente distinguidas destas, pois é a eficiência da ordem de ações resultante que determinará se prevalecerão os grupos cujos membros cumprem certas normas de conduta.[6]

Em vista do fato de que o homem se tornou homem e desenvolveu a razão e a linguagem enquanto viveu por algo como um milhão de anos em grupos mantidos unidos por normas comuns de conduta, e que um dos primeiros usos da razão e da linguagem deve ter sido para ensinar e impor essas normas estabelecidas, será útil considerar antes de mais nada a evolução das normas que foram apenas de fato obedecidas, para só então nos voltarmos para o problema da sua articulação gradual em palavras. Encontramos as ordens sociais que se baseiam nos sistemas mais complexos dessas normas de conduta até mesmo entre os animais situados em nível baixíssimo na escala evolutiva. Para os nossos propósitos atuais, não importa que, nesses níveis

DIREITO, LEGISLAÇÃO E LIBERDADE

evolutivos inferiores, as normas sejam em sua maioria provavelmente inatas (ou geneticamente transmitidas) e pouco aprendidas (ou transmitidas "culturalmente"). Está agora bem estabelecido que, entre os vertebrados superiores, o aprendizado desempenha um papel importante na transmissão dessas normas, de modo que novas normas podem se disseminar rapidamente entre grandes grupos e, no caso de grupos isolados, gerar tradições "culturais" distintas.[7] Por outro lado, não se duvida de que o homem também é ainda orientado não só por normas aprendidas, mas por algumas normas inatas. Nesse momento, estamos sobretudo interessados nas normas aprendidas e na maneira da sua transmissão; mas ao considerar o problema da inter-relação das normas de conduta com a ordem geral de ações resultante, não importa com que tipo de normas temos que lidar, ou se, como normalmente será o caso, ambos os tipos de normas interagem.

O estudo do comportamento comparado mostrou que em diversas sociedades animais o processo de evolução seletiva produziu formas de comportamento bastante ritualizadas, governadas por normas de conduta que têm o efeito de reduzir a violência e outros métodos devastadores de adaptação, e assim assegurar uma ordem de paz. Essa ordem costuma se basear na delimitação de áreas territoriais, ou "propriedade", que serve não só para evitar conflitos desnecessários como também até mesmo para substituir controles "repressivos" por "preventivos" em relação ao crescimento populacional, para impossibilitar, por exemplo, que um macho que não estabeleceu um território acasale e se reproduza. É comum encontrarmos ordens hierárquicas complexas que garantem que apenas os machos mais fortes se reproduzam. Ninguém que estudou a literatura sobre sociedades animais considerará apenas expressão metafórica quando, por exemplo, um autor fala do "elaborado sistema de posse de propriedade" do lagostim e das exibições cerimoniais por meio das quais ela é mantida,[8] ou quando outro conclui uma descrição da rivalidade entre tordos dizendo que "a vitória não é dos fortes, mas dos justos — os justos, é claro, sendo os donos da propriedade".[9]

Não podemos apresentar aqui mais do que esses poucos exemplos dos mundos fascinantes que esses estudos gradualmente nos revelam,[10] mas devemos nos voltar para os problemas que surgem quando o homem, vivendo em grupos governados por uma multiplicidade de normas, desenvolve progressivamente a razão e a linguagem e as utiliza para ensinar e fazer cumprir as normas. Nesse momento, basta entender que as normas existiam, cumpriam uma função essencial para a preservação do grupo e eram eficazmente transmitidas e aplicadas, embora nunca tivessem sido "inventadas", verbalizadas ou possuído um "propósito" conhecido por alguém.

Nesse contexto, a *norma* significa simplesmente uma propensão ou disposição para agir ou não agir de determinada maneira, que se manifestará no que chamamos de uma *prática*[11] ou costume. Como tal, será um dos determinantes da ação que, no entanto, não precisa se manifestar em cada movimento isolado, mas podendo prevalecer na maioria dos casos. Qualquer dessas normas sempre atuará em combinação, e muitas vezes em competição, com outras normas ou disposições e com impulsos específicos; e se uma norma irá prevalecer em determinado caso dependerá da força da propensão que ela evoca e das outras disposições ou impulsos que atuam ao mesmo tempo. O conflito que costuma surgir entre desejos imediatos e as normas ou inibições internalizadas é bem comprovado pela observação dos animais.[12]

Em particular, deve-se enfatizar que essas propensões ou disposições possuídas por animais superiores serão frequentemente de caráter muito geral ou abstrato, isto é, serão dirigidas a uma classe bastante ampla de ações que podem diferir muito entre si em seus detalhes. Nesse sentido, sem dúvida, serão muito mais abstratas do que tudo que a linguagem incipiente possa expressar. Para o entendimento do processo de enunciação gradual das normas há muito tempo obedecidas, é importante lembrar que as abstrações, longe de serem produto da linguagem, foram obtidas pela mente muito antes que ela tivesse desenvolvido a linguagem.[13] O problema da origem e da função dessas normas que governam tanto a ação quanto o pensamento é, portanto, totalmente distinto do problema de como elas vieram a ser enunciadas verbalmente. Não resta dúvida de que, mesmo nos dias de hoje, as normas que foram assim enunciadas e podem ser comunicadas pela linguagem são apenas uma parte de todo o complexo de normas que orientam as ações do homem enquanto ser social. Por exemplo, duvido que alguém já tenha conseguido enunciar todas as normas que constituem o "jogo limpo" ["*fair play*"].

## O processo de enunciação das práticas

Mesmo as primeiras iniciativas intencionais de líderes ou chefes tribais para manter a ordem devem, portanto, ser vistas como acontecendo no âmbito de uma determinada estrutura de normas, embora fossem normas que existiam apenas como um "conhecimento de como" agir, e não como um "conhecimento de que" pudessem ser expressas em tais e tais termos. Sem dúvida, a linguagem teria sido usada para ensiná-las, mas apenas como um meio de indicar as ações específicas necessárias ou proibidas em determinadas situações. Como na aquisição da linguagem em si, o indivíduo teria que aprender a agir conforme as normas, imitando ações específicas correspondentes a elas. Enquanto a linguagem não está suficientemente desenvolvida para expressar normas gerais, não há outra maneira pela qual as normas possam ser ensinadas. Contudo, embora nessa fase não existam de forma expressa, elas existem no sentido de que governam a ação. E aqueles que primeiro tentaram exprimi-las em palavras não inventaram novas normas, mas procuraram expressar aquelas com as quais já estavam familiarizados.[14]

Embora ainda seja uma concepção não familiar, o fato de que a linguagem muitas vezes é insuficiente para expressar o que a mente é plenamente capaz de levar em conta na determinação da ação, ou que muitas vezes não seremos capazes de verbalizar o que sabemos muito bem como praticar, foi claramente estabelecido em diversos campos.[15] Está intimamente ligado ao fato de que as normas que governam a ação em muitos casos serão muito mais gerais e abstratas do que tudo que a linguagem seja capaz de expressar. Essas normas abstratas são aprendidas pela imitação de ações específicas, a partir das quais o indivíduo adquire "por analogia" a capacidade de agir em outros casos baseado nos mesmos princípios que, no entanto, ele nunca poderia expor como princípios.

Para os nossos fins, isso significa que não apenas na tribo primitiva como também nas comunidades mais avançadas o chefe ou governante empregará a sua autoridade para dois objetivos bem diferentes: para ensinar ou impor as normas de conduta que considera consagradas, embora ele possa não ter muita ideia do motivo pelo qual elas são importantes nem do que depende da sua observância; ele também dará determinações relativas a ações que lhe pareçam necessárias para a realização de certos propósitos. Sempre haverá áreas de atividades nas quais ele não interferirá desde que os indivíduos cumpram as normas reconhecidas, mas, em certas ocasiões, como expedições de caça, migrações ou guerras, as suas determinações terão que direcionar os indivíduos para ações específicas.

O caráter diferente dessas duas maneiras de exercício de autoridade se manifestaria mesmo em condições relativamente primitivas no fato de que, no primeiro caso, a sua legitimidade poderia ser questionada, enquanto na segunda não poderia: o direito do chefe de exigir um determinado comportamento

CAPÍTULO 4 • O CONCEITO DINÂMICO DO DIREITO

dependeria do reconhecimento geral de uma norma correspondente, enquanto as suas instruções para os participantes de um empreendimento conjunto seriam definidas pelo seu plano de ação e pelas circunstâncias particulares conhecidas por ele, mas não necessariamente pelos demais. Seria a necessidade de justificar determinações do primeiro tipo que levaria a tentativas de enunciar as normas que tais instruções deveriam fazer cumprir. Essa necessidade de expressar verbalmente as normas também surgiria no caso de disputas que o chefe fosse chamado a solucionar. A manifestação explícita da prática ou costume estabelecido como uma norma verbal visaria à obtenção de assentimento acerca da sua existência, e não da criação de uma nova norma; e não conseguiria mais do que uma expressão inadequada e parcial do que era bem conhecido na prática.

O processo de enunciação gradual em palavras do que havia muito tempo era uma prática estabelecida deve ter sido lento e complexo.[16] Em geral, as primeiras tentativas canhestras de verbalizar o que a maioria obedecia na prática não conseguiam expressar apenas o que os indivíduos realmente levavam em conta na determinação das suas ações, nem esgotar tudo. Portanto, em geral, as normas não enunciadas contêm, ao mesmo tempo, mais ou menos do que a fórmula verbal consegue expressar. Por outro lado, a enunciação costuma se tornar necessária porque o conhecimento "intuitivo" pode não dar uma resposta clara a uma pergunta específica. Assim, o processo de enunciação, embora não intencionalmente, produz de fato novas normas. Todavia, com isso as normas enunciadas não substituem totalmente as não enunciadas, mas só atuarão e serão inteligíveis no âmbito de uma estrutura de normas ainda não enunciadas.

Embora o processo de enunciação das normas preexistentes muitas vezes leve assim a alterações no conjunto dessas normas, isso terá pouco efeito sobre a crença de que aqueles que formulam as normas não fazem mais, e não têm poder para fazer mais, do que descobrir e expressar normas já existentes, uma tarefa em que os homens, falíveis, costumam errar, mas para cujo desempenho eles não têm livre escolha. A tarefa será considerada como a de descobrir algo que já existe, e não como a de criar algo novo, ainda que o resultado de tais esforços possa ser a criação de algo que não existia antes.

Isso continua a ser verdade mesmo quando, como é indubitavelmente o caso, aqueles que são chamados a decidir são levados a formular normas com base nas quais ninguém agiu antes. Eles se preocupam não só com o conjunto de normas, mas também com uma ordem de ações resultante da observância dessas normas, que os homens descobrem em um processo contínuo e cuja preservação pode exigir normas específicas. A preservação da ordem existente de ações para a qual todas as normas reconhecidas são direcionadas pode muito bem ser vista como exigindo alguma outra norma para a resolução de litígios para os quais as normas reconhecidas não dão resposta. Nessa perspectiva, uma norma ainda não existente sob nenhuma forma pode parecer "implícita" no conjunto existente das normas, não no sentido de que se as outras normas devem alcançar o seu objetivo uma norma adicional é necessária.

## Normas factuais e normas prescritivas

É importante reconhecer que, quando temos que lidar com normas não enunciadas, uma distinção que parece bastante clara e óbvia no que se refere a normas enunciadas se torna muito menos clara e talvez às vezes até impossível de obter. Essa é a distinção entre normas descritivas, que expressam a recorrência regular de certas sequências de eventos (incluindo as ações humanas), e as normas prescritivas, que afirmam que essas sequências "devem" ocorrer. É difícil dizer em que fase específica da transição gradual de uma observância totalmente inconsciente dessas normas para a sua expressão em forma enunciada essa distinção se torna significativa. Será que uma inibição inata que impede um homem ou animal de realizar determinada ação, mas que ele ignora totalmente, é uma "norma"? Torna-se uma "norma" quando um observador pode ver de que maneira um desejo e uma inibição estão em conflito, como no caso do lobo de Konrad Lorenz, cuja atitude ele descreve dizendo que "dava para ver que o lobo gostaria de morder o pescoço exposto do seu oponente, mas simplesmente não conseguia"?[17] Ou quando leva a um conflito consciente entre um impulso específico e um sentimento de que "não se deve fazer isso"? Ou quando esse sentimento é expresso em palavras ("eu não devia"), mas ainda aplicado apenas a si mesmo? Ou quando, embora ainda não enunciado como norma verbal, o sentimento é compartilhado por todos os membros do grupo e leva a expressões de desaprovação ou mesmo a tentativas de impedimento e punição quando infringida? Ou apenas quando é imposta por uma autoridade reconhecida ou estabelecida de forma enunciada?

Parece que o caráter específico geralmente atribuído às normas, que as faz pertencer a um âmbito do discurso diferente das exposições dos fatos,

CAPÍTULO 4 • O CONCEITO DINÂMICO DO DIREITO

pertence apenas às normas enunciadas e, mesmo aí, tão só quando a questão é suscitada quanto a se devemos ou não obedecê-las. Enquanto essas normas forem meramente obedecidas na prática (sempre ou pelo menos na maioria das vezes), e a sua observância só for verificável pelo comportamento efetivo, elas não diferirão das normas descritivas; elas são importantes como um dos determinantes da ação; uma predisposição ou inibição cuja atuação inferimos daquilo que observamos. Se essa predisposição ou inibição for produzida pelo ensinamento de uma norma enunciada, o seu efeito sobre o comportamento real ainda permanecerá um fato. Para o observador, as normas norteadoras das ações dos indivíduos em um grupo fazem parte dos determinantes dos eventos que ele vislumbra e que lhe permitem explicar a ordem geral das ações como ele a percebe.

Lógico que isso não altera a circunstância de que a nossa linguagem é feita de tal forma que nenhuma inferência válida pode levar de uma afirmação que contém apenas uma descrição dos fatos a uma afirmação do que deveria ser. Porém, nem todas as conclusões que costumam ser tiradas disso são convincentes. O que essa circunstância diz é que, a partir de uma exposição do fato por si só, não é possível inferir nenhuma afirmação sobre ação apropriada, desejável ou oportuna, nem nenhuma decisão sobre agir ou não. Uma só pode seguir a outra se ao mesmo tempo algum fim for aceito como desejável e o raciocínio assumir a forma de "se você quiser isso, deve fazer aquilo". Mas uma vez que tal suposição acerca do fim desejado seja incluída nas premissas, todos os tipos de normas prescritivas podem ser inferidos delas.

Para a mente primitiva não existe distinção clara entre a única maneira pela qual um determinado resultado pode ser alcançado e a maneira pela qual ele deve ser alcançado. O conhecimento de causa e efeito e o conhecimento de normas de conduta ainda são indistinguíveis: só há o conhecimento *da maneira* pela qual se deve agir a fim de alcançar qualquer resultado. Para a criança que aprende a somar e multiplicar, a maneira pela qual isso deve ser feito também é o único modo de obter o resultado pretendido. Só quando a criança descobre que há outras maneiras além da que lhe foi ensinada, que também a levam ao que ela deseja, pode surgir um conflito entre o conhecimento dos fatos e as normas de conduta estabelecidas no grupo.

A diferença entre a ação proposital e a ação orientada por norma só existe na medida em que, no caso do que em geral consideramos como ação propositada, supomos que o propósito é conhecido pela pessoa em ação; ao passo que, no caso da ação orientada por norma, as razões pelas quais a pessoa

103

considera um modo de agir como uma maneira possível de alcançar um resultado desejado e outro como impossível costumam ser desconhecidas para ela. No entanto, considerar um tipo de ação adequado e outro inadequado é igualmente resultado de um processo de seleção do que é eficaz, seja a eficácia consequência de a ação específica produzir os resultados desejados pelo indivíduo, seja consequência de a ação desse tipo ser propícia ou não ao funcionamento do grupo como um todo. Dessa forma, muitas vezes todos os membros de um grupo fazem coisas específicas de determinada maneira não porque só assim alcançarão o que pretendem, mas porque só agindo desse jeito se preservará a ordem do grupo na qual as suas ações individuais provavelmente terão êxito. O grupo pode ter perdurado só porque os seus membros desenvolveram e transmitiram maneiras de fazer as coisas que tornaram o grupo como um todo mais eficaz dos que os outros; porém, o porquê de certas coisas serem feitas de certa maneira nenhum membro do grupo precisa saber.

É óbvio que nunca se negou que a existência de normas em um dado grupo de homens é um fato. O que se tem questionado é que, da circunstância de que as normas sejam mesmo obedecidas, se possa concluir que essa obediência seja um dever. Naturalmente, essa conclusão só é possível se for tacitamente assumido que a continuação da existência do grupo é desejada. Contudo, se essa existência continuada é considerada desejável, ou mesmo se a existência futura do grupo como entidade dotada de certa ordem é pressuposta como um fato, resulta então que certas normas de conduta (não necessariamente todas as que são agora observadas) deverão ser seguidas pelos seus membros.[18]

## O direito antigo

Agora deve ser mais fácil entender por que encontramos em toda civilização antiga um direito como o "dos medos e dos persas que não muda", e por que toda "legislação" antiga consistiu em tentativas de registrar e tornar conhecido um direito concebido como inalteravelmente dado. Um "legislador" podia se empenhar em depurar o direito de supostas corrupções, ou em restaurar a sua pureza original, mas não se considerava que ele pudesse fazer um novo direito. Os historiadores do direito concordam que, a esse respeito, todos os notórios "legisladores" antigos, de Ur-Nammu[19] e Hamurabi a Sólon, Licurgo e os autores das Doze Tábuas Romanas, não pretenderam criar um novo direito, mas simplesmente enunciar qual era e sempre fora o direito.[20]

Contudo, se ninguém tinha o poder ou a intenção de alterar o direito, e apenas o direito antigo era considerado bom, isso não significa que o direito não continuou a se desenvolver. Significa simplesmente que as alterações que ocorreram não foram resultado da intenção ou do projeto de um legislador. Para um governante cujo poder se baseava em grande medida na expectativa de que ele aplicaria um direito supostamente dado independentemente dele, esse direito muitas vezes deve ter parecido mais um obstáculo aos esforços de organização deliberada do governo do que um meio para os seus propósitos conscientes. Foi nas atividades dos seus súditos que os governantes não podiam controlar diretamente — muitas vezes sobretudo nas relações desses súditos com estrangeiros — que as novas normas se desenvolveram à margem do direito aplicado pelos governantes, enquanto esse tendia a se tornar rígido precisamente na medida em que tinha sido enunciado.

Assim, o desenvolvimento das normas de conduta independentes de propósito, capazes de produzir uma ordem espontânea, ocorreu muitas vezes em conflito com os objetivos dos governantes que tendiam a tentar transformar o seu domínio em uma organização própria. É sobretudo no *ius gentium*, no direito comercial e nas práticas dos portos e feiras que devemos buscar as etapas da evolução do direito que acabou tornando possível uma sociedade aberta. Talvez até se possa dizer que o desenvolvimento das normas universais de conduta não começou no interior da comunidade organizada da tribo, mas sim com o primeiro caso de escambo tácito, quando um selvagem colocou algumas oferendas no limite do território da sua tribo na expectativa de que, de maneira semelhante, lhe oferecessem um presente em troca, assim dando início a um novo costume. De qualquer forma, não foi pela orientação dos governantes, mas pelo desenvolvimento dos costumes sobre os quais se podiam basear as expectativas dos indivíduos, que as normas gerais de conduta passaram a ser aceitas.

## A tradição clássica e medieval

Embora a concepção de que o direito como produto de uma vontade humana deliberada tenha sido desenvolvida plenamente pela primeira vez na Grécia Antiga, a sua influência sobre a prática efetiva da política permaneceu

DIREITO, LEGISLAÇÃO E LIBERDADE

limitada. Da Atenas clássica no auge da sua democracia nos é dito que "em nenhum momento foi legal alterar as leis por um simples decreto da assembleia. O proponente desse decreto estava sujeito à famosa 'acusação por procedimentos ilegais', que, caso acolhida pelos tribunais, revogava o decreto e também, no curso do mesmo ano, expunha o proponente a severas penalidades".[21] Uma mudança nas normas básicas de conduta justa, os *nomoi*, só podia ser realizada por um procedimento complexo em que um órgão especialmente eleito, o *nomothetae*, estivesse envolvido. No entanto, encontramos já na democracia ateniense os primeiros conflitos entre a vontade irrestrita do povo "soberano" e a tradição do estado de direito;[22] e foi sobretudo porque a assembleia frequentemente se recusava a se submeter às leis, que Aristóteles se voltou contra essa forma de democracia, à qual ele negou até mesmo o nome de constituição.[23] É nos debates desse período que encontramos as primeiras iniciativas persistentes de traçar uma distinção clara entre o direito e a vontade particular do governante.

O direito de Roma, que influenciou tão profundamente todo o direito ocidental, foi ainda menos o produto de uma legislação intencional. Como todo o direito antigo, foi constituído em uma época em que "o direito e as instituições da vida social eram considerados como tendo sempre existido, e ninguém perguntava acerca de sua origem. A ideia de que o direito pudesse ser criado pelos homens era estranha ao pensamento dos povos antigos".[24] Apenas em eras posteriores, surgiu "a crença ingênua de que todo o direito deve se basear na legislação".[25] De fato, o direito civil romano clássico, no qual se baseou a compilação final de Justiniano, é quase inteiramente produto da descoberta de leis por juristas e apenas em pequena medida produto da legislação.[26] Por um processo bastante semelhante àquele pelo qual depois desenvolveu-se o direito consuetudinário inglês, e diferindo deste sobretudo pelo fato de que o papel decisivo foi desempenhado mais pelas opiniões dos estudiosos do direito (os *jurisconsultos*) que por decisões de juízes, uma jurisprudência se desenvolveu por meio da enunciação gradual dos conceitos vigentes da justiça, e não pela legislação.[27] Foi apenas no final desse desenvolvimento, em Bizâncio, e não em Roma, e sob a influência do pensamento helenístico que os resultados desse processo foram codificados sob o imperador Justiniano, cuja obra foi mais tarde equivocadamente considerada o modelo de um conjunto de leis criado por um governante e expressando a sua "vontade".

No entanto, até a redescoberta de *A Política* de Aristóteles no século XIII e a acolhida do código de Justiniano no século XV, a Europa Ocidental passou

CAPÍTULO 4 • O CONCEITO DINÂMICO DO DIREITO

por outro período de quase mil anos em que o direito voltou a ser considerado como algo dado independentemente da vontade humana, algo a ser descoberto, e não feito, e em que a concepção de que o direito podia ser deliberadamente feito ou alterado parecia quase sacrílega. Essa atitude, notada por diversos estudiosos anteriores,[28] recebeu uma descrição clássica de Fritz Kern, e não podemos fazer melhor do que citar as suas principais conclusões:[29]

> Quando surge um caso para o qual nenhuma lei válida pode ser aduzida, então os homens da lei ou os juízes farão nova lei na convicção de que o que estão fazendo é a boa lei antiga, não de fato expressamente transmitida, mas tacitamente existente. Portanto, eles não criam a lei: eles a "descobrem". Qualquer julgamento específico no tribunal, que consideramos uma inferência específica de uma norma jurídica geral consagrada, era, para a mente medieval, de modo algum distinguível da atividade legislativa da comunidade; em ambos os casos uma lei oculta, mas já existente, é descoberta, e não criada. Na Idade Média, inexiste a "primeira aplicação de uma norma jurídica". A lei é antiga; lei nova é uma contradição em termos, pois ou a nova lei deriva explícita ou implicitamente da antiga, ou entra em conflito com a antiga, e nesse caso não é legítima. A ideia fundamental permanece a mesma; a lei antiga é a lei verdadeira, e a lei verdadeira é a lei antiga. Desse modo, de acordo com as ideias medievais, a promulgação de lei nova não é de modo algum possível; e toda legislação e reforma legal são concebidas como uma restauração da boa lei antiga que tinha sido violada.

A história do desenvolvimento intelectual pelo qual, a partir do século XIII, e sobretudo na Europa continental, a legislação passou a ser lenta e gradualmente considerada um ato de vontade deliberada e irrestrita do governante é muito longa e complexa para ser descrita aqui. A partir dos estudos detalhados desse processo, essa história parece estar intimamente relacionada com a ascensão da monarquia absoluta, quando se formaram as concepções que mais tarde governaram as aspirações de democracia.[30] Esse desenvolvimento foi acompanhado por uma absorção progressiva desse novo poder de formular novas normas de conduta justa pelo poder muito mais antigo que os governantes sempre tinham exercido, qual seja, de organizar e dirigir a máquina governamental, até que ambos os poderes se misturaram inextricavelmente no que veio a ser considerado o poder único de "legislar".

A principal resistência a esse desenvolvimento veio da tradição do "direito natural". Como vimos, os últimos escolásticos espanhóis empregaram

# DIREITO, LEGISLAÇÃO E LIBERDADE

a palavra "natural" como um termo técnico para descrever o que nunca havia sido "inventado" ou deliberadamente concebido, mas tinha evoluído em resposta à necessidade da situação. Contudo, mesmo essa tradição perdeu a sua força quando, no século XVII, o "direito natural" passou a ser entendido como desígnio da "razão natural".

A Inglaterra foi o único país que conseguiu preservar a tradição da Idade Média e construiu sobre as "liberdades" medievais o conceito moderno de liberdade nos termos do direito. Em parte, isso se deveu ao fato de que a Inglaterra escapou de uma acolhida do direito romano tardio e, com isso, da concepção do direito como criação de algum governante; mas provavelmente se deveu sobretudo à circunstância de que os juristas do direito consuetudinário ingleses tinham desenvolvido concepções bastante semelhantes às da tradição do direito natural, mas não expressas na terminologia enganosa dessa escola. No entanto, "no século XVI e início do XVII a estrutura política da Inglaterra ainda não era fundamentalmente diferente da dos países da Europa continental, e ainda não se sabia ao certo se o país desenvolveria uma monarquia absoluta altamente centralizada como os países do continente".[31] O que impediu tal desenvolvimento foi a tradição profundamente arraigada de um direito consuetudinário que não era concebido como produto da vontade de ninguém, mas sim como um obstáculo a todo poder, inclusive o do rei — uma tradição que Edward Coke defenderia contra o rei Jaime I e Francis Bacon, e que Matthew Hale, no fim do século XVII, reafirmaria magistralmente em oposição a Thomas Hobbes.[32]

Assim, a liberdade dos britânicos, que no século XVIII o resto da Europa passou a admirar tanto, não foi — como os próprios britânicos acreditaram antes de todos e como Montesquieu mais tarde ensinou ao mundo — originalmente produto da separação dos poderes entre legislativo e executivo, mas sim resultado do fato de que o direito que governava as decisões dos tribunais era o direito consuetudinário, um direito que existia independentemente da vontade de qualquer pessoa e, ao mesmo tempo, que se impunha aos tribunais independentes e era por eles desenvolvido; um direito em que o parlamento raramente interferia e, quando interferia, era sobretudo apenas para esclarecer pontos duvidosos no âmbito de uma determinada jurisprudência. Pode-se até dizer que uma espécie de separação dos poderes se desenvolveu na Inglaterra não porque só o poder legislativo fazia leis, mas porque ele *não* as fazia; porque as leis eram determinadas por tribunais independentes do poder que organizava e dirigia o governo, ou seja, o poder daquilo que era erroneamente chamado de "legislatura" ["*legislature*"].

## Os atributos distintivos do direito resultantes do costume e da jurisprudência

A importante constatação a que se chega com a compreensão do processo de evolução do direito é que as normas que emergem dele possuem necessariamente certos atributos que as leis inventadas ou concebidas por um governante podem ou não apresentar, tendendo a apresentar só se forem modeladas segundo o tipo de normas que surgem da enunciação de práticas previamente existentes. Só no próximo capítulo seremos capazes de descrever totalmente todas as propriedades características do direito assim constituído, e mostrar que ele propiciou o padrão para o que os filósofos políticos consideraram por muito tempo o *direito* no sentido próprio da palavra, como contido nas expressões "estado de direito", "domínio do direito", "governo nos termos do direito" ou "separação dos poderes". Nesse momento, queremos enfatizar apenas uma das propriedades peculiares desse *nomos* e mencionaremos as demais brevemente, antecipando uma discussão posterior. O direito consistirá em normas independentes de propósito que governam a conduta dos indivíduos uns em relação aos outros, destinam-se a ser aplicadas a um número desconhecido de ocorrências ulteriores e, ao definir um domínio protegido de cada um, possibilitam que se forme uma ordem de ações em que os indivíduos podem realizar planos factíveis. É comum nos referirmos a essas normas como normas abstratas de conduta e, embora essa caracterização seja inadequada, nós a empregaremos de forma provisória para o objetivo em questão. O ponto específico que queremos enfatizar aqui é que tal direito que, como o direito consuetudinário, emerge do processo judicial é necessariamente abstrato no sentido de que o direito criado pelas prescrições do governante não precisa ser assim.

A alegação de que um direito baseado em jurisprudência é mais abstrato, e não menos, do que um direito expresso em normas verbais é tão contrária a uma visão amplamente difundida, talvez mais entre os juristas da Europa continental do que entre os juristas anglo-saxões, que requer uma justificativa mais completa. Provavelmente, a questão central não pode ser mais bem expressa do que em uma notória afirmação de Lord Mansfield, o

DIREITO, LEGISLAÇÃO E LIBERDADE

grande juiz do século XVIII, que enfatizou que o direito consuetudinário "não consiste em casos particulares, mas em princípios gerais, que são exemplificados e explicados por esses casos".[33] Isso significa que faz parte da técnica do juiz do direito consuetudinário a capacidade de ele extrair, a partir da jurisprudência que o orienta, normas de significado universal que possam ser aplicadas a novos casos.

Um juiz do direito consuetudinário deve se preocupar acima de tudo com as expectativas que as partes de uma transação teriam formado razoavelmente em função das práticas gerais sobre as quais se baseia a ordem de ações existente. Ao decidir quais expectativas teriam sido razoáveis nesse sentido, o juiz pode levar em conta apenas as práticas (costumes ou normas) que, na verdade, podiam determinar as expectativas das partes e os fatos que estas presumivelmente conheceriam. E essas partes só teriam podido formar expectativas comuns, numa situação que sob certos aspectos deve ter sido única, porque interpretaram a situação em função do que era considerado uma conduta apropriada e que não precisava ser conhecida por elas sob a forma de uma norma enunciada.

Essas normas, que supostamente orientaram as expectativas em muitas situações semelhantes no passado, devem ser abstratas no sentido de se referirem a um número limitado de circunstâncias relevantes e de serem aplicáveis independentemente das consequências particulares que, naquele momento, parecem resultar da sua aplicação. No momento em que o juiz é chamado a decidir sobre um processo, as partes em litígio já terão agido na busca dos seus próprios fins e, sobretudo, em circunstâncias específicas desconhecidas por qualquer autoridade; e as expectativas que orientaram as suas ações e pelas quais uma das partes se frustrou terão sido baseadas no que elas consideraram práticas consagradas. O dever do juiz será informar às partes o que precisaria ter orientado as suas expectativas, não porque alguém lhes tivesse dito antes que aquela era a norma, mas porque esse era o costume consagrado de que elas deveriam ter conhecimento. Nesse momento, a questão para o juiz nunca poderá ser se a atitude efetivamente tomada foi adequada de um ponto de vista mais elevado, ou se serviu a um determinado resultado desejado pela autoridade, mas apenas se a conduta em discussão se conformou a normas reconhecidas. O único bem público de que o juiz pode se ocupar é a observância das normas que os indivíduos deveriam levar em conta de forma razoável. Ele não está preocupado com nenhum propósito ulterior que alguém possa ter pretendido a que as normas servissem e que ele

110

CAPÍTULO 4 • O CONCEITO DINÂMICO DO DIREITO

basicamente desconhece; e deverá aplicar as normas mesmo que no caso em questão as consequências conhecidas lhe pareçam totalmente indesejáveis.[34] Nessa tarefa, ele não deve prestar atenção, como tem sido enfatizado frequentemente por juízes do direito consuetudinário, aos desejos de um governante ou a "razões de estado". O que deve orientar a sua decisão não é nenhum conhecimento do que o conjunto da sociedade requer em determinado momento, mas unicamente o que é exigido pelos princípios gerais sobre os quais se baseia a ordem existente da sociedade.

Aparentemente, a constante necessidade de enunciar normas para distinguir entre o relevante e o acidental nas jurisprudências que o orientam gera no juiz do direito consuetudinário uma capacidade de descobrir princípios gerais raramente adquirida por um juiz que atua conforme um catálogo supostamente completo de normas aplicáveis. Quando as generalizações não são providas já prontas, uma capacidade de formular abstrações é, ao que tudo indica, mantida viva, que o uso mecânico de fórmulas verbais tende a matar. O juiz do direito consuetudinário está fadado a estar muito ciente de que as palavras sempre são uma expressão imperfeita do que os seus predecessores se esforçaram para expressar.

Se atualmente as prescrições de um legislador costumam assumir a forma daquelas normas abstratas que emergiram do processo judicial é porque elas foram moldadas de acordo com aquele modelo. Mas é bastante improvável que qualquer soberano que visa organizar as atividades dos seus súditos para a obtenção de resultados definidos e previsíveis possa ter alcançado alguma vez o seu objetivo, estabelecendo normas universais destinadas a governar igualmente as ações de todos. Conter-se, como faz o juiz, a fim de fazer cumprir apenas tais normas, exigiria um grau de abnegação que não se espera de quem está acostumado a emitir prescrições específicas e ser orientado nas suas decisões pelas necessidades do momento. As normas abstratas não são suscetíveis de serem inventadas por alguém preocupado em obter determinados resultados. A necessidade de preservar uma ordem de ação que ninguém tinha criado, mas que foi perturbada por certos tipos de comportamento, tornou imprescindível definir aqueles tipos de comportamento que deveriam ser reprimidos.

## Por que o direito em evolução requer correção por meio da legislação?

O fato de que todo direito resultante do esforço de enunciar normas de conduta necessariamente apresenta algumas propriedades desejáveis não necessariamente possuídas pelas prescrições de um legislador não significa que, sob outros aspectos, tal direito não possa se desenvolver em direções bastante indesejáveis, e que, quando isso acontece, a correção por meio de legislação intencional não possa ser a única saída viável. Por diversas razões, o processo espontâneo de evolução talvez chegue a um impasse, do qual não conseguirá escapar por suas próprias forças ou que, pelo menos, não corrigirá com suficiente rapidez. O desenvolvimento da jurisprudência é, sob certos aspectos, uma espécie de via de mão única: quando já percorreu uma distância considerável em uma direção, muitas vezes não é capaz de retroceder quando algumas implicações de decisões anteriores são consideradas indesejáveis. O fato de o direito que evoluiu dessa maneira apresentar certas propriedades desejáveis não prova que sempre será um bom direito ou mesmo que algumas das suas normas não possam ser péssimas. Desse modo, não significa que podemos prescindir totalmente da legislação.[35]

Por diversas outras razões, não podemos prescindir dela. Uma é que o processo de desenvolvimento judicial do direito é inevitavelmente gradual e pode se mostrar muito lento para viabilizar a desejável e rápida adaptação do direito a circunstâncias totalmente novas. No entanto, talvez o mais importante seja que não é apenas difícil como também indesejável que as decisões judiciais revertam um desenvolvimento que já ocorreu e depois é visto como tendo consequências indesejáveis ou completamente erradas. O juiz não está desempenhando a sua função se frustra expectativas razoáveis criadas por decisões anteriores. Embora o juiz possa aperfeiçoar o direito decidindo questões verdadeiramente duvidosas, ele não pode realmente alterá-lo, ou pode, no máximo, fazê-lo apenas de forma muito gradual quando uma norma se tornou solidamente estabelecida; embora ele possa reconhecer claramente que outra norma seria melhor, ou mais justa, seria evidentemente injusto aplicá-la a transações que ocorreram quando se considerava válida uma norma diferente. Em tais situações, é conveniente que a nova norma se torne conhecida antes de ser aplicada; e isso só pode ser efetuado pela promulgação de uma nova norma a ser aplicada apenas no futuro. Sempre que é necessária uma alteração real do direito, a nova lei só pode cumprir

CAPÍTULO 4 • O CONCEITO DINÂMICO DO DIREITO

adequadamente a função própria de toda lei, qual seja, nortear expectativas, tornar-se conhecida antes de ser aplicada.

A necessidade dessas mudanças radicais de determinadas normas pode ter diversas causas. Talvez resulte simplesmente do reconhecimento de que algum desenvolvimento passado se baseou em erro ou gerou consequências mais tarde reconhecidas como injustas. Porém, a causa mais frequente é, provavelmente, que o desenvolvimento do direito ficou nas mãos dos membros de uma classe cujos pontos de vista tradicionais fizeram com que considerassem justo o que não podia atender aos requisitos mais gerais da justiça. Não resta dúvida de que, em campos como o do direito relativo às relações entre senhor e servo,[36] proprietário de terras e arrendatário, credor e devedor e, em tempos modernos, entre a empresa organizada e os seus clientes, as normas foram moldadas basicamente pelas opiniões de uma das partes e pelos seus interesses particulares — sobretudo quando, como costumava acontecer nos dois primeiros exemplos, os juízes vinham quase exclusivamente de um dos grupos em questão. Como veremos, isso não significa que, como se afirmou, "a justiça é um ideal irracional" e que "sob a óptica da cognição racional há apenas interesses de seres humanos e, portanto, conflitos de interesse";[37] pelo menos quando por interesses não entendemos apenas objetivos particulares, mas oportunidades a longo prazo que diferentes normas oferecem a diferentes membros da sociedade. É ainda menos verdade que, como resultaria dessas asserções, uma reconhecida tendenciosidade de alguma norma em favor de um determinado grupo só possa ser corrigida invertendo-se a tendência em favor de outro. Mas essas ocasiões em que se reconhece que algumas normas, até então aceitas, são injustas à luz de princípios mais gerais de justiça pode-se exigir a revisão não apenas de normas isoladas como de seções inteiras do sistema de jurisprudência estabelecido. Isso é mais do que é possível ser realizado por meio de decisões de casos específicos em função de precedentes existentes.

## A origem dos corpos legislativos

Não há ponto determinável na história em que o poder de alterar deliberadamente o direito no sentido em que o estamos considerando foi explicitamente conferido a alguma autoridade. Contudo, sempre existiu necessariamente uma autoridade que tinha o poder para fazer leis de um tipo diferente, a

DIREITO, LEGISLAÇÃO E LIBERDADE

saber, as normas de organização governamental, e foi a esses elaboradores do direito público que gradualmente se atribuiu o poder de também alterar as normas de conduta justa à medida que passou a ser reconhecida a necessidade de tais mudanças. Como essas normas de conduta tinham que ser aplicadas pela organização governamental, pareceu natural que aqueles que determinavam essa organização também determinassem as normas que ela deveria aplicar.

Desse modo, um poder legislativo com um poder de determinar as normas de governo existiu muito antes de ser reconhecida a necessidade de um poder de modificar as normas universais de conduta justa. Os governantes, diante da tarefa de aplicar determinadas leis e de organizar a defesa e diversos serviços, tinham sentido havia muito tempo a necessidade de estabelecer normas para os seus servidores ou subordinados, e não teriam distinguido se essas normas eram de caráter puramente administrativo ou subsidiário à tarefa de aplicar a justiça. No entanto, um governante descobriria ser vantajoso reivindicar para as normas organizacionais a mesma dignidade em geral concedida às normas universais de conduta justa.

Todavia, se por muito tempo a formulação dessas normas com o intuito da organização governamental foi considerada uma "prerrogativa" do seu chefe, a necessidade de aprovação ou o consentimento das suas medidas por corpos representativos ou constituídos surgia muitas vezes justamente porque o próprio governante estava sujeito às leis consagradas. E quando, como na imposição de contribuições em dinheiro ou serviços para os objetivos governamentais, ele tinha que usar a coerção em uma forma não claramente prescrita pelas normas previstas, precisava se assegurar pelo menos do apoio dos seus súditos mais poderosos. Seria então muitas vezes difícil decidir se eles eram simplesmente convocados para atestar que isto ou aquilo era lei estabelecida ou para aprovar uma determinada imposição ou medida julgada necessária para determinado fim.

Assim, é equivocado conceber os primeiros corpos representativos como "poder legislativo" no sentido em que o termo foi posteriormente empregado pelos teóricos. Basicamente, eles não estavam preocupados com as normas de conduta justa ou o *nomos*. Como F. W. Maitland explica:[38]

> Quanto mais recuamos na nossa história, mais impossível se torna traçar linhas exatas de demarcação entre as diversas funções do estado: a mesma instituição é uma assembleia legislativa, um conselho governamental e um tribunal de justiça.

CAPÍTULO 4 • O CONCEITO DINÂMICO DO DIREITO

(...) Por muito tempo, os teóricos da política do passado insistiram na distinção entre a legislação e as outras funções do governo, e, claro, a distinção é importante, embora nem sempre seja fácil estabelecer o limite com perfeita exatidão. Contudo, parece necessário observar que o poder de um estatuto (lei ou conjunto de leis) não se limita ao que um jurista ou filósofo político consideraria o domínio da legislação. Um grande número de estatutos seria classificado por ele antes como *privilegia* do que como *leges*; o estatuto não formula normas gerais, mas trata apenas de um determinado caso.

Foi em relação às normas de organização governamental que a elaboração intencional de "leis" se tornou um procedimento rotineiro e cotidiano; cada novo empreendimento de um governo ou cada mudança na estrutura governamental exigia algumas novas normas para a sua organização. Dessa maneira, o estabelecimento dessas novas normas se tornou um procedimento aceito muito antes de alguém considerar utilizá-lo para alterar as normas consagradas de conduta justa. Porém, quando surgiu o desejo de fazê-lo, mostrou-se quase inevitável que a tarefa fosse confiada ao corpo que sempre fizera leis em outro sentido e que, muitas vezes, também fora solicitado a atestar quais eram as normas consagradas de conduta justa.

## Obediência e soberania

Da concepção de que a legislação é a única fonte de direito resultam duas ideias que, nos tempos modernos, passaram a ser aceitas quase como evidentes por si mesmas e exerceram grande influência sobre os desenvolvimentos políticos, embora sejam totalmente derivadas daquele construtivismo errôneo no qual sobrevivem as antigas falácias antropomórficas. A primeira ideia é a de que deve haver um legislador supremo cujo poder não pode ser limitado porque isso exigiria um legislador com poder ainda maior, e assim por diante, numa regressão infinita. A outra ideia é que qualquer coisa formulada por esse legislador supremo é lei, e só é lei aquilo que expressa a sua vontade.

A concepção da vontade necessariamente ilimitada de um legislador supremo, que desde Bacon, Hobbes e Austin serviu com justificação supostamente irrefutável do poder absoluto, primeiro dos monarcas e depois das assembleias democráticas, só parece evidente por si mesma se restringir o termo "direito" às normas que orientam as ações intencionais e concertadas

115

# DIREITO, LEGISLAÇÃO E LIBERDADE

de uma organização. Assim interpretado, o direito, que no sentido anterior de *nomos* se destinava a ser um obstáculo a todo o poder, torna-se, ao contrário, um instrumento para o uso do poder.

A resposta negativa que o positivismo jurídico dá à questão de saber se podem existir limites eficazes ao poder do corpo legislativo supremo só seria convincente se fosse verdade que toda lei é sempre produto da "vontade" intencional de um legislador, e que nada poderia limitar efetivamente esse poder, exceto outra "vontade" do mesmo tipo. No entanto, a autoridade de um legislador sempre se baseia em algo que deve ser claramente distinguido de um ato de vontade sobre um assunto específico em questão e, portanto, também pode ser limitado pela fonte da qual deriva a sua autoridade. Essa fonte é uma opinião prevalecente da qual o legislador só está autorizado a prescrever o que é certo, quando essa opinião não se refere ao conteúdo particular da norma, mas aos atributos gerais que qualquer norma de conduta justa deve possuir. Assim, o poder do legislador se baseia numa opinião comum acerca de determinados atributos que devem possuir as leis que ele produz, e a sua vontade só pode obter o apoio da opinião se a sua expressão possuir esses atributos. Mais à frente teremos que analisar de forma mais detalhada essa distinção entre vontade e opinião. No momento, é suficiente dizer que usaremos o termo "opinião" como distinto de um ato de vontade sobre um determinado assunto, para caracterizar uma tendência comum de aprovar determinados atos de vontade e desaprovar outros, consoante possuam ou não certos atributos que, em geral, os defensores de determinada opinião não serão capazes de especificar. Desde que o legislador satisfaça a expectativa de que aquilo que ele resolver possui esses atributos, ele terá liberdade no que diz respeito aos conteúdos específicos das suas resoluções e, nesse sentido, será "soberano". Mas a obediência em que se baseia essa soberania depende de o soberano satisfazer certas expectativas sobre o caráter geral dessas normas, e desaparece quando essa expectativa é frustrada. Nesse sentido, todo poder se baseia na opinião e é limitado por ela, como foi percebido por David Hume muito claramente.[39]

Nesse sentido, o fato de que todo poder se baseia na opinião não é menos verdadeiro em relação aos poderes de um ditador absoluto do que em relação aos de qualquer outra autoridade. Como os próprios ditadores sempre souberam muito bem, mesmo a ditadura mais poderosa sucumbe se perde o apoio da opinião. É por isso que os ditadores se preocupam tanto em manipular a opinião mediante o controle da informação que está em seu poder.

CAPÍTULO 4 • O CONCEITO DINÂMICO DO DIREITO

Sendo assim, a limitação eficaz dos poderes do legislativo não requer outra autoridade organizada capaz de ação concertada acima dele; essa limitação pode ser gerada por um estado de opinião que faz com que apenas certos tipos de prescrição emitidos pelo legislativo sejam aceitos como leis. Tal opinião não se preocupará com o conteúdo particular das decisões do legislativo, mas apenas com os atributos gerais do tipo de normas que o legislador pretende promulgar e para as quais o povo está disposto a dar apoio. Esse poder da opinião não se baseia na capacidade dos detentores de adotar um curso de ação concertada, mas é simplesmente um poder negativo de retirar aquele apoio sobre o qual, em última análise, reside o poder do legislador.

Não há contradição na existência de um estado de opinião que determina obediência implícita ao legislador desde que este se comprometa com uma norma geral, mas que recusa obediência quando o legislador ordena ações particulares. E se uma determinada decisão do legislador é prontamente reconhecível como lei válida, isso não depende unicamente do fato de a decisão ter sido tomada de uma maneira prescrita, mas também pode depender do fato de ela consistir em uma norma universal de conduta justa.

Desse modo, não há necessidade lógica de que um poder último seja onipotente. De fato, aquilo que em toda parte é o poder último, especificamente aquela opinião que gera obediência, será um poder limitado, embora, por sua vez, limite o poder de todos os legisladores. Portanto, esse poder último é um poder negativo, mas enquanto um poder de negar obediência, ele limita todo poder positivo. E numa sociedade livre em que todo poder se baseia na opinião, esse poder último será um que não determina nada diretamente, mas controla todo poder positivo ao tolerar apenas certos tipos de exercício desse poder.

Essas restrições a todo poder organizado e, em particular, ao poder do legislador talvez, é claro, se tornassem mais eficazes e mais prontamente operativas caso se formulassem explicitamente os critérios pelos quais é possível determinar se uma decisão específica pode ou não ser uma lei. Porém, as restrições que atuam há muito tempo nas legislaturas quase nunca foram adequadamente expressas em palavras. Tentar fazer isso será uma das nossas tarefas.

*Quanto à Constituição de Creta, descrita por Éforo, talvez bastasse falar das suas disposições mais importantes. O legislador, ele diz, parece pressupor tacitamente que a liberdade é o bem supremo de um estado, e só por essa razão entende que a propriedade pertence especificamente a quem a adquire, enquanto na escravidão tudo pertence aos governantes, e não aos governados.*

ESTRABÃO*

## As funções do juiz

Tentaremos agora descrever de maneira mais completa o caráter distintivo das normas de conduta justa que emergem das iniciativas dos juízes para resolver litígios e que há muito tempo fornecem o modelo que os legisladores têm procurado imitar. Já foi assinalado que o ideal de liberdade individual parece ter florescido sobretudo entre povos em que, pelo menos por longos períodos, predominaram as leis feitas por juízes. Atribuímos isso à circunstância de que as leis feitas por juízes necessariamente possuem certos atributos que os decretos do legislador não precisam possuir e tendem a possuir apenas se o legislador toma como seu modelo as leis feitas por juízes. Neste capítulo, examinaremos os distintos atributos daquilo que os teóricos da política consideram há muito tempo simplesmente como *o direito*, o direito dos juristas, ou o *nomos* dos gregos antigos e o *ius* dos romanos[1] (e aquilo que em outras línguas europeias é chamado de *droit*, *Recht* ou *diritto* para diferenciar de *loi*, *Gesetz*[2] ou *legge*), e, no próximo capítulo, contrastaremos com isso aquelas normas de organização governamental com as quais os legislativos têm se ocupado acima de tudo.

O caráter distinto das normas que o juiz terá de aplicar, e deverá se esforçar para enunciar e aperfeiçoar, será mais bem compreendido se lembrarmos que ele é chamado para corrigir perturbações de uma ordem que não foi feita

CAPÍTULO 5 • *NOMOS: O DIREITO À LIBERDADE*

por ninguém e que não se baseia no fato de os indivíduos terem sido informados sobre o que fazer. Na maioria dos casos, nenhuma autoridade terá conhecimento no momento em que ocorreu a ação em litígio do que os indivíduos fizeram ou por que o fizeram. Nesse sentido, o juiz é uma instituição de uma ordem espontânea. Ele sempre considerará essa ordem em vigor como um atributo de um processo contínuo, em que os indivíduos são capazes de realizar os seus planos com sucesso porque podem formar expectativas acerca das ações dos seus semelhantes que têm boas chances de serem cumpridas.

Para avaliar a importância disso, precisamos nos libertar totalmente da concepção errônea de que primeiro pode haver uma sociedade e que depois ela se dote de leis.[3] Essa concepção errônea é a base para o racionalismo construtivista que, de Descartes e Hobbes, passando por Rousseau e Bentham, até o positivismo jurídico contemporâneo, cegou os estudiosos quanto à verdadeira relação entre direito e governo. É apenas como resultado de indivíduos cumprindo certas normas comuns que um grupo de homens pode conviver naquelas relações ordenadas que chamamos de sociedade. Provavelmente, portanto, estaremos mais próximos da verdade se invertermos a ideia plausível e bastante difundida de que o direito deriva da autoridade e considerarmos, ao contrário, que toda autoridade deriva do direito — não no sentido de que o direito determina a autoridade, mas no de que a autoridade prescreve obediência porque aplica leis (e contanto que aplique) cuja existência se presume ser independente dessa autoridade e baseada em uma opinião difusa sobre o que é certo. Então, nem toda lei pode ser produto da legislação; mas o poder de legislar pressupõe o reconhecimento de algumas normas comuns; e essas normas subjacentes ao poder de legislar podem também limitar esse poder. Nenhum grupo tende a concordar com normas enunciadas a menos que os seus membros já tenham opiniões até certo ponto coincidentes. Assim, essa coincidência de opinião terá que preceder o acordo explícito sobre normas enunciadas de conduta justa, embora não o acordo sobre fins particulares de ação. As pessoas que divergem nos seus valores gerais podem, vez ou outra, concordar em relação à realização de objetivos particulares concretos e colaborar de forma eficaz para isso. Porém, esse acordo relativo a fins particulares nunca será suficiente para formar a ordem duradoura que chamamos de sociedade.

O caráter do direito em evolução se sobressairá com mais clareza se analisarmos a situação de grupos de homens que possuem concepções comuns de justiça, mas não um governo comum. Os grupos mantidos unidos por normas comuns, mas sem uma organização deliberadamente criada para a aplicação dessas normas, sem dúvida sempre existiram. Tal situação pode nunca ter vigorado no que reconheceríamos como um estado territorial, mas decerto existiu com frequência entre grupos como os de mercadores ou de pessoas relacionadas pelas normas de cavalheirismo ou hospitalidade.

Chamarmos de "lei" o tipo de normas que nesses grupos podem ser impostas efetivamente pela opinião e pela exclusão dos infratores é questão de terminologia e, assim, de conveniência.[4] Para os nossos propósitos presentes, estamos interessados em quaisquer normas cumpridas na prática, e não só naquelas aplicadas por uma organização criada para esse fim. A observância factual das normas é a condição para a formação de uma ordem de ações; se elas precisam ser aplicadas ou como são aplicadas é de interesse secundário. Sem dúvida, a observância factual de algumas normas precedeu qualquer aplicação intencional. Portanto, as razões do surgimento das normas não devem ser confundidas com as razões que tornaram necessário aplicá-las. Aqueles que decidiram fazê-lo talvez nunca tenham compreendido plenamente a função das normas. Porém, para a sociedade perdurar, ela terá que desenvolver alguns métodos de ensiná-las eficazmente e muitas vezes também de aplicá-las (embora isso possa ser a mesma coisa). No entanto, a necessidade de aplicação ou não das normas também depende de outras circunstâncias diferentes das consequências da sua não observância. Enquanto estivermos interessados no efeito da observância das normas será irrelevante saber se elas são obedecidas pelos indivíduos porque expressam a única maneira que eles conhecem de alcançar determinados fins, ou se alguma espécie de pressão, ou medo de sanções, os impede de agir de forma diferente. A mera sensação de que alguma ação seria tão afrontosa que os companheiros não a tolerariam é, nesse contexto, tão significativa quanto a aplicação das normas pelo procedimento regular que encontramos nos sistemas jurídicos avançados. Neste momento, o importante para nós é que sempre será no esforço de assegurar e aperfeiçoar um sistema de normas já observadas que se desenvolve o que conhecemos como aparato jurídico.

Essa lei pode ser gradualmente enunciada pelos esforços de árbitros ou pessoas semelhantes chamadas para solucionar litígios, mas que não têm poder de controle sobre as ações a respeito das quais devem julgar. As questões que terão de decidir não serão se as partes obedeceram à vontade de alguém, mas se as suas ações se conformaram às expectativas que as outras partes formaram com sensatez porque correspondiam às práticas nas quais se baseava a conduta cotidiana dos membros do grupo. Nesse caso, a importância dos costumes é que eles dão origem a expectativas que orientam as ações das pessoas e, assim, o que se considerará obrigatório serão aquelas práticas com cujo cumprimento todos contam e que por isso se tornaram a condição para o sucesso da maioria das atividades.[5] A satisfação das expectativas que esses costumes garantem não será nem parecerá o resultado de nenhuma vontade humana, tampouco dependente dos desejos de alguém ou das identidades específicas dos envolvidos. Se surgir a necessidade de recorrer a um juiz imparcial será porque se espera que ele decida o caso como um de um tipo capaz de ocorrer em qualquer lugar e a qualquer momento e, portanto, de uma maneira que satisfaça as expectativas de qualquer indivíduo situado em uma posição semelhante entre pessoas que ele não conheça pessoalmente.

## Como a função do juiz difere da do chefe de uma organização?

Mesmo quando o juiz tem que descobrir normas que nunca foram formuladas e talvez nunca tenham sido postas em prática antes, a sua função será, portanto, inteiramente diferente da do líder de uma organização, o qual tem que decidir que ação deve ser realizada para a obtenção de determinados resultados. Provavelmente nunca teria ocorrido a alguém acostumado a organizar homens por causa de ações específicas dar às suas decisões a forma de normas aplicáveis igualmente a todos os membros do grupo, independentemente das tarefas atribuídas, se ele já não tivesse tido antes o exemplo do juiz. Desse modo, parece improvável que qualquer autoridade com poder de mando jamais tivesse desenvolvido o direito no sentido em que os juízes o desenvolveram, ou seja, como normas aplicáveis a qualquer um que se encontra em uma posição definível em termos abstratos. O fato de que a intenção humana se preocupa com a formulação de normas para um número desconhecido de ocorrências futuras pressupõe um feito de abstração consciente do qual os povos primitivos **quase nunca são capazes**. As normas abstratas independentes de qualquer **resultado específico** visado foram algo que teve que ser encontrado para prevalecer, e não algo que a mente fosse capaz de criar intencionalmente. Se hoje estamos tão familiarizados com o conceito de lei no sentido de normas abstratas a ponto de nos parecer óbvio também sermos capazes de fazê-la intencionalmente, isso resulta dos esforços

DIREITO, LEGISLAÇÃO E LIBERDADE

de inúmeras gerações de juízes para expressar em palavras o que as pessoas aprenderam a observar na prática. Em seus esforços, eles tiveram que criar a própria linguagem capaz de expressar essas normas.

Assim, a atitude característica do juiz origina-se da circunstância de que ele não está preocupado com o que qualquer autoridade queira que se faça em um determinado caso, mas com aquilo para cuja espera os indivíduos têm razões "legítimas", onde "legítimas" se refere ao tipo de expectativas em que se costumam basear as suas ações naquela sociedade. O objetivo das normas deve ser facilitar essa correspondência ou coincidência das expectativas, das quais os planos dos indivíduos dependem para o seu sucesso.

Em geral, um governante, ao enviar um juiz para preservar a paz, não o fará com o propósito de preservar uma ordem que ele criou, ou para verificar se as suas decisões foram cumpridas, mas para restaurar uma ordem cujo caráter ele talvez nem conheça. Ao contrário de um supervisor ou inspetor, um juiz não tem que verificar se decisões foram cumpridas ou se todos executaram as tarefas atribuídas. Embora possa ser designado por uma autoridade superior, o dever do juiz não será impor a vontade dessa autoridade, mas sim solucionar litígios que possam perturbar uma ordem existente; ele estará preocupado com eventos particulares que a autoridade desconhece e com as ações dos homens que, por sua vez, não tinham conhecimento de nenhuma prescrição específica da autoridade quanto ao que deveriam fazer.

Assim, "em seus primórdios, o direito (no sentido do advogado) tinha por finalidade, e por única finalidade, manter a paz".[6] As normas que o juiz faz cumprir são do interesse do governante que o enviou apenas na medida em que preservem a paz e assegurem que o fluxo de atividades do povo continue sem perturbações. Não têm nada a ver com o que os indivíduos foram instruídos a fazer por alguém, mas simplesmente com a privação de certos tipos de ação que ninguém pode realizar. Referem-se a certos pressupostos de uma ordem em curso que ninguém fez, mas que, no entanto, parece existir.

## O objetivo da jurisdição é a manutenção de uma ordem de ações em progresso

A alegação de que as normas que o juiz descobre e aplica servem à manutenção de uma ordem vigente de ações implica que é possível distinguir entre essas normas e a ordem resultante. Essa distinção resulta do fato de que

122

somente algumas normas de conduta individual produzirão uma ordem geral, ao passo que outras tornariam tal ordem impossível. Para que as ações distintas dos indivíduos resultem numa ordem geral é necessário não só que elas não interfiram desnecessariamente entre si, mas também que, naqueles aspectos em que o sucesso da ação dos indivíduos depende de alguma ação correspondente dos outros, haja pelo menos uma grande probabilidade de realmente ocorrer essa correspondência. Porém, tudo o que as normas podem fazer a esse respeito é tornar mais fácil para as pessoas a descoberta e a formação dessa correspondência; as normas abstratas não podem assegurar efetivamente que isso sempre aconteça.

A tendência é que essas normas se desenvolvam porque os grupos que por acaso adotaram normas propícias a uma ordem de ações mais eficaz tenderão a prevalecer sobre outros grupos com uma ordem menos eficaz.[7] As normas que se propagarão serão as que regem as práticas ou os costumes existentes em grupos diferentes, o que tornará alguns grupos mais fortes que outros. E certas normas predominarão por orientarem com maior sucesso as expectativas em relação a outras pessoas que agem de forma independente. De fato, a superioridade de certas normas ficará evidente em grande medida no fato de que elas criarão uma ordem eficaz não só no âmbito de um grupo fechado, mas também entre pessoas que se encontram acidentalmente e não se conhecem pessoalmente. Assim, ao contrário de prescrições, elas criarão uma ordem mesmo entre pessoas que não buscam um objetivo comum. A observância das normas por todos será importante para cada um porque a realização dos objetivos de cada um depende disso, ainda que os respectivos objetivos de diferentes pessoas possam ser completamente diferentes.

Desde que os indivíduos ajam de acordo com as normas, não é necessário que tenham consciência delas. Basta que *saibam como* agir em conformidade com as normas, sem *saber que* as normas são essas ou aquelas em termos enunciados. No entanto, o seu "saber como" oferecerá orientação segura apenas em situações que ocorrem com frequência, ao passo que em situações mais incomuns estará ausente essa certeza intuitiva sobre quais expectativas são legítimas. Nessas últimas situações, haverá a necessidade de recorrer aos homens que se presume que saibam mais acerca das normas consagradas para que a paz seja preservada, e os conflitos, evitados. Essa pessoa chamada a julgar considerará muitas vezes necessário enunciar as normas — e, assim, torná-las mais precisas — sobre as quais existem diferenças

DIREITO, LEGISLAÇÃO E LIBERDADE

de opinião e, às vezes, até fornecer novas normas onde não existem normas geralmente reconhecidas.

O objetivo dessa verbalização das normas será, em primeiro lugar, obter a anuência para a sua aplicação em determinado caso. Nisso, muitas vezes será impossível distinguir entre a mera enunciação das normas que até então existiam apenas como práticas e a formulação de outras que nunca tinham sido postas em prática, mas que, uma vez formuladas, serão aceitas como razoáveis pela maioria. Porém, em nenhum dos casos o juiz terá liberdade para proferir qualquer norma que quiser. As normas que ele profere terão que preencher uma lacuna no conjunto de normas já reconhecido, de maneira que sirva à manutenção e ao aprimoramento da ordem de ações que as normas já existentes possibilitam.[8]

Para a compreensão do processo pelo qual esse sistema de normas é desenvolvido por meio da jurisdição será mais instrutivo se considerarmos as situações em que um juiz não tem apenas que aplicar e enunciar práticas já firmemente consagradas, mas em que existe dúvida genuína acerca do que é exigido pelo costume consagrado e, em que, por conseguinte, os litigantes podem divergir em boa-fé. Nesses casos em que existe uma lacuna real nas leis reconhecidas, uma nova norma tenderá a se estabelecer somente se alguém for encarregado de descobrir uma que, depois de enunciada, seja admitida como apropriada.

Assim, embora as normas de conduta justa, do mesmo modo que a ordem de ações que elas tornam possível, sejam em primeiro lugar produto de evolução espontânea, o seu aperfeiçoamento gradual exigirá esforços deliberados dos juízes (ou de outros doutos em direito), que aperfeiçoarão o sistema existente pela formulação de novas normas. De fato, o direito como o conhecemos nunca poderia ter se desenvolvido plenamente sem essas iniciativas dos juízes ou mesmo sem a intervenção ocasional de um legislador para livrá-lo dos impasses aos quais a evolução gradual pode levá-lo ou para lidar com problemas inteiramente novos. No entanto, continua a ser verdade que o sistema de normas como um todo não deve a sua estrutura ao desígnio de juízes ou legisladores. Ele é o resultado de um processo de evolução ao longo do qual o desenvolvimento espontâneo dos costumes e os aprimoramentos intencionais dos elementos de um sistema existente interagiram constantemente. Cada um desses dois fatores teve que atuar, nas condições propiciadas pelo outro, para auxiliar na formação de uma ordem factual de ações, cujo conteúdo específico sempre dependerá de outras circunstâncias além das normas jurídicas. Nenhum sistema jurídico foi concebido como um todo, e mesmo as diversas tentativas de codificação se limitaram a sistematizar uma jurisprudência existente e, ao fazê-lo, suplementá-la ou eliminar inconsistências.

Assim, amiúde, o juiz terá que resolver um quebra-cabeça para o qual, na verdade, pode haver mais de uma solução, mas, na maioria dos casos, já será bastante difícil encontrar uma única solução que se ajuste a todas as condições a satisfazer. O trabalho do juiz será, portanto, intelectual, e não um trabalho em que as suas emoções ou preferências pessoais, a sua compaixão por um dos litigantes ou a sua opinião sobre a importância de determinado objetivo, possam influenciar a sua decisão. Será conferido a ele um objetivo preciso, embora não um fim concreto particular, especificamente o objetivo de aprimorar uma dada ordem de ações, estabelecendo uma norma que impeça a reincidência dos conflitos ocorridos. Ao se empenhar para realizar esse trabalho, ele sempre terá que se mover em um determinado universo de normas que deve aceitar e terá que encaixar nesse universo uma peça exigida pelo objetivo que serve ao sistema como um todo.

## "Ações relativas a outras pessoas" e a proteção das expectativas

Visto que um litígio precisa ter surgido para um processo chegar perante um juiz, e visto que os juízes normalmente não estão preocupados com relações de mando e obediência, apenas as ações de indivíduos que afetam outras pessoas ou, como são tradicionalmente definidas, ações relativas a outras pessoas (*operationes quae sunt ad alterum*)[9] darão origem à formulação de normas jurídicas. Logo em seguida, examinaremos a difícil questão de como essas "ações relativas a outras pessoas" devem ser definidas. No momento, queremos simplesmente salientar que ações que não são desse tipo, como aquilo que alguém faz sozinho entre quatro paredes ou mesmo a colaboração voluntária de diversos indivíduos de uma maneira que não afete nem prejudique os outros, nunca podem se tornar objeto de normas de conduta que digam respeito a um juiz. Isso é importante porque responde a um problema que costuma afligir estudiosos, especificamente que mesmo normas perfeitamente gerais e abstratas ainda podem envolver restrições sérias e desnecessárias à liberdade individual.[10] De fato, normas gerais como as que

DIREITO, LEGISLAÇÃO E LIBERDADE

exigem submissão religiosa podem ser consideradas a mais grave violação da liberdade pessoal. No entanto, o fato é simplesmente que essas normas não são normas que limitam a conduta em relação aos outros ou, como definiremos, normas que delimitam o domínio protegido dos indivíduos. Pelo menos onde não se acredita que todo o grupo possa ser punido por um poder sobrenatural por causa dos pecados dos indivíduos, não podem surgir tais normas a partir da limitação da conduta em relação aos outros e, portanto, da resolução de litígios.[11]

Mas o que são "ações relativas a outras pessoas" e até que ponto o conflito entre elas pode ser evitado por normas de conduta? É evidente que as leis não podem proibir todas as ações que possam prejudicar os outros, não só porque ninguém consegue prever todas as consequências de qualquer ação, mas também porque a maioria das mudanças de planos sugeridas a alguns por novas circunstâncias tenderão a ser em desvantagem para outros. A proteção contra a frustração das expectativas que o direito pode dar em uma sociedade em constante mudança sempre será apenas a proteção de algumas expectativas, mas não de todas. E algum dano conscientemente causado a outros é até necessário para a preservação de uma ordem espontânea: o direito não proíbe a criação de uma nova empresa, mesmo que isso seja feito na expectativa de que leve ao fracasso de outra. Assim, a função das normas de conduta justa só pode ser a de informar as pessoas a respeito de que expectativas podem ou não ter.

Claro que o desenvolvimento dessas normas envolverá uma interação contínua entre as normas jurídicas e as expectativas: enquanto novas normas serão estabelecidas para proteger expectativas já existentes, toda nova norma também tenderá a criar novas expectativas.[12] Como algumas das expectativas habituais sempre entrarão em conflito entre si, o juiz terá que decidir constantemente qual deve ser tratada como legítima e, ao fazê-lo, propiciará a base para novas expectativas. Até certo ponto, este sempre será um processo experimental, já que o juiz (e o mesmo se aplica ao legislador) nunca será capaz de prever todas as consequências da norma que estabelece, e muitas vezes fracassará em seu esforço para reduzir as fontes de conflitos quanto às expectativas. Qualquer nova norma destinada a solucionar um conflito pode vir a dar origem a novos conflitos em outro ponto, porque o estabelecimento de uma nova norma sempre age sobre uma ordem de ações que o direito por si mesmo não determina completamente. No entanto, é apenas por meio dos seus impactos nessa ordem de ações, impactos que

126

CAPÍTULO 5 • NOMOS: O DIREITO À LIBERDADE

serão descobertos só por tentativa e erro, que a adequação ou inadequação das normas pode ser avaliada.

## Em uma ordem dinâmica de ações, apenas algumas expectativas podem ser protegidas

No transcurso desse processo, será descoberto não só que nem todas as expectativas podem ser protegidas por normas gerais, mas até mesmo que a probabilidade de o maior número possível de expectativas serem satisfeitas aumentará ao máximo se algumas delas forem sistematicamente frustradas. Isso significa também que não é possível nem desejável impedir todas as ações que podem prejudicar os outros, mas apenas certos tipos de ação. É considerado totalmente legítimo trocar o círculo de clientes, frustrando assim as expectativas daqueles com quem se costumava fazer negócios. O direito só visa impedir a frustração das expectativas que considera legítimas, e não, portanto, qualquer prejuízo causado a outra pessoa. Só dessa maneira o "não prejudicar os outros" pode se tornar uma norma com conteúdo significativo para um grupo de pessoas que podem buscar os seus objetivos com base em seu próprio conhecimento. O que pode ser garantido a cada indivíduo não é a não interferência de outro alguém na busca dos seus objetivos, mas somente que ele não sofrerá interferências no uso de certos meios.

Em um ambiente externo em constante mudança, no qual, em consequência, alguns indivíduos estarão sempre descobrindo fatos novos, e no qual queremos que eles façam uso desse novo conhecimento, é obviamente impossível proteger todas as expectativas. A certeza, em vez de aumentar, diminuiria se os indivíduos fossem impedidos de ajustar os seus planos de ação a novos fatos sempre que estes se tornassem conhecidos por eles. Na verdade, muitas das nossas expectativas só podem ser satisfeitas porque os outros alteram constantemente os seus planos em função do novo conhecimento. Se todas as nossas expectativas relativas às ações de outras pessoas em particular fossem protegidas, todos os ajustes graças aos quais, em circunstâncias em constante mudança, alguém pudesse conseguir nos dar o que esperávamos seriam impedidos. Portanto, quais expectativas devem ser protegidas dependerá de como podemos maximizar a satisfação das expectativas como um todo.

Com certeza, essa maximização não seria obtida exigindo-se que os indivíduos continuassem fazendo o que faziam antes. Num mundo em que

DIREITO, LEGISLAÇÃO E LIBERDADE

alguns fatos são inevitavelmente contingentes, só podemos alcançar algum grau de estabilidade e, portanto, de previsibilidade do resultado geral das atividades de todos se cada um puder se adaptar ao que toma conhecimento de uma maneira que deve ser imprevisível para os outros. Será por meio dessa mudança constante nas particularidades que uma ordem geral abstrata será mantida, na qual seremos capazes, a partir do que percebemos, de fazer inferências razoavelmente confiáveis quanto ao que esperar.

Por um momento, temos simplesmente que considerar o que resultaria se cada indivíduo fosse obrigado a continuar a fazer o que os outros se habituaram a esperar dele para vermos que isso levaria rapidamente ao colapso da ordem geral. Se os indivíduos procurassem obedecer a tais instruções, alguns descobririam de imediato ser fisicamente impossível fazê-lo porque algumas circunstâncias tinham mudado. Contudo, as consequências do seu fracasso em satisfazer as expectativas, por sua vez, colocariam outros em posição semelhante, e esses efeitos se estenderiam a um círculo de pessoas cada vez maior. (Essa, aliás, é uma das razões pelas quais um sistema totalmente planejado tende a entrar em colapso.) Manter o fluxo geral de resultados num sistema complexo de produção requer grande elasticidade das ações dos elementos desse sistema, e só mediante alterações imprevisíveis dos elementos é que um grau elevado de previsibilidade dos resultados gerais poderá ser alcançado.

Mais adiante (no Volume II, capítulo 10), examinaremos com mais atenção o aparente paradoxo de que no mercado é através da frustração sistemática de algumas expectativas que, em geral, as expectativas são satisfeitas com tanta eficácia. É esta a maneira pela qual atua o princípio do *"feedback negativo"*. No momento, basta acrescentar, para evitar um possível mal-entendido, que se a ordem geral apresenta maior regularidade que os fatos individuais isso não tem nada a ver com aquelas probabilidades que podem resultar do movimento aleatório dos elementos tratados pela estatística, pois as ações individuais são o produto de um ajustamento mútuo sistemático.

O nosso interesse imediato é salientar que essa ordem de ações baseada em determinadas expectativas terá, até certo ponto, sempre existido como um fato antes que as pessoas procurassem assegurar a satisfação das suas expectativas. Em primeiro lugar, a ordem de ações existente será simplesmente um fato com o qual os homens contam, e só se tornará um valor que eles estão ansiosos para preservar à medida que descobrem o quanto dependem dela para a busca bem-sucedida dos seus objetivos. Preferimos chamá-la de valor, e não de fim, porque será uma condição que todos desejarão preservar,

128

ainda que ninguém tenha pretendido produzi-la deliberadamente. Na verdade, embora todos tenham consciência de que as suas oportunidades dependem da preservação de uma ordem, provavelmente ninguém seria capaz de definir o caráter dessa ordem. Isso será assim porque a ordem não pode ser definida em termos de quaisquer fatos particulares observáveis, mas apenas em termos de um sistema de relações abstratas que será preservado mediante alterações dos elementos. Como já dissemos, não será algo visível ou perceptível, mas algo que só pode ser reconstruído mentalmente.

No entanto, embora a ordem possa parecer que consiste simplesmente na obediência a normas, e não haja dúvida de que a obediência é necessária para assegurá-la, também vimos que nem todas as normas assegurarão a ordem. Dependerá antes do conteúdo específico das normas consagradas se elas levarão ou não à formação de uma ordem geral em determinado conjunto de circunstâncias. A obediência a normas inadequadas pode muito bem tornar-se causa de desordem, e existem algumas normas concebíveis de conduta individual que sem dúvida impossibilitariam a integração de ações individuais numa ordem geral.

Os "valores" a que servem as normas de conduta justa não serão, portanto, características concretas, mas sim abstratas de uma ordem factual que os homens desejarão aprimorar porque descobriram que são condições para a busca eficaz de uma multiplicidade de propósitos diferentes, divergentes e imprevisíveis. As normas visam assegurar certas características abstratas da ordem geral da nossa sociedade que gostaríamos que ela possuísse em um grau mais elevado. Procuramos fazer com que essa ordem prevaleça pelo aperfeiçoamento das normas que primeiro descobrimos subjacentes às ações correntes. Em outras palavras, essas normas são inicialmente a característica de uma situação factual que ninguém criou deliberadamente e que, portanto, não tinha propósito, mas que podemos tentar aperfeiçoar depois que começamos a compreender a sua importância para a realização bem-sucedida de todas as nossas ações.

Embora seja naturalmente verdade que as normas não podem ser inferidas das premissas que contêm apenas fatos, isso não significa que a aceitação de algumas normas que visam determinados resultados não possa, em certas circunstâncias factuais, obrigar-nos a aceitar outras normas, simplesmente porque, nessas circunstâncias, as normas aceitas servirão aos fins que são a sua justificação somente se algumas outras normas também forem obedecidas. Assim, se aceitamos determinado sistema de normas sem questioná-lo e descobrimos que numa certa situação factual ele não alcança o resultado pretendido sem algumas normas complementares, essas normas serão exigidas por aquelas já estabelecidas, embora não sejam logicamente acarretadas por elas. E como a existência dessas outras normas é em geral pressuposta tacitamente, pelo menos não é inteiramente falso, embora não seja completamente correto, afirmar que o surgimento de alguns fatos novos pode tornar necessárias determinadas normas novas.

Uma consequência importante dessa relação entre o sistema de normas de conduta e a ordem factual das ações é que nunca pode haver uma ciência jurídica que seja puramente uma ciência de normas e não leve em conta a ordem factual a que visa. Se uma nova norma se encaixa num sistema de normas já existente, não será um problema apenas de lógica, mas será, em geral, um problema de saber se, nas circunstâncias factuais existentes, a nova norma levará a uma ordem de ações compatíveis. Isso decorre do fato de que as normas abstratas de conduta determinam ações específicas apenas em conjunto com circunstâncias específicas. A prova para saber se uma nova norma se encaixa no sistema existente pode, portanto, ser uma prova factual; e uma nova norma que sob o ponto de vista lógico pode parecer inteiramente em consonância com aquelas normas já reconhecidas pode ainda se revelar em conflito com elas se, em algum conjunto de circunstâncias, possibilita ações que conflitem com outras permitidas pelas normas existentes. É por isso que a abordagem cartesiana ou "geométrica" do direito como pura "ciência das normas", em que todas as normas jurídicas são deduzidas de premissas explícitas, é tão enganosa. Veremos que ela fracassa mesmo em seu objetivo imediato de tornar as decisões judiciais mais previsíveis. As normas não podem ser julgadas segundo a sua adaptação com outras normas isoladamente dos fatos, porque depende dos fatos se as ações que elas permitem são mutuamente compatíveis.

Esta é a ideia básica que, ao longo da história da jurisprudência, apareceu constantemente sob a forma de uma referência à "natureza das coisas" (a *natura rerum* ou *Natur der Sache*),[13] que encontramos na afirmação frequentemente citada de O. W. Holmes, de que "a essência do direito não tem sido a lógica, mas a experiência",[14] ou em diversas expressões tais como "as exigências da vida social",[15] a "compatibilidade"[16] ou a "reconciliabilidade"[17] das ações a que o direito se refere.

## A coincidência máxima das expectativas é obtida pela delimitação dos domínios protegidos

É tão difícil perceber que as normas de conduta ajudam a aumentar o grau de certeza das expectativas sobretudo porque elas fazem isso não pela determinação de uma situação específica e concreta, mas pela determinação apenas de uma ordem abstrata, que permite aos seus membros, inferir das particularidades conhecidas por eles, expectativas que têm uma grande probabilidade de serem corretas. Isso é tudo o que se pode alcançar num mundo em que alguns fatos mudam de maneira imprevisível e em que a ordem é obtida pelos indivíduos que se adaptam a novos fatos sempre que tomam conhecimento deles. O que pode permanecer constante nessa ordem geral que se adapta continuamente às mudanças externas, e proporciona a base das previsões, só pode ser um sistema de relações abstratas, e não os seus elementos específicos. Isso significa que toda mudança frustra necessariamente algumas expectativas, mas que essa mesma mudança que frustra algumas expectativas cria uma situação em que mais uma vez a probabilidade de se formarem expectativas corretas é tão grande quanto possível.

Claro que só é possível se obter tal condição protegendo-se algumas e não todas as expectativas, e o problema principal é saber quais delas devem ser asseguradas a fim de se maximizar a possibilidade de que em geral sejam satisfeitas. Isso implica uma distinção entre as expectativas "legítimas" que o direito deve proteger e outras que ele deve permitir que sejam frustradas. E o único método descoberto até hoje para definir uma gama de expectativas que serão assim protegidas, e com isso reduzindo a interferência mútua das ações das pessoas com as intenções recíprocas, envolve demarcar para cada indivíduo uma gama de ações permitidas designando (ou melhor, tornando reconhecíveis pela aplicação de normas aos fatos concretos) gamas de objetos de que só determinados indivíduos podem dispor e de cujo controle todos os demais são excluídos. A gama de ações em que cada indivíduo estará protegido contra a interferência de outros só pode ser determinada por normas aplicáveis igualmente a todos se essas normas permitirem estabelecer quais objetos específicos cada indivíduo pode prescrever para os seus propósitos. Em outras palavras, são necessárias normas que permitam determinar a cada momento os limites do domínio protegido de cada um e, assim, distinguir entre o *meum* e o *tuum*.

DIREITO, LEGISLAÇÃO E LIBERDADE

O discernimento de que "boas cercas fazem bons vizinhos"[18] — ou seja, de que os homens poderão usar o próprio conhecimento na busca dos seus próprios fins sem colidirem entre si apenas se limites claros puderem ser traçados entre os seus respectivos domínios de livre ação — é a base sobre a qual toda a civilização conhecida se desenvolveu. A propriedade, no sentido amplo em que o termo é usado para abarcar não só coisas materiais, mas (como John Locke a definiu) a "vida, a liberdade e os bens" de todo e qualquer indivíduo, é a única solução já descoberta pelos homens para o problema de conciliar a liberdade individual com a ausência de conflito. Direito, liberdade e propriedade são uma trindade inseparável. Não pode haver direito, no sentido de normas universais de conduta, que não determine limites dos domínios de liberdade, estabelecendo normas que possibilitem a cada um determinar onde é livre para agir.

Durante muito tempo, isso foi considerado evidente por si mesmo, sem necessidade de nenhuma prova. Foi, como mostra a epígrafe deste capítulo, compreendido tão claramente pelos gregos antigos como pelos fundadores do pensamento político liberal, de Milton[19] e Hobbes[20] até Montesquieu[21] e Bentham[22], e reafirmado mais recentemente por H. S. Maine[23] e Lord Acton.[24] Apenas em uma época relativamente recente foi contestado pela abordagem construtivista do socialismo sob a influência da ideia errônea de que a propriedade havia sido "inventada" num estágio tardio e que antes disso existira um estágio anterior de comunismo primitivo. Esse mito foi completamente refutado pela investigação antropológica.[25] Agora não resta dúvida de que o reconhecimento da propriedade precedeu o surgimento até mesmo das culturas mais primitivas, e de que, sem dúvida, tudo aquilo que chamamos de civilização evoluiu com base naquela ordem espontânea de ações possibilitada pela delimitação dos domínios protegidos de indivíduos ou grupos. Embora o pensamento socialista do nosso tempo tenha conseguido colocar essa ideia sob a suspeita de ser ideologicamente inspirada, consiste em uma verdade científica tão comprovada quanto qualquer outra que obtivemos nesse campo.

Antes de prosseguirmos, devemos nos precaver contra um mal-entendido comum acerca das relações entre as normas jurídicas e a propriedade individual. A fórmula clássica de que o objetivo das normas de conduta justa é atribuir a cada um o que lhe é devido (*suum cuique tribuere*) costuma ser interpretada no sentido de que o direito por si mesmo atribui a cada indivíduo determinadas coisas. Claro que não faz nada disso. O direito simplesmente fornece normas pelas quais é possível apurar, a partir de fatos

132

CAPÍTULO 5 • NOMOS: O DIREITO À LIBERDADE

específicos, a quem pertencem determinadas coisas. A preocupação do direito não é saber quem deverão ser as pessoas a quem pertencem coisas específicas, mas simplesmente tornar possível averiguar os limites que foram fixados pelas ações dos indivíduos dentro dos limites traçados por essas normas, embora definidas, em seus conteúdos particulares, por muitas outras circunstâncias. Tampouco a fórmula clássica deve ser interpretada, como às vezes ocorre, como se referindo à chamada "justiça distributiva", ou como visando a uma condição ou distribuição de coisas que, para além da questão de como foi viabilizada, pode ser definida como justa ou injusta. O objetivo das normas jurídicas é simplesmente impedir tanto quanto possível, traçando limites, que as ações de diferentes indivíduos interfiram entre si; as normas jurídicas sozinhas não podem determinar qual será o resultado para diferentes indivíduos e, portanto, tampouco podem se preocupar com isso.

Só ao definir assim a esfera protegida de cada um é que o direito determina quais são as "ações relativas a outras pessoas" que ele regula, e que a sua proibição geral de ações "prejudiciais aos outros" adquire um significado determinável. A certeza máxima de expectativas que podem ser alcançadas numa sociedade em que os indivíduos têm a capacidade de usar o seu conhecimento de circunstâncias em constante mudança em relação aos seus propósitos igualmente em mudança é assegurada pelas normas que informam a cada um quais dessas circunstâncias não devem ser alteradas por outros e quais ele próprio não deve alterar.

Precisamente onde esses limites são mais eficazmente traçados é uma questão muito difícil, para a qual sem dúvida ainda não encontramos todas as respostas finais. A ideia de propriedade decerto não caiu pronta do céu. Tampouco já conseguimos delimitar em toda parte o domínio individual de modo a compelir o proprietário a levar em conta em suas decisões todas as consequências (e apenas essas consequências) que poderíamos desejar. Em nossos esforços para aperfeiçoar os princípios da demarcação, só podemos nos basear em um sistema consagrado de normas que serve como fundamento à ordem existente mantida pela instituição da propriedade. Como a fixação dos limites atende a uma função que estamos começando a entender, é importante perguntar se, em determinados casos, o limite foi traçado corretamente ou se, em virtude das condições alteradas, uma norma consagrada ainda é adequada. No entanto, onde o limite deve ser traçado em geral não é uma decisão que pode ser tomada arbitrariamente. Se novos problemas surgirem por causa de mudanças nas circunstâncias, criando, por exemplo,

133

DIREITO, LEGISLAÇÃO E LIBERDADE

problemas de demarcação — quando, no passado, a questão de quem tinha um determinado direito era irrelevante e, por conseguinte, o direito não era reivindicado nem atribuído —, a tarefa será encontrar uma solução que atende ao mesmo objetivo geral a que atendem as normas já consagradas. O fundamento lógico do sistema existente pode, por exemplo, exigir claramente que a energia elétrica seja incluída no conceito de propriedade, ainda que as normas consagradas possam restringi-lo a objetos tangíveis. Às vezes, como no caso das ondas eletromagnéticas, nenhuma espécie de limite espacial fornecerá uma solução funcional, e talvez seja preciso encontrar concepções totalmente novas de como alocar o controle sobre coisas desse gênero. Apenas quando, como no caso de objetos móveis (os "bens móveis" do direito), era próximo da realidade que as consequências do que o proprietário fazia com a sua propriedade afetavam em geral apenas a ele e a mais ninguém, a posse poderia incluir o direito de usar e abusar à vontade do objeto. No entanto, só quando tanto o benefício quanto o dano causados pelo uso particular se limitavam ao domínio em que o proprietário estava interessado, a ideia de controle exclusivo fornecia uma resposta adequada ao problema. A situação se mostra bastante diferente assim que passamos dos bens móveis para os bens imóveis, em que o "efeito vizinhança" e outros efeitos semelhantes tornam muito mais difícil traçar "limites" apropriados.

Num contexto mais adiante, vamos ter que examinar algumas outras consequências resultantes dessas considerações, tais como a de que as normas de conduta justa são essencialmente negativas na medida em que visam apenas evitar a injustiça, e que são desenvolvidas pela aplicação consistente da jurisprudência herdada de prova de compatibilidade igualmente negativa; e a de que, pela aplicação persistente dessa prova, podemos esperar nos aproximar da justiça sem nunca realizá-la definitivamente. Então, teremos que retornar a esse conjunto de questões não do ponto de vista das propriedades que as leis feitas por juízes possuem necessariamente, mas do ponto de vista das propriedades que o direito à liberdade deve possuir e que, portanto, deveriam ser observadas no processo de legislação intencional.

Devemos também deixar para um capítulo posterior a demonstração de que a chamada maximização do agregado disponível de bens e serviços é um subproduto acidental, mas bastante desejável, daquela correspondência de expectativas cuja facilitação é tudo a que o direito pode aspirar. Veremos, desse modo, que só ao visar uma condição em que uma correspondência mútua de expectativas tende a ocorrer pode o direito ajudar a gerar aquela

CAPÍTULO 5 • *NOMOS: O DIREITO À LIBERDADE*

ordem baseada em uma divisão de trabalho ampla e espontânea à qual devemos a nossa riqueza material.

## O problema geral dos efeitos dos valores sobre os fatos

Temos enfatizado reiteradamente que a importância das normas de conduta justa se deve à verdade de que a observância desses valores leva à formação de certas estruturas factuais complexas e que, nesse sentido, fatos importantes dependem da predominância dos valores que não são mantidos por causa da consciência dessas consequências factuais. Como essa relação raramente é levada em conta, algumas observações adicionais acerca da sua importância serão necessárias.

É comum que se esqueça de que os fatos resultantes da manutenção de certos valores não são aqueles aos quais os valores que orientam as ações de diversos indivíduos estão ligados, mas um padrão constituído por ações de muitos indivíduos, um padrão do qual os indivíduos que agem talvez nem tenham consciência e que certamente não era o objetivo das suas ações. Contudo, a preservação dessa ordem ou padrão emergente a que ninguém visou, mas cuja existência virá a ser reconhecida como a condição para a busca bem-sucedida de diversos outros objetivos, será também, por sua vez, considerada um valor. Essa ordem será definida não pelas normas que governam a conduta individual, mas pela correspondência de expectativas que a observância das normas produzirá. Porém, se tal situação factual vier a ser considerada um valor, isso significará que esse valor só poderá ser alcançado se as pessoas forem orientadas em suas ações por outros valores (as normas de conduta), que para elas, por não terem consciência das suas funções, deverão se afigurar como valores últimos. Assim, a ordem resultante é um valor que é o produto não intencional e desconhecido da observância de outros valores.

Uma consequência disso é que diferentes valores correntes podem, em alguns casos, conflitar entre si ou que um valor aceito pode requerer a aceitação de outro valor, não por causa de alguma relação lógica entre eles, mas por meio de fatos que não são o seu objeto, e sim consequências involuntárias de serem observados na prática. Desse modo, em muitas situações encontraremos diversos valores diferentes que se tornam interdependentes pelas condições factuais que geram, embora as pessoas em ação possam não ter consciência dessa interdependência no sentido de que só podemos obter um valor se observarmos o outro. Assim, o que consideramos civilização pode depender da condição factual de que os diversos planos de ação dos diferentes indivíduos se ajustem uns aos outros de tal modo que possam ser executados na maioria dos casos. E essa condição, por seu lado, só será alcançada se os indivíduos aceitarem a propriedade privada como um valor. Provavelmente, conexões desse tipo não serão compreendidas enquanto não tivermos aprendido a distinguir com clareza entre as regularidades da conduta individual definidas por normas e a ordem geral resultante da observância de certos tipos de normas.

Nesse caso, a compreensão do papel desempenhado pelos valores costuma ser impedida pela substituição de "valores" por termos factuais como "hábitos" ou "práticas". No entanto, não é possível, no relato da formação de uma ordem geral, substituir de forma adequada as concepções de valores que orientam a ação individual por uma exposição das regularidades observadas no comportamento dos indivíduos, porque, na verdade, não somos capazes de reduzir exaustivamente os valores que orientam a ação a uma lista de ações observáveis. A conduta orientada por um valor é reconhecível por nós apenas porque estamos familiarizados com esse valor. "O hábito de respeitar a propriedade alheia", por exemplo, só pode ser respeitado se conhecermos as normas referentes à propriedade, e, ainda que possamos reconstituí-las a partir do comportamento observado, essa reconstituição sempre conterá mais do que a descrição de um determinado comportamento.

A relação complexa entre valores e fatos cria certas dificuldades conhecidas pelo cientista social que estuda estruturas sociais complexas, estruturas que só existem porque os indivíduos que as compõem mantêm certos valores. Na medida em que ele admite como certa a estrutura geral estudada, também pressupõe implicitamente que os valores em que esta se baseia continuarão a ser mantidos. Isso pode não ter importância quando ele estuda uma sociedade diferente da sua própria, como é o caso do antropólogo social que não deseja influenciar os membros da sociedade que estuda nem espera que eles levem em conta o que ele diz. Porém, a situação é diferente em relação ao cientista social solicitado a aconselhar sobre como alcançar determinados objetivos numa dada sociedade. Em qualquer sugestão para a modificação ou o aperfeiçoamento de tal ordem, ele terá que aceitar os valores indispensáveis à sua existência, pois seria evidentemente incompatível tentar aperfeiçoar algum aspecto específico da ordem e, ao mesmo tempo, propor meios que destruiriam os valores em que se baseia toda a ordem. Ele terá

CAPÍTULO 5 • NOMOS: O DIREITO À LIBERDADE

que argumentar com base em premissas que contêm valores, e não haverá falha lógica se, ao argumentar a partir de tais premissas, chegar a conclusões que também contenham valores.

## O "propósito" do direito

A visão de que o direito atende à formação de uma ordem espontânea de ações, ou é a sua condição necessária, embora vagamente presente em grande parte da filosofia do direito, é, assim, uma concepção que foi difícil formular com rigor sem a explicação dessa ordem fornecida pela teoria social, em particular pela Economia. A ideia de que o direito "visava" a algum tipo de circunstância factual ou de que alguma exposição de fatos só emergiria se algumas normas de conduta fossem genericamente obedecidas, encontramos expressa há muito tempo, sobretudo na concepção do direito como sendo determinado pela "natureza das coisas" apresentada pelos últimos escolásticos. Como já mencionamos, essa ideia está na base do ato de insistir que o direito é uma ciência "empírica" ou "experimental". Mas conceber como meta uma ordem abstrata, cuja manifestação específica ninguém poderia prever, e determinada por propriedades que ninguém poderia definir com precisão, estava demasiadamente em desacordo com o que a maioria das pessoas considerava uma meta apropriada de ação racional. A preservação de um sistema duradouro de relações abstratas, ou da ordem de um universo com conteúdo em constante mudança, não se enquadrava no que os homens comumente entendiam por propósito, meta ou fim da ação intencional.

Já vimos que, no sentido usual do termo "propósito", especificamente a expectativa de um determinado evento previsível, o direito, de fato, não atende a nenhum propósito em particular, mas sim a inúmeros propósitos diferentes de indivíduos diferentes. Ele proporciona apenas os meios a favor de um grande número de diferentes propósitos, que, como um todo, não são conhecidos por ninguém. No sentido comum do termo "propósito", o direito não é, portanto, um meio a favor de qualquer propósito, mas simplesmente uma condição para a busca bem-sucedida da maioria dos propósitos. Entre todos os instrumentos multifuncionais, o direito é, provavelmente, depois da linguagem, aquele que participa da maior variedade de propósitos humanos. Com certeza, não foi feito por causa de algum propósito conhecido; pelo contrário, desenvolveu-se porque tornou as pessoas que agiam nos termos dele mais eficazes na busca dos seus objetivos.

Embora em geral as pessoas estejam bastante conscientes de que, em certo sentido, as normas jurídicas são necessárias para preservar a "ordem", elas tendem a identificar essa ordem com obediência às normas, não se aperceberndo de que as normas servem a uma ordem de uma maneira diferente, especificamente para provocar determinada correspondência entre as ações de diferentes pessoas.

Essas duas concepções diferentes de "propósito" do direito manifestam-se claramente na história da filosofia do direito. Desde a ênfase de Immanuel Kant no caráter "despropositado" das normas da conduta justa,[26] até os utilitaristas, de Bentham a Ihering, que consideravam o propósito a característica principal do direito, a ambiguidade do conceito de propósito tem sido fonte constante de confusão. Se "propósito" se refere a resultados concretos previsíveis de ações específicas, o utilitarismo particularista de Bentham certamente está errado. Todavia, se incluirmos em "propósito" a busca de condições que contribuirão para a formação de uma ordem abstrata cujos conteúdos particulares são imprevisíveis, a negação de propósito por Kant só se justifica no que diz respeito à aplicação de uma norma a um caso particular, mas certamente não para o sistema de normas como um todo. A ênfase de David Hume na função do sistema jurídico em sua totalidade, independentemente dos efeitos particulares, deveria ter protegido os autores posteriores dessa confusão. A ideia central está totalmente contida no destaque de Hume no fato de que "o benefício (...) resulta de todo esquema ou sistema (...) somente com base na observância da norma geral (...) sem levar em consideração (...) quaisquer consequências particulares que possam resultar da determinação dessas leis, em qualquer caso particular que se apresente".[27]

Apenas quando se reconhece claramente que a ordem de ações é uma situação factual distinta das normas que contribuem para a sua formação, é possível compreender que *tal ordem abstrata pode ser o objetivo das normas de conduta*. Portanto, a compreensão dessa relação é uma condição necessária para se compreender o direito. Porém, nos tempos modernos, a tarefa de explicar essa relação causal foi deixada a cargo de uma disciplina que tinha se tornado completamente separada do estudo do direito, e em geral foi tão pouco compreendida pelos juristas quanto o direito o foi pelos estudiosos da teoria econômica. A demonstração pelos economistas de que o mercado gerava uma ordem espontânea foi encarada pela maioria dos juristas com

CAPÍTULO 5 • *NOMOS: O DIREITO À LIBERDADE*

desconfiança ou mesmo como um mito. Embora a sua existência seja hoje admitida por economistas socialistas, assim como por todos os demais, a resistência de muitos racionalistas construtivistas em admitir a existência de tal ordem ainda cega a maioria daqueles que não são economistas profissionais para a visão do que é fundamental para toda compreensão da relação entre o direito e a ordem das ações humanas. Sem essa visão do que é a "mão invisível", ainda hoje alvo de zombaria, a função das normas de conduta justa é de fato ininteligível, e os juristas raramente a possuem. Felizmente, ela não é necessária para o desempenho do seu trabalho cotidiano. Só na filosofia do direito, na medida em que esta orienta a jurisdição e a legislação, a inexistência de tal compreensão do papel do direito se torna significativa. Resultou numa frequente interpretação do direito como instrumento de organização em busca de propósitos específicos, interpretação que, naturalmente, é bastante verdadeira em relação a um tipo de direito, especificamente o direito público, mas totalmente inadequada em termos de *nomos* ou direito dos juristas. E a predominância dessa interpretação se tornou uma das principais causas da transformação da ordem espontânea de uma sociedade livre na organização de uma ordem totalitária.

Essa situação lamentável não foi de forma alguma remediada pela moderna aliança entre o direito e a sociologia, que, ao contrário da ciência econômica, tornou-se muito popular entre alguns juristas. Pois o resultado da aliança foi direcionar a atenção do jurista para os efeitos específicos de determinadas medidas, e não para a ligação entre normas jurídicas e a ordem geral. Não é nos ramos descritivos da sociologia, mas apenas na teoria da ordem geral da sociedade que se pode encontrar uma compreensão das relações entre o direito e a ordem social. E como a ciência parece ter sido entendida pelos juristas como a averiguação de fatos particulares e não como uma compreensão da ordem geral da sociedade, os frequentes apelos em prol da cooperação entre o direito e as ciências sociais até agora não se mostraram muito frutíferos. Embora seja bastante fácil adquirir conhecimento de alguns fatos particulares com base em estudos sociológicos descritivos, a compreensão dessa ordem geral a que atendem as normas de conduta justa requer o domínio de uma teoria complexa que não pode ser obtido em um único dia. A ciência social concebida como um conjunto de generalizações indutivas extraídas da observação de grupos limitados, tal como a empreende grande parte da sociologia empírica, de fato tem pouco a contribuir para uma compreensão do papel do direito.

DIREITO, LEGISLAÇÃO E LIBERDADE

Isso não significa que a ordem geral da sociedade à qual servem as normas da conduta justa seja uma questão exclusiva da ciência econômica. Porém, até o momento, apenas a ciência econômica desenvolveu uma técnica teórica adequada para abordar essas ordens abstratas espontâneas, que só agora vem sendo, lenta e gradualmente, aplicada a outras ordens além da ordem de mercado. Provavelmente, a ordem de mercado também é a única ordem abrangente que se estende por todo o campo da sociedade humana. De qualquer forma, será a única ordem que poderemos examinar plenamente neste livro.

## A enunciação do direito e a previsibilidade das decisões judiciais

A ordem que se espera que o juiz mantenha não é, assim, um estado de coisas específico, mas a regularidade de um processo que se baseia no fato de que algumas das expectativas das pessoas em ação sejam protegidas da interferência de outras. Espera-se que o juiz decida de uma maneira que corresponda em geral ao que as pessoas consideram justo, mas ocasionalmente ele terá que decidir que o que à primeira vista [*prima facie*] parece justo pode não ser, porque frustra expectativas legítimas. Nesse caso, ele terá que tirar as suas conclusões não exclusivamente de premissas enunciadas, mas de uma espécie de "lógica situacional", baseada nos requisitos de uma ordem de ações existente que é, ao mesmo tempo, o resultado não intencional e o fundamento lógico de todas aquelas normas que ele deve pressupor tacitamente. Embora o ponto de partida do juiz sejam as expectativas baseadas em normas já consagradas, frequentemente ele terá que decidir qual das expectativas conflitantes, mantidas em igual boa-fé e igualmente sancionadas por normas reconhecidas, deve ser considerada legítima. A experiência provará muitas vezes que, em situações novas, as normas que vieram a ser aceitas acarretam expectativas conflitantes. No entanto, embora em tais situações não haja norma conhecida para orientá-lo, o juiz ainda assim não terá liberdade para decidir da maneira que quiser. Se a decisão não pode ser deduzida logicamente de normas reconhecidas, ainda assim deve ser coerente com o conjunto existente dessas normas, no sentido de atender à mesma ordem de ações que essas normas. Se o juiz achar que a norma em que se baseou um litigante para formar as suas expectativas é falsa, mesmo que seja amplamente aceita e possa até ser universalmente aprovada caso enunciada, isso acontecerá porque ele descobre que, em algumas circunstâncias, essa norma conflita com expectativas baseadas em outras normas. "Todos considerávamos essa norma justa, mas agora ela se revela injusta" é uma afirmação significativa, que descreve uma experiência em que se evidencia que a nossa concepção de justiça ou injustiça de determinada norma não é tão só uma questão de "opinião" ou "impressão", mas depende de requisitos de uma ordem existente com a qual estamos comprometidos — ordem que, em novas situações, só pode ser mantida se uma das antigas normas for alterada ou se uma nova norma for acrescentada. Nessa situação, uma das normas em que se basearam os litigantes, ou ambas, deverá ser modificada, não porque a sua aplicação no caso específico provocaria dificuldades, ou porque qualquer outra consequência nessa situação particular fosse indesejável, mas porque as normas se revelaram insuficientes para evitar conflitos.

Se, nessa situação, o juiz se limitasse a decisões que pudessem ser logicamente deduzidas do conjunto de normas já enunciadas, muitas vezes ele não seria capaz de decidir um caso de modo apropriado à função que atende a todo o sistema de normas. Isso lança uma luz importante sobre uma questão bastante discutida: a suposta maior confiabilidade do direito no âmbito de um sistema em que todas as normas jurídicas foram estabelecidas de forma escrita ou codificada, e no qual o juiz se limitasse a aplicar as normas que se tornaram lei escrita. Todo o movimento em favor da codificação foi norteado pela crença de que esta aumenta a previsibilidade das decisões judiciais. No que me diz respeito, nem mesmo a experiência de mais de trinta anos no mundo do direito consuetudinário foi suficiente para corrigir esse preconceito profundamente arraigado, e só o meu retorno à atmosfera do direito civil levou-me a questioná-lo seriamente. Embora a legislação possa decerto aumentar a confiabilidade do direito em pontos específicos, estou agora convencido de que essa vantagem é anulada se o seu reconhecimento levar à exigência de que *só* o que foi expresso em estatutos tenha força de lei. Considero que as decisões judiciais podem de fato ser mais previsíveis se o juiz também estiver sujeito a concepções geralmente aceitas do que é justo, mesmo quando estas não são apoiadas pela letra da lei, do que quando ele se limita a derivar as suas decisões somente das convicções já expressas na lei escrita.

O fato de que o juiz pode ou deve chegar às suas decisões exclusivamente por um processo de inferência lógica a partir de premissas explícitas sempre foi e é necessariamente uma ficção. Pois, na verdade, o juiz nunca procede dessa maneira. Como já se disse, "a intuição capacitada do juiz leva-o

DIREITO, LEGISLAÇÃO E LIBERDADE

continuamente a decisões corretas para as quais ele tem dificuldade de dar razões jurídicas incontestáveis".[28] A outra visão é um produto característico do racionalismo construtivista que considera todas as normas como intencionalmente feitas e, portanto, passíveis de enunciação abrangente. De forma significativa, aparece apenas no século XVIII e relacionada com o direito criminal,[29] no qual predominava o desejo legítimo de restringir o poder do juiz à aplicação do que estava inquestionavelmente expresso em lei. Porém, mesmo a fórmula *nulla poena sine lege*[+], pela qual C. Beccaria exprimiu essa ideia, não é necessariamente parte do estado de direito se por "lei" entendermos apenas normas escritas promulgadas pelo legislador, e não quaisquer normas cujo caráter compulsório seria reconhecido de imediato e por todos se fossem expressas em palavras. Tipicamente, o direito consuetudinário inglês nunca admitiu o princípio no primeiro sentido,[30] embora sempre o tenha admitido no segundo. Nesse caso, a antiga convicção de que pode existir uma norma que supostamente todos são capazes de observar, ainda que ela nunca tenha sido verbalmente expressa, persistiu até hoje como parte do direito.

Todavia, independentemente da nossa opinião acerca da conveniência de vincular o juiz à aplicação da lei escrita em matéria penal, em que o objetivo é basicamente proteger o acusado, deixando o culpado escapar em vez de punir o inocente, há poucos argumentos a favor disso quando o juiz deve visar à aplicação de igual justiça entre os litigantes. Nesse caso, a exigência de que ele deve derivar a sua decisão exclusivamente da lei escrita e, no máximo, preencher lacunas óbvias recorrendo a princípios não escritos, provavelmente diminuiria a confiabilidade do direito em vez de aumentá-la. Considero que na maioria dos casos em que as decisões judiciais chocaram a opinião pública e contrariaram as expectativas gerais, isso ocorreu porque o juiz, ao se sentir obrigado a se ater à letra da lei escrita, não ousou divergir do efeito do silogismo de que apenas enunciados explícitos dessa lei poderiam servir como premissas. A dedução lógica a partir de um número limitado de premissas enunciadas significa sempre seguir a "letra" em vez do "espírito" da lei. Porém, a crença de que todos devem ser capazes de prever as consequências que resultarão, numa situação factual imprevista, da aplicação daqueles enunciados dos princípios básicos já expressos é claramente ilusória. No momento atual, é provável que se admita universalmente que

---

+ Expressão latina que significa que não há punição sem lei. É a chamada garantia penal. A sanção tem que estar especificamente determinada para poder impor-se.

CAPÍTULO 5 • *NOMOS: O DIREITO À LIBERDADE*

nenhum código jurídico seja desprovido de lacunas. A conclusão a ser tirada disso parece ser não apenas que o juiz deve preencher essas lacunas recorrendo a princípios ainda não enunciados, mas também que, mesmo quando as normas que foram enunciadas parecem fornecer uma resposta inequívoca, caso elas conflitem com o senso geral de justiça, o juiz deve ter a liberdade de modificar as suas conclusões quando puder encontrar alguma norma não escrita que justifique essa modificação e que, ao ser enunciada, tenda a obter a aprovação geral.

Nesse sentido, mesmo a alegação de John Locke de que numa sociedade livre toda lei deve ser "promulgada" ou "anunciada" de antemão pareceria ser produto da ideia construtivista de que toda lei é deliberadamente feita. É errônea ao sugerir que restringindo o juiz à aplicação de normas já enunciadas aumentaremos a previsibilidade das suas decisões. O que foi promulgado ou anunciado de antemão será frequentemente apenas uma formulação muito imperfeita de princípios que as pessoas podem melhor observar na prática do que expressar em palavras. Só se acreditarmos que toda lei é expressão da vontade de um legislador e foi inventada por ele, e não expressão dos princípios requeridos pelas exigências de uma ordem existente, parecerá que a proclamação prévia é uma condição indispensável relativa ao conhecimento da lei. De fato, é provável que poucos esforços dos juízes para aperfeiçoar a lei tenham sido aceitos pelos outros, a menos que estes encontrassem expressos neles aquilo que, em certo sentido, já "sabiam".

## A função do juiz se restringe à esfera de uma ordem espontânea

A alegação de que os juízes, por suas decisões de casos específicos, aproximam-se gradualmente do sistema de normas de conduta mais propício a gerar uma ordem eficiente de ações torna-se mais plausível quando se percebe que este é, de fato, simplesmente o mesmo tipo de processo que aquele pelo qual ocorre toda evolução intelectual. Como em todos os outros campos, o avanço nesse caso é alcançado pela nossa atuação no interior de um sistema de pensamento existente e pelo nosso esforço por meio de um processo de ajustes graduais, ou de "crítica imanente", para tornar o todo mais coerente tanto internamente quanto com os fatos aos quais as normas são aplicadas. Essa "crítica imanente" é o principal instrumento da

DIREITO, LEGISLAÇÃO E LIBERDADE

evolução do pensamento, e a compreensão desse processo é o objetivo característico de um racionalismo evolucionista (ou crítico) em contraste com o racionalismo construtivista (ou ingênuo).

Em outras palavras, o juiz serve, ou procura manter e aperfeiçoar, uma ordem existente que ninguém concebeu, uma ordem que se formou sem o conhecimento da autoridade e muitas vezes contra a vontade dela, que se estende além do alcance da organização pensada por quem quer que seja, e que não se baseia em indivíduos fazendo a vontade de alguém, mas sim nas suas expectativas se tornando mutuamente ajustadas. O juiz será solicitado a intervir porque as normas que asseguram essa correspondência de expectativas nem sempre são observadas, ou suficientemente claras, ou adequadas para impedir conflitos mesmo que observadas. Como surgem constantemente novas situações em que as normas consagradas não são adequadas, a tarefa de evitar conflitos e promover a compatibilidade de ações mediante a delimitação apropriada da gama de ações permitidas é inevitavelmente inesgotável, e exige não só a aplicação de normas já consagradas como também a formulação de novas normas necessárias para a preservação da ordem de ações. Nas suas tentativas de encarar novos problemas mediante a aplicação de "princípios" que precisam condensar da *ratio decidendi* de decisões anteriores, e assim desenvolver essas normas incipientes (que é o que os "princípios" são) para que produzam o efeito desejado em novas situações, nem os juízes, nem as partes envolvidas precisam saber nada sobre a natureza da ordem geral resultante ou sobre nenhum "interesse da sociedade" a que essas normas atendem, além do fato de que elas se destinam a auxiliar os indivíduos a formar expectativas com êxito numa vasta gama de circunstâncias.

Assim, as iniciativas do juiz são parte daquele processo de adaptação da sociedade às circunstâncias pelo qual a ordem espontânea se desenvolve. O juiz participa do processo de seleção promovendo aquelas normas que, como aquelas que funcionaram bem no passado, tornam mais provável a correspondência, e não o conflito das expectativas. Dessa maneira, o juiz se torna um órgão dessa ordem. Porém, mesmo quando, no desempenho dessa função, ele cria novas normas, ele não é o criador de uma nova ordem, mas um servidor empenhado em manter e aperfeiçoar o funcionamento de uma ordem existente. E o resultado das suas iniciativas será um exemplo típico daqueles "produtos da ação humana, mas não do desígnio humano", em que a experiência adquirida pela experimentação de gerações incorpora mais conhecimento do que aquele que era possuído por qualquer pessoa.

CAPÍTULO 5 • *NOMOS: O DIREITO À LIBERDADE*

O juiz pode errar, pode não conseguir descobrir o que é exigido pelo fundamento lógico da ordem existente ou pode ser iludido por sua preferência por determinado resultado do caso em questão; mas tudo isso não altera o fato de que ele tem um problema a resolver, para o qual, na maioria das vezes, haverá apenas uma solução correta, e de que essa é uma tarefa em que a sua "vontade" ou a sua reação emocional não tem lugar. Se muitas vezes a sua "intuição", em vez do seu raciocínio, levá-lo à solução correta, isso não significa que os fatores decisivos na determinação do resultado sejam emocionais em vez de racionais, tal como no caso do cientista que, em geral, também é levado intuitivamente à hipótese correta que só posteriormente ele poderá testar. Como grande parte das outras tarefas intelectuais, a do juiz não envolve a dedução lógica a partir de um número limitado de premissas, mas consiste em testar hipóteses a que ele chegou por processos apenas parcialmente conscientes. Mas embora ele talvez desconheça o que o levou de início a considerar correta uma determinada decisão, ele só deve mantê-la se for capaz de defendê-la racionalmente contra todas as objeções que possam ser levantadas contra ela.

Se o juiz está empenhado em manter e aperfeiçoar uma ordem de ação existente, devendo extrair dela os seus padrões, isso não quer dizer, entretanto, que o seu objetivo seja preservar qualquer *status quo* nas relações entre determinados indivíduos. Ao contrário, um atributo essencial da ordem servida por ele é que ela só pode ser mantida mediante constantes mudanças nos elementos; e o juiz se ocupa apenas das relações abstratas que devem ser preservadas enquanto os elementos mudam. Esse sistema de relações abstratas não é uma rede permanente interligando elementos específicos, mas sim uma rede com um conteúdo específico em constante mudança. Mesmo que para o juiz uma posição existente muitas vezes propicie uma presunção de direito, a sua tarefa consiste tanto em auxiliar a mudança como em preservar as posições existentes. Ele se ocupa de uma ordem dinâmica que só será mantida por meio de mudanças contínuas nas posições de determinadas pessoas.

No entanto, apesar de o juiz não estar empenhado na defesa de um *status quo* específico, ele está empenhado na defesa dos princípios em que se baseia a ordem existente. De fato, a sua tarefa só tem significado no âmbito de uma ordem de ações espontânea e abstrata, como aquela gerada pelo mercado. Portanto, ele deve ser conservador apenas no sentido de que só pode atender a uma ordem determinada por normas de conduta individual, nunca pelos fins

145

particulares da autoridade. Um juiz não pode se ocupar das necessidades de pessoas ou grupos específicos, ou das "razões de estado", ou da "vontade do governo", ou de quaisquer propósitos específicos a que uma ordem de ações possa atender. No âmbito de qualquer organização em que as ações individuais devem ser julgadas por sua utilidade em relação a fins específicos visados por ela, não há lugar para o juiz. Numa ordem como a socialista, na qual quaisquer normas que possam governar as ações individuais não são independentes de resultados específicos, tais normas não ficarão "sujeitas à jurisdição", porque exigirão um equilíbrio dos interesses afetados em função da sua importância. De fato, o socialismo é, em grande medida, uma revolta contra a justiça imparcial, que considera apenas a conformidade de ações individuais a normas independentes de fins e que não se ocupa dos efeitos da aplicação dessas normas a casos particulares. Assim, um juiz socialista seria realmente uma contradição em termos; pois a sua convicção o impede necessariamente de aplicar apenas aqueles princípios gerais subjacentes a uma ordem espontânea de ações, e o conduz a levar em conta considerações que não têm nada a ver com a justiça da conduta individual. Claro que ele pode ser um socialista na sua vida privada e manter o seu socialismo fora das considerações que determinam as suas decisões. No entanto, ele não poderia atuar como juiz com base em princípios socialistas. Veremos adiante que por muito tempo isso foi escamoteado pela crença de que, em vez de agir com base em princípios de conduta individual justa, o juiz poderia ser orientado pela chamada "justiça social", expressão que descreve precisamente essa tentativa de alcançar resultados específicos para pessoas ou grupos particulares, o que é impossível numa ordem espontânea.

Os ataques socialistas ao sistema de propriedade privada criaram uma crença generalizada de que a ordem que os juízes devem defender no âmbito desse sistema é uma que atende a interesses particulares. Porém, a justificação do sistema de bens diversos não é o interesse dos proprietários. Esse sistema atende tanto ao interesse daqueles que no momento não são proprietários quanto ao daqueles que são, já que o desenvolvimento de toda a ordem de ações da qual depende a civilização moderna só se tornou possível pela instituição da propriedade.

A dificuldade sentida por muitos em conceber o juiz atendendo a uma ordem abstrata existente, mas sempre imperfeita, que não se destina a atender a interesses particulares, é resolvida quando lembramos que são apenas essas características abstratas da ordem que podem servir de base para as decisões dos indivíduos em condições futuras imprevisíveis, e que só eles, portanto, podem determinar uma ordem duradoura; e que, por essa razão, somente essas características abstratas podem constituir um verdadeiro interesse *comum* dos membros de uma Grande Sociedade, que não buscam quaisquer propósitos comuns específicos, mas simplesmente desejam meios apropriados para a busca dos seus respectivos propósitos individuais. Assim, ao criar leis, o juiz só poderá se ocupar do aperfeiçoamento daquelas características abstratas e duradouras de uma ordem de ação que lhe é dada e que se mantém mediante mudanças na relação entre os elementos, ao passo que certas relações entre essas relações (ou relações de uma ordem ainda superior) são preservadas. Nesse contexto, "abstratas" e "duradouras" significam mais ou menos o mesmo, pois, na perspectiva de longo prazo que deve adotar, o juiz só pode levar em consideração o efeito das normas que estabelece num número desconhecido de casos que poderão ocorrer no futuro.

## Conclusões

Podemos resumir as conclusões deste capítulo com a seguinte descrição das propriedades que necessariamente pertencerão ao direito ao emergir do processo judicial: ele consistirá em normas que regulam a conduta das pessoas em relação às demais, aplicáveis a um número desconhecido de ocorrências futuras e contendo proibições que delimitam as fronteiras do domínio protegido de cada pessoa (ou grupo organizado de pessoas). Toda norma desse tipo destina-se a ser perpétua, ainda que sujeita a revisão em função de uma melhor percepção da sua interação com outras normas; e só será válida como parte de um sistema de normas que se modificam mutuamente. Essas normas apenas alcançarão o efeito pretendido de assegurar a formação de uma ordem abstrata de ações por meio de sua aplicação universal, embora não se possa dizer que a sua aplicação em casos particulares tenha propósito específico, distinto do propósito do sistema de normas como um todo.

No Volume II, capítulo 8, examinaremos em mais detalhes a maneira pela qual esse sistema de normas de conduta justa é desenvolvido mediante a aplicação sistemática de uma prova negativa de justiça e da eliminação ou modificação das normas que não a satisfazem. No entanto, a nossa próxima tarefa será avaliar o que essas normas de conduta justa *não podem* realizar e em que aspectos as normas exigidas pelos propósitos da organização diferem

DIREITO, LEGISLAÇÃO E LIBERDADE

delas. Veremos que as normas deste último tipo, que devem ser deliberadamente formuladas por um poder legislativo para a organização governamental e que constituem o principal trabalho dos poderes legislativos existentes, não podem, pela sua natureza, ser restritas por aquelas considerações que orientam e restringem o poder de legiferação do juiz.

Em última análise, a diferença entre as normas de conduta justa que emergem do processo judicial — o *nomos*, ou o direito à liberdade, examinado neste capítulo — e as normas organizacionais estabelecidas pela autoridade, que examinaremos no próximo capítulo, reside no fato de que as primeiras resultam das condições de uma ordem espontânea não feita pelo homem, enquanto as segundas atendem à construção intencional de uma organização que satisfaz propósitos específicos. As primeiras são *descobertas*, seja no sentido de simplesmente enunciarem práticas já observadas, seja no sentido de serem consideradas complementos necessários de normas já consagradas, para que a ordem que nelas se baseia funcione sem percalços e eficazmente. Elas jamais teriam sido descobertas se a existência de uma ordem espontânea de ações não tivesse atribuído aos juízes a sua função peculiar e, por isso, são corretamente consideradas como algo que existe independentemente de uma vontade humana particular; por seu lado, as normas organizacionais que visam a determinados resultados serão invenções livres da mente planejadora do organizador.

## CAPÍTULO 6

# *Thesis*: a lei referente à legislação

> *O juiz visa a padrões de coerência, equivalência, previsibilidade; o legislador, a padrões de porções justas, utilidade social e distribuição equitativa.*
>
> PAUL A. FREUND*

## A legislação se origina da necessidade de estabelecer normas organizacionais

Embora na teoria política a elaboração de leis tenha sido tradicionalmente apresentada como a função principal dos corpos legislativos, a origem e a principal preocupação destes corpos tinham pouco a ver com *o direito* no sentido estrito em que o consideramos no capítulo anterior. Isso se aplica especialmente à Mãe dos Parlamentos: o poder legislativo inglês surgiu em um país onde, por mais tempo do que em qualquer outro, supôs-se que as normas de conduta justa — o direito consuetudinário — existam independentemente da autoridade política. Ainda no século XVII era possível questionar se o parlamento podia elaborar leis incompatíveis com o direito consuetudinário.[1] A principal preocupação do que chamamos corpos legislativos foi o controle e a regulamentação do governo,[2] ou seja, a direção de uma organização — e de uma organização em que assegurar que as normas de conduta justa fossem obedecidas era apenas um objetivo entre muitos.

Como vimos, as normas de conduta justa não precisavam ser criadas de maneira intencional, embora os homens aprendessem aos poucos a aperfeiçoá-las ou alterá-las deliberadamente. O governo, por outro lado, é uma invenção intencional que, no entanto, além das suas formas mais simples e primitivas, tampouco pode ser conduzido exclusivamente por decisões *ad hoc* do governante. À medida que a organização que um governante constrói para preservar a paz e manter afastados os inimigos externos, e gradualmente

# DIREITO, LEGISLAÇÃO E LIBERDADE

prestar um número crescente de outros serviços, torna-se cada vez mais distinta da sociedade mais ampla, que abrange todas as atividades dos cidadãos, exigirá normas distintas e próprias que determinam a sua estrutura, os seus objetivos e as suas funções. Contudo, essas normas que regulam o aparelho governamental terão necessariamente um caráter distinto daquele das normas universais de conduta justa, que compõem a base da ordem espontânea da sociedade como um todo. Serão normas organizacionais concebidas para alcançar determinados fins, para suplementar determinações positivas de que algo deve ser feito ou que resultados específicos devem ser obtidos, e para estabelecer para esses propósitos os diversos órgãos por meio dos quais o governo atua. Serão subsidiárias de prescrições específicas que indicam os fins a serem perseguidos e as tarefas de diferentes órgãos. A sua aplicação a um caso específico dependerá da tarefa atribuída a determinado órgão e dos fins transitórios do governo. E elas deverão estabelecer uma hierarquia de comando definindo as responsabilidades e a amplitude do poder discricionário dos distintos servidores públicos.

Isso seria válido até para uma organização que não tivesse outra função além da aplicação das normas de conduta justa. Mesmo em tal organização, em que as normas de conduta justa a serem aplicadas fossem consideradas como dadas, um conjunto diferente de normas teria que governar o seu funcionamento. As leis processuais e as leis que estabelecem a organização dos tribunais consistem, nesse sentido, em normas de organização, e não em normas de conduta justa. Apesar de essas normas também visarem garantir a justiça e, em etapas iniciais de desenvolvimento, uma justiça a ser "descoberta", e portanto talvez fossem, em etapas anteriores de desenvolvimento, mais importantes para a obtenção de justiça do que as normas de conduta justa já explicitamente formuladas, são, ainda assim, logicamente distintas dessas últimas.

Mas se, no que diz respeito à organização constituída para fazer cumprir a justiça, a distinção entre as normas que definem a conduta justa e as normas que regulam a aplicação de tal conduta é muitas vezes difícil de traçar — e se, de fato, as normas de conduta justa só podem ser definidas como aquelas que seriam descobertas por meio de determinado procedimento —, no que concerne a outros serviços que foram gradualmente assumidos pelo aparelho governamental é claro que serão governados por normas de outro tipo, normas que regulam os poderes dos servidores públicos sobre os recursos materiais e humanos que lhes são confiados, mas que não lhes conferem necessariamente poder sobre o cidadão comum.

Mesmo um soberano absoluto não podia prescindir do estabelecimento de algumas normas gerais para tratar dos detalhes. Normalmente, porém, os poderes de um soberano não eram ilimitados, mas dependiam da opinião vigente a respeito de quais eram os seus direitos. Visto que o direito que era seu dever aplicar era considerado como definitivamente dado, era sobretudo em relação à extensão e ao exercício dos seus outros poderes que ele frequentemente considerava necessário recorrer à anuência e ao apoio das entidades representativas dos cidadãos.

Assim, mesmo quando o *nomos* era considerado como dado e praticamente imutável, o soberano costumava precisar de autorização para tomar *medidas* especiais para as quais desejava a colaboração dos súditos. A mais importante dessas medidas seria a tributação, e foi da necessidade de conseguir a aprovação dos impostos que surgiram as instituições parlamentares.[3] Assim, desde o início, os órgãos representativos convocados para esse fim se ocuparam sobretudo de questões governamentais, e não da elaboração de leis no sentido estrito — ainda que também pudessem ser solicitados a atestar quais eram as normas de conduta justa reconhecidas. Porém, como a aplicação das leis era considerada a tarefa básica do governo, era natural que todas as normas que regulamentavam as suas atividades viessem a ser chamadas pelo mesmo nome. Provavelmente, essa tendência foi secundada pelo desejo dos governos de atribuir às suas normas organizacionais a mesma dignidade e respeito impostos pela *lei*.

## Lei e estatuto: a aplicação da lei e a execução de prescrições

Não há um termo que faça uma distinção clara e inequívoca entre uma prescrição que tenha sido feita, "estabelecida" ou "postulada" pela autoridade e outra que seja geralmente aceita sem que se tenha conhecimento da sua origem. Às vezes, podemos falar de uma "decretação", enquanto o termo mais familiar "estatuto" limita-se, em geral, a decretações que contêm normas mais ou menos gerais.[4] Quando necessitarmos de um termo único e preciso, empregaremos ocasionalmente a palavra grega *thesis* para designar essa lei "estabelecida".

Como a atividade principal de todos os legislativos sempre foi a direção do governo, a verdade é que "para o direito dos juristas, o parlamento não tinha tempo nem gosto".[5] Isso não teria feito diferença se houvesse levado somente ao abandono do direito dos juristas pelos legislativos, deixando o seu desenvolvimento para os tribunais. Porém, frequentemente resultou em que o direito dos juristas fosse alterado de modo casual e até inadvertido no processo de tomada de decisões sobre medidas governamentais e, portanto, para atender a determinados propósitos. Qualquer decisão do legislativo que aborde questões reguladas pelo *nomos* alterará e suplantará esse direito, pelo menos no caso em apreço. Como órgão governamental, o legislativo não está sujeito a nenhuma lei, e o que ele diz sobre questões específicas possui a mesma força de uma norma geral e suplantará qualquer norma semelhante em vigor.

A grande maioria das resoluções aprovadas por assembleias representativas obviamente não formula normas de conduta justa, mas sim medidas governamentais diretas. Deve ter sido sempre assim.[6] Em 1901, a respeito da legislação britânica, já se podia dizer o seguinte:

> (...) nove décimos de cada volume anual de estatutos se ocupam com o que pode ser chamado de direito administrativo; e uma análise do conteúdo das Leis Gerais dos últimos quatro séculos provavelmente apresentaria uma proporção semelhante.[7]

Ficará mais clara a diferença de significado entre a palavra "lei" como aplicada a *nomos* e "lei" como usada para designar todas as outras *theseis* resultantes da legislação se considerarmos quão diferentemente a "lei" se relaciona com a sua aplicação nos dois casos. Uma norma de conduta não pode ser "posta em prática" ou "executada" do mesmo modo que uma instrução. É possível obedecer à norma de conduta ou fazer com que seja obedecida; mas ela simplesmente limita o âmbito da ação permitida e em geral não determina uma ação específica; e o que ela prescreve nunca se consuma, mas permanece uma obrigação permanente para todos. Sempre que falamos em "executar uma lei", a palavra "lei" não designa um *nomos*, mas sim uma *thesis* que instrui alguém a fazer coisas específicas. Resulta que a relação entre o "legislador" cujas leis devem ser "executadas" e aqueles que as devem executar é totalmente diferente daquela que existe entre um "legislador" que prescreve normas de conduta justa e aqueles que as devem observar. O primeiro tipo de normas será obrigatório apenas para os membros da organização que chamamos de governo, enquanto o segundo restringirá o âmbito das ações permitidas de qualquer membro da sociedade. O juiz que faz cumprir a lei e orienta a sua aplicação não a "executa" no sentido em que um administrador põe em execução uma medida ou em que o "poder executivo" deve cumprir a decisão do juiz.

Um estatuto [*thesis*] aprovado por um legislativo *pode* ter todos os atributos de um *nomos*, e provavelmente os terá se deliberadamente moldado conforme o *nomos*. Mas não *precisa* ter esse caráter, e na maioria dos casos em que se requer legislação não o pode ter. Neste capítulo, examinaremos com mais detalhes apenas os conteúdos das decretações ou *theseis* que não são normas de conduta justa. De fato, como os positivistas jurídicos sempre enfatizaram, não há limite para o que pode conter um estatuto. Porém, embora essa "lei" deva ser cumprida por aqueles aos quais é dirigida, ela com isso não se torna lei no sentido de norma de conduta justa.

## A legislação e a teoria da separação dos poderes

A confusão resultante dessa ambiguidade da palavra "lei" se apresenta desde as primeiras discussões sobre o princípio da separação dos poderes. Nessas discussões, quando a palavra "legislação" é mencionada, parece de início significar exclusivamente a formulação de normas universais de conduta justa. Mas naturalmente essas normas de conduta justa não são "executadas" pelo poder executivo, e sim são aplicadas pelos tribunais a litígios específicos à medida que estes são a eles apresentados; o que o poder executivo terá que executar serão as decisões do tribunal. Apenas no que diz respeito à lei na segunda acepção, especificamente decretações que não estabelecem normas universais de conduta, mas dão instruções ao governo, o "executivo" terá que cumprir o que o legislativo decidiu. Nesse caso, portanto, não se trata da "execução" de uma norma (o que não faz sentido), mas da execução de uma instrução emanada do "legislativo".

Historicamente, o termo "legislativo" está intimamente associado à teoria de separação dos poderes e, de fato, tornou-se corrente apenas por volta da época em que esta teoria foi inicialmente concebida. A crença que ainda se encontra com frequência de que a teoria surgiu de um erro de interpretação por parte de Montesquieu da Constituição britânica do seu tempo com certeza não é correta. Embora seja verdade que a constituição vigente na Grã-Bretanha de então não estava em conformidade com esse princípio, não resta dúvida de que este dominava na época a opinião política na Inglaterra[8] e foi pouco a pouco conquistando aceitação nos grandes debates do século

DIREITO, LEGISLAÇÃO E LIBERDADE

anterior. O importante para os nossos propósitos é que mesmo naquelas discussões do século XVII compreendia-se claramente que conceber a legislação como uma atividade distinta pressupõe uma definição independente do que se entendia por lei, e que o termo "legislação" se esvaziaria se tudo o que o legislativo prescrevesse fosse chamado de lei. A ideia que veio a ser expressa com clareza cada vez maior foi a de que "não só a lei devia ser formulada em termos gerais como também o legislativo devia ficar limitado à elaboração das leis e não se imiscuir em casos específicos".[9] No primeiro Acordo do Povo de 1647, foi explicitamente determinado "que toda pessoa deve ficar igualmente sujeita a todas as leis feitas ou a serem feitas, e que nenhum cargo, propriedade, reputação, título, origem ou posição confere nenhuma isenção do procedimento judicial comum a que os demais estão sujeitos".[10] E numa "defesa oficial" do Instrumento de Governo de 1653, a separação dos poderes é apresentada como "o grande segredo da liberdade e do bom governo".[11] Embora nenhuma das iniciativas do século XVII para incorporar essa concepção em um governo constitucional tenha tido êxito, ela se tornou cada vez mais aceita, e a opinião de John Locke era claramente que "a autoridade legislativa deve agir *de uma maneira específica* (...) [e] aqueles que exercem essa autoridade devem criar apenas normas gerais. Devem governar mediante leis consagradas e promulgadas, que não devem ser alteradas em casos particulares".[12] Essa se tornou a opinião geral na Grã-Bretanha no século XVIII, e dela Montesquieu extraiu a sua descrição da Constituição britânica. A convicção só foi abalada quando, no século XIX, as concepções dos Filósofos Radicais e, em particular, a reivindicação de Bentham por um legislativo onicompetente[13] levaram James Mill a substituir o ideal de um governo nos termos do direito pelo ideal de um governo controlado por uma assembleia popular, livre para adotar qualquer medida aprovada por essa assembleia.[14]

## As funções governamentais das assembleias representativas

Portanto, para que a palavra "legislativo" não nos induza a erro, devemos lembrar que ela não é mais do que uma espécie de título de cortesia conferido a assembleias que surgiram basicamente como instrumentos de *governo* representativo. Os legislativos modernos resultam claramente de corpos que existiam antes que a elaboração deliberada de normas de conduta justa tivesse sequer sido considerada possível, e só mais tarde essa tarefa foi confiada a instituições habitualmente responsáveis por funções muito diferentes. De fato, a palavra "legislativo" não surge antes de meados do século XVII, e parece duvidoso que tenha sido aplicada então aos "corpos constituídos" existentes (para usar a expressão útil de R. A. Palmer)[15] em decorrência de uma concepção vagamente percebida de separação dos poderes, ou melhor, numa vã tentativa de restringir os corpos que reivindicavam controle sobre o governo na elaboração de leis gerais. Seja como for, na verdade eles nunca sofreram essa restrição, e o "legislativo" se tornou simplesmente um nome para designar assembleias representativas ocupadas sobretudo com a direção ou o controle do governo.

As poucas tentativas feitas para restringir aqueles "legislativos" de elaborar leis no sentido estrito estavam fadadas ao fracasso, pois representaram um intento de impedir os únicos corpos representativos existentes de formularem normas gerais e de privá-los do controle sobre grande parte das atividades governamentais. Um bom exemplo dessa tentativa é fornecido por uma declaração atribuída a Napoleão I, que teria feito o seguinte argumento:[16]

> Ninguém tem maior respeito pela independência do poder legislativo do que eu; porém, legislação não significa finanças, críticas à administração ou noventa e nove por cento das questões de que o Parlamento da Inglaterra se ocupa. O legislativo deveria *legislar*, isto é, formular boas leis com base nos princípios científicos da jurisprudência, mas deve respeitar a independência do executivo, assim como deseja que a sua própria independência seja respeitada.

Trata-se evidentemente da visão do papel dos legislativos que corresponde à concepção de Montesquieu de separação dos poderes; e teria servido à agenda de Napoleão porque restringia os poderes dos únicos representantes existentes do povo à formulação de normas gerais de conduta justa, privando-os de todos os poderes sobre o governo. Pela mesma razão agradou a outros, como G. W. F. Hegel[17] e, mais recentemente, W. Hasbach.[18] Todavia, a mesma razão a tornou inaceitável para todos os defensores do governo popular ou democrático. Ao mesmo tempo, contudo, o uso da palavra "legislativo" pelo visto pareceu atraente para eles por outro motivo: permitiu-lhes reivindicar para um corpo predominantemente governamental aquele poder ilimitado ou "soberano" que, segundo a opinião tradicional, pertencia apenas ao legislador no sentido estrito do termo. Assim sucedeu que as assembleias governamentais, cujas atividades principais eram do gênero que devia ser limitado pelas leis, tornaram-se capazes de prescrever o que bem entendessem, simplesmente chamando de "leis" as suas prescrições.

Deve-se reconhecer, no entanto, que se um governo popular ou representativo estava sendo desejado, os únicos corpos representativos existentes não poderiam ter-se submetido à limitação que o ideal da separação dos poderes impunha aos legislativos propriamente ditos. Essa limitação não significava necessariamente que o corpo representativo no exercício dos poderes governamentais devesse ficar dispensado do cumprimento das leis, além daquelas elaboradas por ele próprio. Talvez significasse que, ao desempenhar a sua função puramente governamental, fosse restrito por leis gerais formuladas por outro corpo, igualmente representativo ou democrático, que obtivesse a sua autoridade suprema do seu compromisso com normas universais de conduta. Nos escalões inferiores do governo, temos de fato diversos tipos de corpos representativos regionais ou municipais que, nas suas ações, estão assim sujeitos a normas gerais que não podem alterar; e não há motivo para que isso também não se aplique aos mais elevados corpos representativos que dirigem o governo. Na verdade, só desse modo o ideal de um governo nos termos da lei poderia ser realizado.

Neste momento, será útil interromper brevemente o nosso raciocínio principal para examinar certa ambiguidade do conceito de "governo". Embora o termo aborde uma ampla gama de atividades necessárias ou desejáveis em qualquer sociedade ordenada, também possui certas conotações hostis ao ideal de liberdade nos termos do direito. Como vimos, há duas tarefas distintas incluídas no âmbito dele que devem ser distinguidas: por um lado, a aplicação das normas universais de conduta justa e, por outro, a direção da organização criada para prestar diversos serviços aos cidadãos em geral.

É em relação a essa segunda tarefa que o termo "governo" (e mais ainda o verbo "governar") contém conotações enganosas. A necessidade inquestionável de um governo que aplique a lei e dirija uma organização que preste diversos outros serviços não significa, em tempos normais, que o cidadão comum precise ser governado no mesmo sentido em que o governo dirige os recursos humanos e materiais a ele confiados para a prestação de serviços. É comum hoje falar de um governo que "dirige um país" como se toda a sociedade fosse uma organização por ele administrada. No entanto, o que na verdade depende do governo são sobretudo certas condições para a administração sem percalços daqueles serviços que inúmeros indivíduos e organizações prestam uns aos outros. Essas atividades espontaneamente ordenadas dos membros da sociedade decerto poderiam prosseguir, e prosseguiriam, mesmo que todas as atividades próprias do governo cessassem temporariamente. É claro que, nos dias de hoje, o governo assumiu em diversos países a administração de tão grande número de serviços essenciais, em especial nos setores de transporte e comunicações, que a vida econômica seria rapidamente paralisada se todos os serviços sob administração governamental fossem interrompidos. Porém, isso ocorre não porque esses serviços só *possam* ser prestados pelo governo, mas porque ele assumiu o direito exclusivo de prestá-los.

## Direito privado e direito público

A distinção entre as normas universais de conduta justa e as normas de organização governamental está intimamente relacionada, e às vezes explicitamente equiparada, com a distinção entre o direito privado e o direito público.[19] O que dissemos até agora poderia então ser resumido pela afirmação de que o direito referente à legislação consiste predominantemente em direito público. Não existe, no entanto, consenso geral sobre onde exatamente deve ser traçada a linha divisória entre o direito privado e o direito público. A tendência moderna tem sido apagar cada vez mais essa distinção, por um lado isentando os órgãos governamentais em relação às normas gerais de conduta e, por outro, submetendo a conduta dos indivíduos e das organizações particulares a normas especiais orientadas por propósitos ou mesmo a prescrições ou autorizações específicas por meio de órgãos administrativos. Nos últimos cem anos, foi sobretudo a serviço de chamados objetivos "sociais" que a distinção entre as normas de conduta justa e as normas de organização dos serviços governamentais foi progressivamente eliminada.

Para o nosso propósito, consideraremos doravante a distinção entre o direito privado e o direito público equivalente à distinção entre as normas de conduta justa e as normas organizacionais (e ao fazê-lo, em conformidade com a prática anglo-saxônica vigente, mas contrariamente à prática da Europa continental, incluiremos o direito penal no direito privado, e não no direito público). No entanto, deve-se salientar que as conhecidas expressões direito "privado" e direito "público" podem induzir a erro. A sua semelhança com as expressões bem-estar privado e bem-estar público pode sugerir erroneamente que o direito privado atende apenas ao bem-estar individual, enquanto só o direito público atende ao bem-estar geral. Mesmo a definição romana clássica, segundo a qual o direito privado visa ao benefício dos indivíduos, e o direito público, à situação social da nação romana,[20] presta-se a tal interpretação. Todavia, a ideia de que apenas o direito público visa ao bem-estar público só é correta se a palavra "público" for interpretada em um sentido bastante limitado, especificamente como aquilo que diz respeito à organização governamental, e se a expressão "bem-estar público" não for, portanto, entendida como sinônimo de bem-estar geral, mas sendo aplicada somente àqueles objetivos específicos de que a organização governamental se ocupa diretamente.

Considerar que apenas o direito público atende ao bem-estar geral e que o direito privado protege só os interesses egoístas dos indivíduos seria uma inversão completa da verdade: é um erro acreditar que apenas as ações que visam deliberadamente aos propósitos comuns atendem a necessidades comuns. Ao contrário, o que a ordem espontânea da sociedade nos proporciona é mais importante para todos e, assim, para o bem-estar geral do que a maioria dos serviços específicos que a organização governamental pode prestar, excluindo-se tão só a segurança propiciada pela aplicação das normas de conduta justa. Uma sociedade muito próspera e pacífica é concebível na qual o governo se limite a esta última função; e por muito tempo, sobretudo na Idade Média, a expressão *utilitas publica* realmente não significava mais do que a paz e a justiça que asseguram a aplicação das normas de conduta justa. A verdade é simplesmente que o direito público, enquanto leis de organização governamental, requer que aqueles a quem se aplica atendam deliberadamente ao interesse público, ao passo que o direito privado permite que os indivíduos busquem os seus respectivos objetivos individuais, visando simplesmente limitar as ações individuais para que elas, no fim, venham a atender ao interesse geral.

As leis da organização governamental não são leis no sentido de normas que definem que tipo de conduta é geralmente correto, mas consistem em instruções referentes àquilo que determinados funcionários ou órgãos governamentais são obrigados a fazer. Seria mais apropriado denominá-las como regulamentações ou estatutos do governo. O seu objetivo é autorizar determinados órgãos a tomar determinadas providências em relação a fins específicos, para os quais são destinados determinados meios. Porém, em uma sociedade livre, esses meios não incluem o cidadão comum. Se essas regulamentações da organização governamental costumam ser consideradas normas do mesmo gênero que as normas de conduta justa, isso se deve ao

CAPÍTULO 6 • *THESIS*: A LEI REFERENTE À LEGISLAÇÃO

fato de emanarem da mesma autoridade que também dispõe do poder de prescrever normas de conduta justa. São chamadas de "leis" como resultado da tentativa de reivindicar para elas a mesma dignidade e o mesmo respeito atribuídos às normas universais de conduta justa. Desse modo, os órgãos governamentais podiam reivindicar a obediência do cidadão a prescrições específicas voltadas para a obtenção de determinados propósitos.

A tarefa de organizar serviços específicos gera necessariamente uma concepção da natureza das normas a serem estabelecidas inteiramente diferente daquela gerada pela tarefa de fornecer normas como fundamento de uma ordem espontânea. No entanto, foi a atitude fomentada pela primeira que veio a dominar a concepção dos objetivos da legislação. Como a construção deliberada de normas se ocupa sobretudo com as normas organizacionais, o raciocínio acerca dos princípios gerais da legislação também ficou quase inteiramente nas mãos dos especialistas em direito público, ou seja, dos especialistas em organização que costumam ter tão pouca simpatia pelo direito dos juristas que hesitamos em designá-los como juristas. São eles que nos tempos modernos têm dominado quase totalmente a filosofia do direito e, ao fornecer o arcabouço conceitual de todo o pensamento jurídico e ao influir sobre as decisões judiciais, também afetaram profundamente o direito privado. O fato de a jurisprudência (sobretudo na Europa continental) estar quase totalmente nas mãos dos especialistas em direito público, que consideram o direito sobretudo como direito público, e a ordem inteiramente como organização, é o principal responsável pelo domínio não apenas do positivismo jurídico (que no campo do direito privado não faz sentido), mas também das ideologias socialista e totalitária nele implícitas.

## Direito constitucional

Entre as normas que estamos acostumados a chamar de "leis", mas que são normas de organização e não de conduta justa, incluem-se, em primeiro lugar, todas aquelas normas relativas à distribuição e à limitação dos poderes governamentais contidas no direito constitucional. Elas são geralmente consideradas o tipo "mais elevado" de lei, para o qual se atribui uma dignidade especial ou para o qual se deve maior reverência do que a qualquer outro. Mas, embora existam razões históricas que explicam isso, seria mais apropriado considerar essas normas como uma superestrutura erigida para assegurar a manutenção do *direito*, e não, como costumam ser representadas, como origem de todos os outros direitos.

Às constituições se atribui uma dignidade especial e um caráter fundamental porque, pelo simples fato de que tiveram que ser formalmente acordadas, foi necessário um esforço especial para lhes conferir a autoridade e o respeito de que *o direito* havia muito desfrutava. Geralmente resultado de uma prolongada luta, sabia-se que elas tinham sido obtidas a um alto custo em um passado relativamente recente. Eram vistas como resultado de um acordo consciente que pusera fim a uma longa disputa e foram muitas vezes objeto de juramento solene, consistindo em princípios cuja violação reativaria conflitos regionais ou até mesmo guerras civis. Com frequência também eram documentos que, pela primeira vez, concediam direitos iguais de plena cidadania a uma classe numerosa e até então oprimida.

Nada disso, porém, altera o fato de que uma constituição é basicamente uma superestrutura erigida sobre um sistema jurídico preexistente para organizar a aplicação desse sistema. Embora uma vez estabelecida possa parecer "primária"[21] no sentido lógico de que as demais normas passam a derivar dela, ela ainda se destina a respaldar essas normas preexistentes. Cria um instrumento para garantir a lei e a ordem e fornece o mecanismo para prestação de outros serviços, mas não define a lei e a justiça. Também é verdade, como já foi dito, que "o direito público passa, mas o direito privado permanece".[22] Mesmo quando, como resultado de revolução ou conquista, toda a estrutura governamental se altera, grande parte das normas de conduta justa, o direito civil e o direito penal, permanecerá em vigor — mesmo nos casos em que o desejo de alterar algumas delas possa ter sido a principal causa da revolução. Isso acontece porque só satisfazendo expectativas gerais um novo governo pode obter o apoio dos seus súditos e, com isso, tornar-se "legítimo".

Mesmo quando uma constituição, ao determinar o poder dos diferentes órgãos governamentais, limita o poder da assembleia legislativa propriamente dita, como creio que toda constituição deveria fazer e as primeiras constituições pretenderam fazer, e quando, para esse fim, ela define as propriedades formais que uma lei deve possuir para ser válida, essa definição de normas de conduta justa não seria em si uma norma de conduta justa. Forneceria o que H. L. A. Hart chamou de "norma de identificação",[23] permitindo que os tribunais verifiquem se normas específicas possuem essas propriedades ou não; mas não seria ela mesma uma norma de conduta justa. Tampouco essa definição, por meio exclusivamente das normas de identificação, conferiria

CAPÍTULO 6 • *THESIS*: A LEI REFERENTE À LEGISLAÇÃO

validade ao direito preexistente. Forneceria uma orientação para o juiz, mas, como todas as tentativas de enunciar concepções subjacentes a um sistema de normas existente, poderia se revelar inadequada, e o juiz ainda talvez tivesse que ir além do significado literal das palavras empregadas (ou restringi-lo).

Em nenhuma outra parte do direito público há maior resistência a negar-lhe os atributos das normas de conduta justa do que no direito constitucional. Parece que, para a maioria dos estudiosos do assunto, a alegação de que o direito constitucional não é direito, no sentido em que definimos como direito as normas de conduta justa, deu a impressão de ser simplesmente afrontosa e indigna de consideração. De fato, por essa razão, os esforços mais prolongados e minuciosos para chegar a uma distinção clara entre os dois tipos de direito — aqueles realizados na Alemanha no final do século XIX com respeito ao que era então chamado de direito no sentido "material" (ou "substantivo") e direito no sentido puramente "formal" — não puderam levar a nenhum resultado; pois nenhum dos autores envolvidos conseguiu aceitar o que entenderam como conclusão inevitável, mas absurda, especificamente que o direito constitucional, com base em qualquer princípio razoável de distinção, teria que ser classificado junto com o direito no sentido meramente formal, e não com o direito no sentido material.[24]

## Legislação financeira

O campo em que a diferença entre normas de conduta justa e outros produtos de legislação se destaca com mais clareza, e em que, em consequência, reconheceu-se cedo que as "leis políticas" referentes a ele eram algo diferente das "leis jurídicas" foi o campo em que, pela primeira vez, apareceu a "legislação" por meio de órgãos representativos — ou seja, as finanças. De fato, há nesse campo uma distinção difícil e importante a ser feita entre a autorização de gastos e a determinação da maneira como o ônus deve ser distribuído entre os diferentes indivíduos e grupos. Porém, é bastante óbvio que, tomado como um todo, um orçamento governamental é um plano de ação referente a uma organização que confere autoridade a órgãos específicos para realizar determinadas coisas, e não um enunciado de normas de conduta justa. Na verdade, grande parte de um orçamento, no que concerne a gastos, não conterá nenhuma norma,[25] mas consistirá em instruções relativas aos propósitos e à maneira como os meios à disposição do governo devem ser utilizados. Mesmo os

161

estudiosos alemães do século passado que tanto se esforçaram para reivindicar para o direito público o caráter do que chamavam de "direito no sentido material" tiveram que se deter nesse ponto e admitir que o orçamento não podia de forma alguma ser incluído nessa categoria. Uma assembleia representativa que aprova um plano de operação governamental desse tipo claramente não atua como um legislativo no sentido em que esse termo é entendido, por exemplo, na concepção da separação dos poderes, mas como o órgão governamental supremo, dando instruções que o executivo deve pôr em prática.

Isso não significa que em todas as ações regidas por instruções "legislativas" o governo também não deva, como qualquer outra pessoa ou órgão, submeter-se a normas gerais de conduta justa e, em particular, ser obrigado a respeitar os domínios privados definidos por essas normas. De fato, a ideia de que essas instruções ao governo, porque também são chamadas de leis, substituem ou modificam as normas gerais aplicáveis a todos é o principal perigo contra o qual devemos nos proteger, distinguindo claramente entre os dois tipos de "leis". Isso se torna evidente quando passamos do lado dos gastos para o lado das receitas do orçamento. A determinação da receita total a ser arrecadada pela tributação em um determinado ano ainda é uma decisão específica a ser orientada por circunstâncias particulares — embora suscite questões de justiça se o ônus com que a maioria está disposta a arcar pode também ser imposto a uma minoria não disposta a fazê-lo, ou de que forma um determinado ônus total será repartido entre as diversas pessoas e grupos. Também nesse caso, portanto, as obrigações dos indivíduos deveriam ser regidas por normas gerais, aplicáveis independentemente da quantia específica de gastos decidida — na verdade, por normas que deveriam ser inalteravelmente aplicadas àqueles que devem decidir sobre os gastos. Estamos tão acostumados com um sistema em que os gastos são decididos primeiro e a questão de quem arcará com o ônus são consideradas depois que raramente se percebe o quanto isso entra em conflito com o princípio básico de limitar toda coerção à aplicação das normas de conduta justa.

## Direito administrativo e o poder de polícia

No entanto, a maior parte do que se denomina direito público consiste em direito administrativo, ou seja, em normas que regulam as atividades de diversos órgãos governamentais. Na medida em que essas normas determinam

CAPÍTULO 6 • *THESIS*: A LEI REFERENTE À LEGISLAÇÃO

a maneira pela qual esses órgãos devem utilizar os recursos humanos e materiais colocados à sua disposição, elas são obviamente normas organizacionais semelhantes às que toda grande organização necessita. São de interesse especial apenas por causa da responsabilidade pública daqueles a quem se aplicam. Contudo, a expressão "direito administrativo" também é usada com outros dois significados.

É usada para designar as regulamentações estabelecidas por órgãos administrativos e que são obrigatórias não só aos seus funcionários, mas também aos cidadãos que lidam com esses órgãos. Sem dúvida, essas regulamentações serão necessárias para determinar o uso de diversos serviços ou instalações fornecidos pelo governo aos cidadãos, mas muitas vezes extrapolam isso e suplementam as normas gerais que delimitam os domínios privados. Neste último caso, constituem legislação delegada. Pode haver boas razões para deixar a determinação de algumas dessas normas para órgãos regionais ou municipais. A questão de saber se esses poderes normativos devem ser conferidos apenas a órgãos representativos ou se também podem ser atribuídos a órgãos burocráticos, embora importante, não nos diz respeito aqui. Neste contexto, o relevante é que, nessa função normativa, a "legislação administrativa" deve estar sujeita às mesmas limitações impostas ao verdadeiro poder de legislar do legislativo que elabora normas gerais.

A expressão "direito administrativo" também é usada para designar "poderes administrativos sobre pessoas e propriedade", não consistindo em normas universais de conduta justa, mas visando a determinados resultados previsíveis e, portanto, envolvendo necessariamente discriminação e arbítrio. Nesse sentido, é em relação ao direito administrativo que surge um conflito com o conceito de liberdade nos termos do direito. Na tradição jurídica do mundo anglófono, costumava-se supor que, na sua relação com os cidadãos, as autoridades administrativas estavam sujeitas às mesmas normas do direito geral (consuetudinário ou estatutário) e à mesma jurisdição dos tribunais comuns como qualquer cidadão. Foi apenas com respeito ao direito administrativo no sentido mencionado por último, ou seja, um direito distinto que se aplica às relações entre órgãos governamentais e cidadãos, que A. V. Dicey pôde sustentar, no começo do século XX, que ele não existia na Grã-Bretanha[26] — vinte anos depois de autores estrangeiros terem escrito longos tratados acerca do direito administrativo britânico no sentido discutido anteriormente.[27]

Conforme os serviços prestados pelo governo aos cidadãos se desenvolvem, surge obviamente a necessidade de regulamentar o uso desses serviços.

163

A conduta nas ruas e estradas e em outros lugares públicos destinados ao uso geral não pode ser regulamentada mediante a atribuição de domínios individuais, mas requer, sim, normas determinadas em consideração da conveniência. Embora essas normas para o uso das instituições oferecidas ao público estejam sujeitas às exigências da justiça (principalmente no sentido de que devem ser as mesmas para todos), elas não visam à justiça. O governo, ao estabelecer tais normas, terá que ser justo, mas não as pessoas que deverão obedecê-las. O "código de trânsito", que requer que se mantenha a esquerda ou a direita etc., frequentemente citado como exemplo de norma geral, não é, portanto, realmente uma verdadeira norma de conduta justa.[28] Como outras normas para o uso de instituições públicas, deve ser a mesma para todos ou, pelo menos, visar assegurar os mesmos benefícios para todos os usuários, mas não define conduta justa.

Essas regulamentações relativas ao uso de locais ou instituições públicas são normas que visam a resultados específicos, embora não devam, se destinadas a atender ao "bem-estar geral", procurar o benefício de determinados grupos. No entanto, como é óbvio no caso das regras de trânsito, podem muito bem exigir que seja dado aos funcionários do governo um poder de controle específico. Quando a polícia é autorizada a fazer o que for necessário para manter a ordem pública, trata-se basicamente de assegurar a conduta disciplinada em lugares públicos, onde o indivíduo não pode ter a mesma liberdade que lhe é assegurada em seu domínio privado; nesse caso, medidas especiais podem ser necessárias para garantir, por exemplo, o fluxo livre do tráfego. O governo, principalmente o municipal, tem a incumbência de manter as instalações em condições de funcionamento, de modo que o público possa utilizá-las da maneira que melhor atenda aos seus propósitos.

No entanto, tem havido uma tendência a considerar como "lugares públicos" não apenas as instalações oferecidas pelo governo ao público como quaisquer lugares onde o público se reúna, mesmo que sejam oferecidos de maneira comercial, como lojas de departamentos, fábricas, teatros, campos de esportes etc. Embora haja, sem dúvida, a necessidade de normas gerais que assegurem a segurança e a saúde dos usuários desses locais, não é óbvio que, para esse propósito, seja necessário um "poder de polícia" discricionário. É significativo que, enquanto ainda se respeitava o ideal básico do estado de direito, "a legislação fabril britânica", por exemplo, "considerava possível se valer quase inteiramente de normas gerais (embora, em grande parte, compostas de regras administrativas)".[29]

## As "medidas" de política governamental

Quando o governo se ocupa da prestação de serviços específicos, grande parte deles do gênero que ultimamente passou a ser denominado "infraestrutura" do sistema econômico, o fato de tais serviços frequentemente visarem a determinados efeitos gera problemas bem difíceis. Ações específicas desse tipo costumam ser denominadas "medidas" de política governamental (sobretudo na Europa continental por meio dos termos correspondentes *mesures* ou *Massnahmen*). Será conveniente examinar alguns desses problemas. A questão fundamental foi muito bem expressa na afirmação de que não pode haver "igualdade perante uma medida" tal como existe igualdade perante a lei.[30] O que se quer dizer com isso é que a maioria das medidas desse tipo será "dirigida", no sentido de que, embora os seus efeitos não possam ser limitados aos que estão dispostos a pagar pelos serviços prestados por elas, ainda assim beneficiarão apenas um grupo mais ou menos claramente discernível, e não todos os cidadãos igualmente. É provável que a maioria dos serviços prestados pelo governo, exceto a aplicação de normas de conduta justa, seja desse tipo. Os problemas que surgem podem ser resolvidos apenas em parte deixando esses serviços predominantemente a cargo do governo municipal ou de órgãos governamentais regionais criados para propósitos específicos, tais como serviços de água e esgoto e similares.

O custeio de um fundo comum das despesas com serviços que beneficiarão apenas alguns daqueles que contribuíram para ele em geral será consentido pelos demais somente com base no entendimento de que outras necessidades deles serão satisfeitas da mesma maneira, de modo que disso resulte uma equivalência aproximada entre ônus e benefícios. Na discussão da organização desses serviços com beneficiários aproximadamente determináveis, interesses particulares regularmente estarão em conflito, e uma conciliação só será alcançada por meio de uma concessão — o que é bem diferente do que acontece numa discussão acerca de normas gerais de conduta que visam a uma ordem abstrata com benefícios bastante imprevisíveis. Por isso é tão importante que as autoridades responsáveis por essas questões, mesmo que sejam órgãos democráticos ou representativos, estejam, ao determinar serviços específicos, sujeitas a normas gerais de conduta, e não estejam em condições de "reescrever as regras do jogo à medida que avançam".[31]

Quando falamos de medidas administrativas, em geral nos referimos ao direcionamento de recursos específicos para a prestação de certos serviços a grupos determináveis de pessoas. A criação de uma rede de escolas ou de serviços de saúde, a assistência financeira ou de outro tipo a determinados setores empresariais ou grupos de profissionais, ou o uso dos instrumentos que o governo dispõe por meio do seu monopólio da emissão de moeda são, nesse sentido, medidas de política governamental. É evidente que em relação a tais medidas a distinção entre fornecer instalações a serem usadas por pessoas desconhecidas com propósitos desconhecidos e fornecer instalações na expectativa de que ajudem grupos específicos torna-se uma questão de grau, com muitas posições intermediárias entre os dois extremos. Sem dúvida, se o governo se tornasse o fornecedor exclusivo de diversos serviços essenciais, poderia, ao determinar o caráter desses serviços e as condições em que são prestados, exercer grande influência sobre o conteúdo material da ordem do mercado. Por esse motivo, é importante que o tamanho do "setor público" seja limitado e o governo *não* coordene os seus vários serviços de tal forma que os seus efeitos em pessoas específicas se tornem previsíveis. Veremos mais adiante que, por esse motivo, também é importante que o governo não tenha direito *exclusivo* de prestar qualquer serviço além da aplicação das normas de conduta justa e, assim, não tenha condições de impedir que outras organizações ofereçam serviços do mesmo tipo quando surgem oportunidades de fornecer por meio do mercado o que no passado talvez não pudesse ser assim fornecido.

## A transformação do direito privado em direito público pela legislação "social"

Se ao longo dos últimos cem anos, o princípio de que, numa sociedade livre, a coerção só é permissível para assegurar a obediência às normas universais de conduta justa foi abandonado, isso ocorreu principalmente em prol dos chamados objetivos "sociais". No entanto, a palavra "social" como utilizada aqui abrange vários tipos de conceitos que devem ser cuidadosamente distinguidos.

Antes de mais nada, "social" significava sobretudo a eliminação de discriminações que se insinuaram no direito como resultado da maior influência que certos grupos como proprietários de terra, empregadores, credores etc. exerceram na sua formação. Isso não quer dizer, porém, que a única alternativa seja, em vez disso, favorecer a classe tratada injustamente no passado, e que não exista uma posição "intermediária" em que o direito trate

CAPÍTULO 6 • *THESIS*: A LEI REFERENTE À LEGISLAÇÃO

ambas as partes da mesma forma segundo os mesmos princípios. Nesse sentido, a igualdade de tratamento não tem nada a ver com a questão de saber se a aplicação dessas normas gerais a uma determinada situação pode levar a *resultados* mais favoráveis a um grupo do que a outros: a justiça não se ocupa dos resultados das diversas transações, mas apenas de saber se as transações em si mesmas são justas ou não. As normas de conduta justa não podem alterar o fato de que, com um comportamento perfeitamente justo de ambas as partes, a baixa produtividade do trabalho em alguns países provocará uma situação em que os salários pelos quais todos podem conseguir emprego serão muito baixos — e ao mesmo tempo, o retorno sobre o capital será muito alto — e em que os salários mais altos só poderiam ser assegurados a alguns por meios que impediriam que outros encontrassem emprego.

Veremos mais adiante que, neste contexto, justiça pode significar apenas salários ou preços determinados em um livre mercado sem logro, fraude ou violência; e que, nesse sentido específico em que podemos falar significativamente sobre salários justos ou preços justos, o resultado de uma transação totalmente justa pode ser realmente que um lado obtenha dela muito pouco, e o outro obtenha muito. O liberalismo clássico baseava-se na crença de que existiam princípios descobríveis de conduta justa de aplicabilidade universal que podiam ser reconhecidos como justos, independentemente dos efeitos da sua aplicação em grupos específicos.

Em segundo lugar, a "legislação social" pode referir-se à prestação de certos serviços pelo governo que são de especial importância para algumas minorias desafortunadas, os fracos ou os incapazes de sustentar a si mesmos. Uma comunidade próspera pode decidir fornecer esses serviços para uma minoria por meio do seu governo — seja por razões morais ou como um seguro contra contingências que podem afetar qualquer um. Embora a prestação desses serviços aumente a necessidade de cobrança de impostos, esses podem ser arrecadados de acordo com princípios uniformes; e o dever de contribuir para os custos desses objetivos comuns consensuais poderia ser submetido à concepção das normas gerais de conduta. De forma alguma isso faria do cidadão comum um objeto da administração; ele continuaria tendo liberdade de usar o seu conhecimento em favor dos seus propósitos e não teria que atender aos propósitos de uma organização.

No entanto, existe um terceiro tipo de legislação "social". O seu objetivo é direcionar a atividade privada para fins específicos e para o benefício de grupos específicos. Foi como resultado desses esforços, inspirados pela miragem da "justiça social", que ocorreu a transformação gradual das normas de conduta justa independentes de propósito (ou as normas do direito privado) em normas organizacionais dependentes de propósito (ou normas de direito público). Essa busca de "justiça social" obrigou os governos a tratar o cidadão e a sua propriedade como um objeto de administração no intuito de assegurar determinados resultados a grupos específicos. Quando o objetivo da legislação são salários mais altos para grupos específicos de trabalhadores, rendas mais elevadas para pequenos agricultores ou melhores moradias para a população urbana de baixa renda, isso não pode ser alcançado por meio do aperfeiçoamento das normas gerais de conduta.

Esses esforços para a "socialização" do direito vêm ocorrendo na maioria dos países ocidentais há várias gerações e já avançaram muito na destruição do atributo característico das normas universais de conduta, a igualdade de todos sob as mesmas normas. A história desse tipo de legislação, que começou na Alemanha no século XIX com o nome de Sozialpolitik e se espalhou inicialmente na Europa continental e na Inglaterra e, no século XX, também nos Estados Unidos, não será traçada aqui. Entre alguns marcos desse desenvolvimento que levaram à criação de normas especiais para determinadas classes incluíram-se a Lei de Disputas Sindicais de 1906, que conferiu privilégios especiais aos sindicatos,[32] e as decisões da Suprema Corte dos Estados Unidos no período inicial do New Deal que concederam poderes ilimitados aos legislativos para "salvaguardar os interesses vitais do povo",[33] o que queria dizer, na verdade, que um legislativo, para qualquer fim, podia aprovar qualquer lei que considerasse benéfica.

No entanto, o país em que esse desenvolvimento foi mais longe e as suas consequências foram mais plenamente aceitas e explicitamente reconhecidas continuou sendo o país onde tudo começou. Na Alemanha, passara a ser amplamente entendido que a busca desses objetivos sociais envolvia a substituição progressiva do direito privado pelo direito público. De fato, os pensadores socialistas mais importantes no campo do direito proclamavam abertamente a doutrina de que o direito privado, destinado à coordenação das atividades individuais, seria progressivamente substituído por um direito público de subordinação, e que "para uma ordem social de direito, o direito privado deveria ser considerado apenas um campo de iniciativa privada provisório e em constante decréscimo, temporariamente poupado na esfera abrangente do direito público".[34] Na Alemanha, esse desenvolvimento foi muito facilitado devido à tradição remanescente de um poder governamental fundamentalmente

CAPÍTULO 6 • *THESIS*: A LEI REFERENTE À LEGISLAÇÃO

ilimitado, baseado numa mística de Hoheit e Herrschaft, que encontrou a sua expressão em concepções, então ainda ininteligíveis em grande medida no mundo ocidental, como a de que o cidadão é um súdito da administração e a de que o direito administrativo é "o direito peculiar das relações entre o estado administrador e os súditos com que depara nas suas atividades".[35]

## O viés mental de um legislativo ocupado com a administração pública

Tudo isso suscita questões que serão o nosso principal interesse no segundo volume desta obra. Neste momento, só podemos abordá-las brevemente para indicar os motivos por que a confusão entre a criação de normas de conduta justa e a direção do aparelho governamental tende a produzir uma progressiva transformação da ordem espontânea da sociedade numa organização. Apenas algumas observações preliminares precisam ser acrescentadas a respeito da atitude mental completamente diferente que o trabalho a ser desenvolvido com questões de organização produzirá entre os membros de uma assembleia que se dedica a isso em relação àquele que predominaria em uma assembleia que se dedica sobretudo a questões de legislação no sentido clássico do termo.

Cada vez mais e inevitavelmente, uma assembleia dedicada a questões de organização tende a se considerar como um corpo que não só presta alguns serviços para uma ordem de funcionamento independente, mas "dirige o país" como se dirige uma fábrica ou qualquer outra organização. Já que possui autoridade para organizar tudo, não pode recusar responsabilidade por coisa alguma. Não haverá nenhum descontentamento particular que tal assembleia não será considerada capaz de eliminar; e como em cada caso específico, tomado por si só, ela geralmente conseguirá solucionar esse descontentamento, será assumido que ela poderá eliminar todos os descontentamentos ao mesmo tempo. No entanto, é um fato que grande parte dos descontentamentos de determinados indivíduos ou grupos só pode ser eliminada por medidas que geram novos descontentamentos em outros lugares.

Um experiente parlamentar trabalhista britânico definiu o dever do político como o de eliminar todas as fontes de descontentamento.[36] Claro que isso requer um arranjo de todas as questões particulares de uma maneira que nenhum conjunto de normas gerais de conduta é capaz de determinar. No entanto, a insatisfação não significa necessariamente insatisfação legítima nem a existência de insatisfação prova que o seu motivo pode ser eliminado. Na verdade, é bem provável que a insatisfação se deva a circunstâncias que ninguém pode evitar ou alterar segundo princípios geralmente aceitos. A ideia de que o objetivo do governo é a satisfação de todos os desejos particulares de um número suficientemente grande de pessoas, sem nenhuma limitação dos meios que o órgão representativo pode usar para esse fim, deve levar a uma situação da sociedade em que todas as ações particulares são prescritas de acordo com um plano detalhado consentido por meio de negociações junto a uma maioria e, em seguida, imposto a todos como o "objetivo comum" a ser alcançado.

# NOTAS

## Introdução

\* Guglielmo Ferrero, *The Principles of Power* (Nova York, 1942), p. 318. O parágrafo do qual a citação foi extraída começa da seguinte maneira: "A ordem é o exaustivo trabalho de Sísifo da humanidade, contra o qual a humanidade está sempre em potencial estado de conflito (...)".

1. A expressão consagrada pelo tempo, muito difundida nos séculos XVIII e XIX, é "constituição limitada", mas a expressão "constituição limitativa" também surge ocasionalmente na literatura mais antiga.

2. Ver K. C. Wheare, *Modern Constitutions*, edição revisada (Oxford, 1960), p. 202: "A ideia original por trás [das constituições] é a de limitar o governo e de exigir do governante obediência às leis e às normas"; ver também C. H. McIlwain, *Constitutionalism: Ancient and Modern*, edição revisada (Ithaca, Nova York, 1958), p. 21: "Todo governo constitucional é, por definição, governo limitado (...) o constitucionalismo tem uma qualidade essencial: é uma limitação legal do governo; é a antítese da norma arbitrária; o seu oposto é o governo despótico, o governo da vontade"; C. J. Friedrich, *Constitutional Government and Democracy* (Boston, 1941), sobretudo a p. 131, onde uma constituição é definida como "o processo pelo qual a ação governamental é efetivamente restringida".

3. Ver Richard Wollheim, "A paradox in the theory of democracy", em Peter Laslett e W. G. Runciman (eds.); *Philosophy, Politics and Society*, segunda série (Oxford, 1962), p. 72: "(...) o conceito moderno de Democracia é o de uma forma de governo em que nenhuma restrição é imposta ao corpo governante".

4. Ver George Burdeau, "Une Survivance: la notion de constitution", em *L'Evolution du droit public, études offertes à Achille Mestre* (Paris, 1956).

5. Ver F. A. Hayek, *The Constitution of Liberty* (Londres e Chicago, 1960).

6. Ver Samuel H. Beer, "The British legislature and the problem of mobilizing consent", em Elke Frank (ed.), *Lawmakers in a Changing World* (Englewood Cliffs, Nova Jersey, 1966), e reeditado em B. Crick (ed.), *Essays on Reform* (Oxford, 1967).

7. Ver F. A. Hayek, *op. cit.*, p. 207 e nota 12.

8. Torgny T. Segerstedt, "Wandel der Gesellschaft", *Bild der Wissenschaft*, vol. IV, maio de 1969, p. 441.

9. Enrico Ferri, *Annales de l'Institut Internationale de Sociologie*, vol. I, 1895, p. 166: "Le socialisme est le point d'arrivée logique et inévitable de la sociologie".

## Capítulo 1

\* Lord Acton, *The History of Freedom and Other Essays* (Londres, 1907), p. 58. Grande parte dos problemas a serem discutidos neste capítulo introdutório foi examinada em maior extensão em uma série de estudos preliminares, que, em sua maioria, foram reeditados em F. A. Hayek, *Studies in Philosophy, Politics and Economics* (Londres e Chicago, 1967) (doravante referidos como *S. P. P. E.*): ver, em particular, os capítulos 2-6 dessa obra, assim como a minha conferência (1966) sobre o Dr. Bernard Mandeville, em *Proceedings of the British Academy*, lii (Londres, 1967), e *The Confusion of Language in Political Theory* (Londres, 1968).

1. Atualmente, está em voga ridicularizar qualquer afirmação de que algo é impossível, assinalando-se os diversos casos em que mesmo aquilo descrito como impossível pelos cientistas revelou-se possível

## DIREITO, LEGISLAÇÃO E LIBERDADE

posteriormente. No entanto, é verdade que, como último recurso, todo avanço do conhecimento científico consiste na percepção da impossibilidade de certos acontecimentos. Sir Edmund Whittaker, físico matemático, descreveu isso como o "princípio da impotência", e Sir Karl Popper desenvolveu sistematicamente a ideia de que todas as leis científicas consistem essencialmente em proibições, isto é, em asserções de que algo não pode acontecer; ver sobretudo Karl Popper, *The Logic of Scientific Discovery* (Londres, 1954).

2. Sobre o papel desempenhado por Bernard Mandeville a esse respeito, ver a minha palestra sobre ele citada na nota com asterisco no início deste capítulo.

3. As implicações daquela que é pelo menos a interpretação mais amplamente aceita da abordagem cartesiana quanto a todos os problemas morais e políticos são claramente apresentadas em Alfred Espina, *Descartes et la morale*, 2 vols. (Paris, 1925), sobretudo no início do vol. II. Sobre a dominação de todo o Iluminismo francês pelo tipo cartesiano de racionalismo, ver G. de Rugiero, *History of European Liberalism*, tradução para o inglês de R. G. Collingwood (Londres, 1927), p. 21 e segs.:

> Pertencem à escola cartesiana quase todos os expoentes da alta e média cultura do século XVIII: os cientistas, (...) os reformadores sociais, elaborando a sua acusação contra a história considerando-a como um museu de usos e abusos irracionais, e procurando reconstruir todo o sistema social; os juristas, a cujos olhos o direito é e deve ser um sistema dedutível de alguns princípios universais e evidentes por si mesmos.

Ver também H. J. Laski, *Studies in Law and Politics* (Londres e New Haven, 1922), p. 20:

> O que significa racionalismo [em relação a Voltaire, Montesquieu etc.]? Essencialmente, é uma tentativa de aplicar os princípios do cartesianismo aos assuntos humanos. Tomemos como postulado a evidência inevitável do sólido senso comum, e raciocinemos logicamente a partir dele até a conclusão que implica. Esse senso comum, acreditavam todos os filósofos, dará os mesmos resultados em toda parte: o que for senso comum para o sábio de Ferney também o será em Pequim e nos bosques da América.

4. O próprio Descartes deu expressão a essa atitude ao escrever em seu *Discours de la méthode* (início da parte 2) que "a grandeza de Esparta não se devia à preeminência de cada uma das suas leis em particular, (...) mas sim às circunstâncias que, originadas de um único indivíduo, tendiam todas a um único fim". Para uma aplicação típica dessa ideia por um governante do século XVIII, ver a declaração de Frederico II da Prússia citada em G. Küntzel, *Die politischen Testamente der Hohenzollern* (Leipzig, 1920), vol. II, p. 64, em que ele sustenta que, assim como Newton talvez não pudesse ter concebido o seu sistema de atração universal se tivesse tido que colaborar com Leibniz e Descartes, tampouco um sistema político poderia se originar e se manter se não fosse o produto de uma única mente.

5. "Pragmático" é o termo mais antigo usado neste contexto, sobretudo por Carl Menger, *Untersuchungen über die Methoden der Sozialwissenschaften* (Leipzig, 1882), traduzido para o inglês como *Problems of Economics and Sociology*, por F. J. Nock, com introdução de Louis Schneider (Urbana, Illinois, 1963), que contém ainda a melhor abordagem inicial desses problemas.

6. A respeito da influência decisiva de Descartes sobre Rousseau, ver H. Michel, *L'Idée de l'état* (Paris, 1896), p. 66 (com referência a autores anteriores); A. Schatz, *L'Individualisme économique et social* (Paris, 1907), p. 40 e segs.; R. Derathé, *Le Rationalisme de Jean-Jacques Rousseau* (Paris, 1948); e a reflexão perspicaz de R. A. Palmer, *The Age of Democratic Revolution* (Princeton, 1959 e 1964), vol. I, p. 114, de que, para Rousseau, "nem sequer havia lei, exceto a lei desejada pelos homens vivos — essa foi a sua maior heresia sob muitos pontos de vista, incluindo o cristão: também foi a sua maior afirmação em teoria política".

7. Ver R. S. Peters, *The Concept of Motivation* (Londres, 1959), p. 5:

> *O homem é um animal que segue normas*. As suas ações não são simplesmente direcionadas para determinados fins; elas também se adaptam a padrões e convenções sociais e, ao contrário de uma máquina de calcular, o homem age por causa do seu conhecimento de normas e objetivos. Por exemplo, atribuímos às pessoas *traços* de caráter como honestidade, pontualidade, consideração e mesquinhez. Tais termos, assim como ambição, fome ou desejo social, não indicam o tipo de objetivos que um homem tende a perseguir; em vez disso, indicam o tipo de controle que ele impõe à sua conduta, independentemente dos seus objetivos.

8. Ver F. A. Hayek, *The Constitution of Liberty* (Londres e Chicago, 1960), sobretudo o capítulo 2.

9. J. A. Schumpeter, *History of Economic Analysis* (Nova York, 1954), p. 241.

# NOTAS

10. Ver as minhas palestras sobre "Economics and knowledge" (1936) e "The use of knowledge in society" (1945), ambas reeditadas em F. A. Hayek, *Individualism and Economic Order* (Londres e Chicago, 1948).

11. A expressão "a Grande Sociedade", que utilizaremos frequentemente com o mesmo sentido em que utilizaremos a expressão "a Sociedade Aberta", de Sir Karl Popper, já era, é claro, conhecida no século XVIII (ver, por exemplo, Richard Cumberland, *A Treatise on the Law of Nature* (Londres, 1727), cap. 8, seção 9, e também Adam Smith e Rousseau) e, mais à frente, foi restaurada por Graham Wallas, que a utilizou como título de um dos seus livros (*The Great Society* (Londres e Nova York, 1920)). Provavelmente, não perdeu a sua adequação por causa da sua utilização como slogan político por um recente governo norte-americano.

12. Lewis Mumford na sua introdução a F. Mackenzie (ed.), *Planned Society* (Nova York, 1937), p. vii: "Ainda precisamos desenvolver o que Patrick Geddes costumava chamar às vezes de a arte do pensamento simultâneo: a capacidade de lidar com diversos fenômenos afins ao mesmo tempo, e de compor em um único quadro os atributos qualitativos e quantitativos desses fenômenos".

13. Jane Jacobs, *The Death and Life of Great American Cities* (Nova York, 1961).

14. Talvez o atual entusiasmo acrítico pelos computadores torne aconselhável mencionar que, por maior que seja o seu poder de digerir os fatos com que foram alimentados, eles não nos ajudam a verificar esses fatos.

15. Ver A. M. Carr-Saunders, *The Population Problem: A Study in Human Evolution* (Oxford, 1922), p. 223:

> Homens e grupos de homens são naturalmente selecionados por causa dos costumes que praticam, assim como são selecionados em função das suas características mentais e físicas. Os grupos que praticam os costumes mais proveitosos terão vantagem na luta constante entre grupos adjacentes sobre aqueles que praticam os costumes menos proveitosos. Poucos costumes podem ser mais proveitosos do que aqueles que limitam a um número desejável os membros de um grupo, e não é difícil entender o motivo — uma vez que qualquer um desses três costumes [aborto, infanticídio e abstenção sexual] tivesse se originado, passaria, mediante um processo de seleção natural, a ser praticado de tal modo que produziria uma aproximação do número desejável.
>
> Uma exposição excelente da ideia básica pode ser encontrada em dois ensaios de W. K. Clifford — "On the scientific basis of morals" (1873) e "Right and wrong: the scientific ground of their distinction" (1875), ambos reeditados em W. K. Clifford, *Lectures and Essays* (Londres, 1879), vol. ii, sobretudo pp. 112-21 e 169-72 —, dos quais só iremos citar aqui alguns dos trechos mais relevantes por uma questão de espaço:
>
> A adaptação dos meios a um fim pode ser produzida de duas maneiras que conhecemos atualmente: pelo processo de seleção natural e pela ação de uma inteligência na qual uma imagem ou ideia do fim precedeu o uso dos meios. Em ambos os casos, a existência da adaptação é explicada pela necessidade ou utilidade do fim. Parece-me conveniente usarmos a palavra *propósito* para termos em vista geralmente o fim para o qual certos meios são adaptados, tanto nesses dois casos como em quaisquer outros que venham a se tornar conhecidos, contanto que a adaptação seja explicada pela necessidade do fim. E não parece haver objeção ao uso da expressão "causa final" nesse sentido mais amplo, caso se insista no seu uso. A palavra "desígnio" pode então ser mantida para o caso especial de adaptação por meio da inteligência. E podemos assim dizer que, desde que o processo de seleção natural foi entendido, *propósito* deixou de sugerir *desígnio* para as pessoas instruídas, exceto nos casos em que a ação dos homens é provavelmente independente (p. 117). Em geral, sobreviveram as tribos em que a consciência aprovava as ações que tendiam ao aprimoramento do caráter dos homens como cidadãos e, portanto, à sobrevivência da tribo. Por isso é que a consciência moral do indivíduo, embora fundada na experiência da tribo, é puramente intuitiva: a consciência não apresenta razões (p. 119). *O nosso senso de certo e errado deriva da ordem que podemos observar* (p. 121; o grifo é meu).<fim>

16. Ver A. M. Carr-Saunders, *op. cit.*, p. 302: "As características mentais são adaptadas à totalidade do ambiente tradicional [em distinção ao físico]. Os homens passam a ser selecionados conforme as necessidades da organização social e, à medida que as tradições crescem em quantidade, também conforme a capacidade de absorção da tradição". Ver também Peter Farb, *Man's Rise to Civilization* (Nova York, 1968), p. 13:

> Para chegar aos seus diversos estilos de vida, as sociedades não fazem escolhas conscientes. Em vez disso, fazem adaptações inconscientes. Nem todas as sociedades são apresentadas ao mesmo conjunto de

DIREITO, LEGISLAÇÃO E LIBERDADE

condições ambientais, assim como nem todas as sociedades se encontram no mesmo estágio quando essas opções são apresentadas. Por diversas razões, algumas sociedades se adaptam às condições de determinada maneira; algumas de maneira diferente, enquanto outras não se adaptam de forma alguma. A adaptação não é uma escolha consciente, e as pessoas que constituem uma sociedade não entendem totalmente o que estão fazendo; sabem apenas que uma escolha específica funciona, ainda que possa parecer estranha a observadores externos.

Ver também Alexander Alland Jr., *Evolution and Human Behavior* (Nova York, 1967).

17. A observação decisiva, enfatizada pela primeira vez no século XX por Otto Jespersen em *Language, Its Nature, Development and Origin* (Londres, 1922), p. 130, já havia sido mencionada por Adam Ferguson em *Principles of Moral and Political Science* (Edimburgo, 1792), vol. I, p. 7: "A bela analogia da expressão, em que as regras da gramática são estabelecidas, é agradável ao espírito humano. As crianças são muitas vezes enganadas por ela, seguindo a analogia quando a prática realmente se afasta dela. Assim, um garotinho, indagado a respeito de como conseguira o seu brinquedo, respondeu *Papai comprou para ele*".

18. Ver F. Heinimann, *Nomos and Physis* (Basileia, 1945); John Burnet, "Law and nature in Greek ethics", *International Journal of Ethics*, vii, 1893, e *Early Greek Philosophy*, quarta edição (Londres, 1930), p. 9; e em particular Karl R. Popper, *The Open Society and Its Enemies* (Londres e Princeton, 1945 e edições posteriores), sobretudo cap. 5.

19. Adam Ferguson, *An Essay on the History of Civil Society* (Londres, 1767), p. 187: "As nações deparam com instituições, que são, de fato, resultado da ação humana, mas não a realização de qualquer desígnio humano". Na apresentação da recente reedição desta obra (Edimburgo, 1966), p. xxiv, Duncan Forbes mostra que:

> Ferguson, assim como Smith, Millar e outros (mas não Hume [?]), prescindiu dos "Legisladores e Fundadores dos Estados", uma superstição que, de acordo com Durkheim, impediu o desenvolvimento da ciência social mais do que qualquer coisa, e que pode ser encontrada até em Montesquieu. (...) O mito do Legislador floresceu no século XVIII, por diversas razões, e a sua destruição talvez tenha sido o *coup* mais original e ousado da ciência social do Iluminismo escocês.

20. Ver Sten Gagnér, *Studien zur Ideengeschichte der Gesetzgebung* (Uppsala, 1960), pp. 208 e 242. Parece assim que toda a confusão envolvida na disputa entre o positivismo jurídico e as teorias do direito natural remonta diretamente à falsa dicotomia aqui discutida.

21. Ver *ibid.*, p. 231, sobre Guilherme de Conches e, em particular, a sua afirmação: "*Et est positiva que est ab hominibus inventa ut suspensio latronis. Naturalis vero que non est homine inventa*".

22. Luís de Molina, *De iustitia et iure* (Colônia, 1596-1600), tomo II, Parte 347, n. 3: "(...) *naturale dicitur, quoniam et ipsis rebus, seclusa quacumque humana lege et decreto consurgit, dependetur tamen ab multiis circumstantiis, quibus variatur, atque ab hominum affectu, ac aestimatione, comparatione diversum usum, interdum pro solo hominum beneplacito et arbitrio*". Sobre Molina, ver Wilhelm Weber, *Wirtschaftsethik am Vorabend des Liberalismus* (Münster, 1959); e W. S. Joyce, "The economics of Louis Molina" (1948), tese de doutorado, inédita, Universidade Harvard.

23. Edmund Burke, *Reflections on the Revolution in France*, em *Works* (Londres, 1808), vol. V, p. 437.

24. João de Lugo, *Disputationum de iustitia et iure tomus secundus* (Lyon, 1642), parte 26, seção 4, n. 40: "(...) *incertitudo ergo nostra circa pretium iustum Mathematicum (...) provenit ex Deo, quod non sciamus determinare*"; ver também Joseph Höffner, *Wirtschaftsethik und Monopole im fünfzehnten und sechzehnten Jahrhundert* (Iena, 1941), pp. 114-5.

25. Como John Locke sabia. Ver os seus *Essays on the Law of Nature* (1676), ed. W. von Leyden (Oxford, 1954):

> Por razão (...) não creio que esteja se referindo aqui àquela capacidade de entendimento que forma cadeias de pensamento e deduz provas, mas sim a certos princípios definidos de ação, dos quais nascem todas as virtudes e tudo o que é necessário para a moldagem adequada da moral (...) a razão não só estabelece e expressa esse direito natural, mas também o procura e o descobre. (...) A razão é menos a criadora do que a intérprete desse direito.

26. Ver Joseph Kohler, "Die spanische Naturrechtslehre des 16. und 17. Jahrhunderts", *Archiv für Rechts-und Wirtschaftsphilosophie*, x, 1916-17, sobretudo p. 235; e em particular A. P. D'Entreves, *Natural Law* (Londres, 1951), pp. 51 e segs., e a observação na p. 56 sobre "como, de repente, deparamos com uma doutrina que deliberadamente se propõe a interpretar a sociedade civil como resultado de um ato de

# NOTAS

vontade intencional por parte dos seus integrantes". Ver também John C. H. Wu, "Natural law and our common law". *Fordham Law Review*, xxiii, 1954, 21-2: "As modernas filosofias especulativas e racionalistas do Direito Natural são aberrações da via mestra da tradição escolástica. (...) Procedem *more geometrico*".

27. Sobre Matthew Hale, ver em particular J. G. A. Pocock, *The Ancient Constitution and the Feudal Law* (Cambridge, 1957), cap. 7.
28. Ver a observação significativa de J. M. Guayau, *La Morale anglaise contemporaine* (Paris, 1879), p. 5:

> *Les disciples de Bentham comparent leur maître à Descartes. "Donnez-moi le matière et le mouvement", disait Descartes, "et je ferai le monde"; mais Descartes ne parlait que du monde physique, oeuvre inerte et insensible. (...) "Donnez-moi", peut dire à son tour Bentham, "donnez-moi les affections humaines, la joie et la douleur, la peine et le plaisir, et je créerai un monde moral. Je produirai non seulement la justice, mais encore la generosité, le patriotisme, la philanthropie, et toutes le vertues aimables où sublimes dans leur pureté et leur exaltation."*

29. A respeito da influência indireta de Edmund Burke sobre a escola histórica alemã por meio dos acadêmicos hanoverianos Ernst Brandes e A. W. Rehberg, ver H. Ahrens, *Die Rechtsphilosophie oder das Naturrecht*, quarta edição (Viena, 1852), p. 64, primeira edição francesa (Paris, 1838), p. 54; e mais recentemente Gunnar Rexius, "Studien zur Staatslehre der historischen Schule", *Historische Zeitschrift*, cvii, 1911, Frieda Braun; *Edmund Burke in Deutschland* (Heidelberg, 1917); e Klaus Epstein, *The Genesis of German Conservatism* (Princeton, 1966).
30. Ver Peter Stein, *Regulae Iuris* (Edimburgo, 1966), cap. 3.
31. Ver Paul Vinogradoff, *The Teaching of Sir Henry Maine* (Londres, 1904), p. 8: "Ele [Maine] abordou o estudo do direito principalmente sob a orientação da escola alemã de jurisprudência histórica, que tinha se formado em torno de Savigny e Eichhorn. As dissertações contidas em *Ancient Law* sobre testamento, contrato, posse etc. não deixam dúvida quanto à sua grande dependência das publicações de Savigny e Puchta."
32. Sobre as origens da antropologia social nas obras dos filósofos sociais e do direito dos séculos XVIII e XIX, ver E. E. Evans-Pritchard, *Social Anthropology* (Londres, 1915), p. 23; e Max Gluckman, *Politics, Law and Ritual in Tribal Society* (Nova York, 1965), p. 17.
33. Além de estudos recentes como J. W. Burrow, *Evolution and Society: A Study in Victorian Social Theory* (Cambridge, 1966); Bentley Glass (ed.), *Forerunners of Darwin* (Baltimore, 1959); M. Banton (ed.), *Darwinism and the Study of Society* (Londres, 1961); Betty J. Meggers (editora da Anthropological Society of Washington), *Evolution and Anthropology: A Centennial Appraisal* (Washington, 1959); e C. C. Gillispie, *Genesis and Geology* (Cambridge, Massachusetts, 1951), ver mais especificamente a respeito da influência de David Hume sobre o avô de Charles Darwin, Erasmus Darwin, H. F. Osborn, *From the Greeks to Darwin*, segunda edição (Nova York, 1929), p. 217; F. C. Haber em Bentley Glass (ed.), *op. cit.*, p. 251; quanto ao fato de os três descobridores independentes da teoria de evolução — Charles Darwin, Alfred Russell Wallace e Herbert Spencer — terem se inspirado na teoria social, ver J. Arthur Thompson, "Darwin's predecessors", em A. C. Seward (ed.) *Darwin and Modern Science* (Cambridge, 1909), p. 19; e sobre Darwin, em particular, ver E. Radl, *Geschichte der biologischen Theorien*, II (Leipzig, 1909), p. 121.

    Ver também C. S. Peirce, "Evolutionary love'" (1893), reeditado no seu *Collected Papers*, editado por C. Hartshorn e P. Weiss (Cambridge, Massachusetts, 1935), vol. VI, p. 293: "*The Origin of Species*, de Darwin, simplesmente estende as ideias político-econômicas de progresso a todo o reino da vida animal e vegetal". Toda essa posição foi bem sintetizada por Simon N. Patten, *The Development of English Thought* (Nova York, 1899), p. xxiii: "Assim como Adam Smith foi o último dos moralistas e o primeiro dos economistas, Darwin foi o último dos economistas e o primeiro dos biólogos". Duas passagens conhecidas de Sir Frederick Pollock também merecem ser mencionadas, a primeira de *Oxford Lectures and Other Discourses* (Londres, 1890), p. 41:

    > A doutrina da evolução nada mais é do que o método histórico aplicado aos fatos da natureza; o método histórico nada mais é do que a doutrina da evolução aplicada às sociedades e instituições humanas. Quando Charles Darwin criou a filosofia da história natural (pois não merece título menor a ideia que transformou o conhecimento da natureza orgânica de uma infinidade de particularidades em um todo contínuo), ele estava trabalhando no mesmo espírito e para o mesmo fim que os grandes publicistas que, tão pouco atentos ao campo dele quanto ele aos deles, tinham traçado pelo paciente estudo do fato histórico a base de uma filosofia da política e do direito sólida e racional. Savigny, a quem ainda não conhecemos nem

DIREITO, LEGISLAÇÃO E LIBERDADE

reverenciamos o suficiente, e o nosso próprio Burke, a quem conhecemos e reverenciamos, mas a quem nunca poderemos reverenciar o suficiente, foram darwinistas antes de Darwin. Até certo ponto, o mesmo pode ser dito do grande francês Montesquieu, cujo espírito desigual, mas esclarecedor, perdeu-se em uma geração de formalistas.

A segunda passagem é de *Essays in the Law* (Londres, 1922), p. 11: *"Ancient Law* e *The Origin of Species* foram realmente o resultado, em campos diferentes, do mesmo movimento intelectual — aquele que associamos à palavra Evolução".

A alegação de terem sido darwinistas antes de Darwin fora feita nesses termos pelos linguistas August Schleicher, *Die Darwinsche Theorie und die Sprachwissenschaft* (Weimar, 1867), e Max Müller, "Darwin's Philosophy of Language", *Fraser's Magazine*, vii, 1873, 662.

34. Realmente é de se temer que alguns dos defensores mais entusiastas do evolucionismo no campo da antropologia social, como os discípulos de Leslie A. White, ao combinarem a legítima evolução "específica" com o que chamam de evolução "geral", do tipo descrita acima, possam mais uma vez desacreditar a abordagem evolucionista revivida: ver em particular M. D. Sahlins e E. R. Service, *Evolution and Culture* (Ann Arbor, Michigan, 1960).

35. Ver C. H. Waddington, *The Ethical Animal* (Londres, 1960); T. H. Huxley e Julian Huxley, *Evolution and Ethics 1893-1943* (Londres, 1947); J. Needham, *Time: The Refreshing River* (Londres, 1943); e A. G. N. Flew, *Evolutionary Ethics* (Londres, 1967).

36. Carl Menger, *Problems of Economics and Sociology*, editado por Louis Schneider (Urbana, Illinois, 1963), p. 94.

37. À frente dessa tradição, talvez devamos mencionar B. de Spinoza e a sua afirmação em *Ethics* (edição Everyman, p. 187), frequentemente citada, de que "o homem livre é aquele que vive apenas de acordo com os ditames da razão".

38. Voltaire, *Dictionnaire Philosophique*, s.v. "Loi", em *Oeuvres complètes de Voltaire*, editada por Hachette, tomo XVIII, p. 432: *"Voulez-vous avoir de bonnes lois? Brulez les vôtres et faites nouvelles"*.

39. R. A. Palmer, *The Age of Democratic Revolution*, vol. I (Princeton, 1959), p. 114.

40. Edmund Burke, "A vindication of natural society", Prefácio em *Works* (Londres, 1808), p. 7.

41. Alexander Herzen, *From the Other Shore*, editado por I. Berlin (Londres, 1956), pp. 28 e 141.

42. Hans Reichenbach, *The Rise of Scientific Philosophy* (Berkeley, Califórnia, 1951), p. 141.

43. Citado em John Maynard Keynes, *Two Memoirs* (Londres, 1949), p. 97.

44. Ver J. Piaget, *The Child's Conception of the World* (Londres, 1929), p. 359: "A criança começa procurando propósitos em toda parte e apenas de forma secundária se interessa em classificá-los como propósitos das próprias coisas (animismo) e propósitos dos fabricantes das coisas (artificialismo)".

45. Como eu mesmo fiz no passado, seguindo autores anteriores. Para as razões pelas quais essa expressão agora me parece equivocada, ver minha conferência a respeito de "Kinds of rationalism", em *S. P. P. E.*

46. Ver o meu artigo sobre "The primacy of the abstract", em A. Koestler e J. R. Smithies (eds.), *Beyond Reductionism* (Londres, 1969).

47. Ver Gilbert Ryle, *The Concept of Mind* (Londres, 1949).

48. Ver G. W. F. Hegel, *Philosophie der Weltgeschichte*, ed. G. Lasson, terceira edição (Leipzig, 1930), e reeditado em *Gesellschaft, Staat, Geschichte*, editado por F. Bülow (Leipzig, sem data), p. 317: *"Die Richtung, die an der Abstraktion festhält, ist der Liberalismus, über den das Konkrete immer siegt, und gegen das er überall Bankrott macht."* Este trecho não está contido em *Vorlesungen über die Philosophie der Geschichte* em *Werke* (Berlim, 1837), vol. IX ou em *Jubiläumsausgabe* (Stuttgart, 1928), vol. XI, pp. 556-7.

## Capítulo 2

\*   Adam Smith, *The Theory of Moral Sentiments* (Londres, 1759), parte 6, cap. 2, penúltimo parágrafo. Vale notar que esta passagem contém alguns dos conceitos e termos básicos que deveremos usar ao longo deste livro: a concepção de uma ordem espontânea da *Grande Sociedade* em contraste com um *arranjo* intencional dos elementos; a distinção entre *coincidência* e *oposição* entre as normas (*princípios de movimento*) inerentes aos elementos e aquelas que lhes são impostas pela legislação; e a interpretação do processo social como um *jogo* que prosseguirá sem sobressaltos se os dois tipos de normas estiverem em harmonia, mas que produzirá *desordem* se estiverem em conflito.

176

# NOTAS

1. Ver o meu ensaio sobre "The theory of complex phenomena", em F. A. Hayek, *Studies in Philosophy, Politics and Economics* (Londres e Chicago, 1967, doravante referidos como *S. P. P. E.*). Na verdade, a princípio, foi o resultado de considerações metodológicas que me levaram a retomar o uso do conceito impopular de "ordem": ver também F. A. Hayek, *The Counter-Revolution of Science* (Chicago, 1952), p. 39:

   > Se os fenômenos sociais não apresentassem nenhuma ordem, exceto na medida em que fossem conscientemente concebidos, de fato não haveria espaço para uma ciência teórica da sociedade e existiriam apenas, como muitas vezes se afirma, problemas de psicologia.

   Em discussões recentes, o termo "sistema" é frequentemente utilizado quase no mesmo sentido em que uso aqui o termo "ordem", que ainda me parece preferível.

2. Aparentemente o uso do conceito de ordem em teoria política remonta a Santo Agostinho. Ver em particular o seu diálogo *Ordo* em J. P. Migne (ed.) *Patrologiae cursus completus sec. lat.* 32/47 (Paris, 1861-2), e em uma versão alemã, *Die Ordnung*, tradução para o alemão de C. J. Peel, quarta edição (Paderborn, 1966).

3. Ver L. S. Stebbing, *A Modern Introduction to Logic* (Londres, 1933), p. 228: "Quando sabemos como se ordena um conjunto de elementos, temos uma base de inferência". Ver também Immanuel Kant, *Werke* (Akademie Ausgabe), *Nachlass*, vol. VI, p. 669: "*Ordnung ist die Zusammenfügung nach Regeln*".

4. Ver E. E. Evans-Pritchard, *Social Anthropology* (Londres, 1951), p. 49; ver também *ibid.*, p. 19:

   > É evidente que deve haver uniformidades e regularidades na vida social, que a sociedade deve ter algum tipo de ordem, ou os seus membros não poderiam viver juntos. É só porque as pessoas sabem o tipo de comportamento que se espera delas e o tipo de comportamento que se espera dos outros, nas diversas situações da vida, e coordenam as suas atividades em submissão às normas e sob a orientação de valores que cada um e todos são capazes de tratar dos seus assuntos. Eles conseguem fazer previsões, antecipar acontecimentos e levar as suas vidas em harmonia com os seus semelhantes porque todas as sociedades possuem uma forma ou padrão que nos permite falar delas como um sistema, ou estrutura, no qual e segundo o qual os seus membros vivem as suas vidas.

5. Ver L. S. Stebbing, *op. cit.*, p. 229: "A ordem é mais *evidente* onde o homem esteve em ação".

6. Ver J. Ortega y Gasset, *Mirabeau o el político* (1927), em *Obras Completas* (Madri, 1947), vol. III, p. 603: "*Orden no es una presión que desde fuera se ejerce sobra la sociedad, sin un equilibrio que se suscita en su interior*".

7. Ver H. von Foerster e G. W. Zopf Jr. (eds.), *Principles of Self-Organization* (Nova York, 1962) e, na antecipação dos principais conceitos da cibernética por Adam Smith, cf. G. Hardin, *Nature and Man's Fate* (Nova York, 1961), p. 54; e Dorothy Emmet, *Function, Purpose and Powers* (Londres, 1958), p. 90.

8. Ver H. Kuhn, "Ordnung im Werden und Zerfall", em H. Kuhn e F. Wiedmann (eds.), *Das Problem der Ordnung* (Sechster Deutscher Kongress für Philosophie, Munique, 1960, publ. Meisenheim am Glan, 1962), sobretudo p. 17.

9. Ver Werner Jaeger, *Paideia: The Ideals of Greek Culture*, tradução para o inglês de G. Highet, vol. I, segunda edição (Nova York, 1945), p. 110, sobre a transferência, por "Anaximandro de Mileto, do conceito de *diké* da vida social da cidade-estado para o âmbito da natureza. (...) Essa é a origem da ideia filosófica de cosmos: pois a palavra significava originalmente a *ordem correta* em um estado ou em uma comunidade"; e *ibid.*, p. 179: "Assim, o cosmos do físico se tornou, por um curioso retrocesso mental, o padrão de eunomia na sociedade humana". Ver também do mesmo autor "Praise of law", em P. Sayre (ed.), *Interpretations of Modern Legal Philosophies: Essays in Honor of Roscoe Pound* (Nova York, 1947), sobretudo p. 358:

   > Um mundo assim "justificado" poderia ser corretamente designado por outro termo tomado da ordem social, um cosmos. Esta palavra aparece pela primeira vez na linguagem dos filósofos jônios; ao dar esse passo e ampliar o conceito de *diké* à realidade como um todo, eles revelaram claramente a natureza do pensamento jurídico grego e mostraram que este se baseava na relação da justiça com o ser.<fim>

   E *ibid.*, p. 361: "A lei sobre a qual ela [a *polis*] se fundava não era um mero decreto, mas o *nomos*, que significava originalmente a soma total do que era respeitado por todos os costumes existentes em termos do que é certo e errado"; e *ibid.*, p. 365, sobre o fato de que mesmo no período de dissolução da antiga fé grega no direito "a relação estrita do *nomos* com a natureza do cosmos não era universalmente questionada".

## DIREITO, LEGISLAÇÃO E LIBERDADE

Para Aristóteles, que relaciona *nomos* com *taxis* e não com *cosmos* (ver *Politics*, 1287a, 18, e sobretudo 1326a, 30: *ho te gar nomos taxis tis esti*), é caracteristicamente inconcebível que a ordem resultante do *nomos* exceda o que o ordenador consegue inspecionar, "pois quem comandará a sua grande multidão na guerra? Ou quem será o seu arauto, a menos que tenha os pulmões do Estentor?". A criação da ordem nessa multidão é para ele uma tarefa que apenas os deuses conseguem realizar. Em outra obra (*Ethics*, IX, x, §3), ele até sustenta que é impossível um estado, isto é, uma sociedade ordenada, de cem mil pessoas.

10. Adam Smith, *Wealth of Nations*, editado por E. Cannan, vol. I, p. 421.

11. Ver Sartori, *Democratic Theory* (Detroit, 1962), p. 306:

> Por dois milênios e meio, o homem ocidental procurou a liberdade no direito. (...) [No entanto] o ceticismo generalizado acerca do valor da proteção jurídica da liberdade não é injustificado. A razão disso é que a nossa concepção de direito mudou; e que, consequentemente, o direito já não pode mais nos dar a proteção que nos deu no passado.

12. Ver Fílon de Alexandria, *Quod omnis probus liber sit*, 452, 45, edição Loeb, vol. IX, p. 36: "*hosoi de meta nomou zosin, eleuteroi*". Sobre a liberdade na Grécia antiga, ver em particular Max Pohlenz, *The Idea of Freedom in Greek Life and Thought* (Dordrecht, 1962). Sobre Cícero e o conceito romano de liberdade em geral, ver U. von Lübtow, *Blüte und Verfall der römischen Freiheit* (Berlim, 1953); Theo Mayer-Maly, "Rechtsgeschichte der Freiheitsidee in Antike und Mittelalter", *Österreichische Zeitschrift für öffentliches Recht*, N.F. vi, 1956; e G. Crifo, "Su alcuni aspetti della libertà in Roma", *Archivio Giuridico "Filippo Serafini"*, sexta série, xxiii, 1958.

13. Ver R. W. Southern, *The Making of the Middle Ages* (New Haven, 1953), p. 107 e segs.:

> O ódio ao que era governado, não pela norma, mas pela vontade, era muito profundo na Idade Média. (...) Quanto mais a pessoa ascendia rumo à liberdade, mais o campo de ação era protegido pelo direito e menos ficava sujeito à vontade. (...) O direito não era inimigo da liberdade; ao contrário, o perfil da liberdade era traçado pela atordoante variedade de leis que evoluíram lentamente durante o nosso período. (...) Nobres e plebeus buscavam igualmente a liberdade, insistindo em aumentar o número de normas sob as quais viviam. (...) Só quando o atributo da liberdade se expressou por estar associado ao *status* de cavaleiro, burguês ou barão foi possível observá-lo, analisá-lo e mensurá-lo. (...) A liberdade é uma criação do direito, e o direito é razão em ação; é a razão que torna os homens, como diríamos, fins em si mesmos. A tirania, seja do rei João ou do Diabo, é uma manifestação da ausência do direito.

14. Mais enfaticamente, talvez, Adam Ferguson, *Principles of Moral and Political Science* (Edimburgo, 1792), vol. II, p. 258 e segs.:

> A liberdade não é, como a origem do nome pode aparentemente sugerir, uma isenção de toda restrição; é, ao contrário, a aplicação mais eficaz de toda restrição justa a todos os membros de um estado livre, sejam eles magistrados ou súditos.
> É apenas sob restrições justas que toda pessoa está segura e não pode ser usurpada, seja em sua liberdade pessoal, sua propriedade ou ação inocente. (...) O estabelecimento de um governo justo e eficaz é, entre todas as particularidades da sociedade civil, o mais essencial para a liberdade: que cada um seja justamente considerado livre na medida em que o governo sob o qual vive é suficientemente poderoso para protegê-lo, sendo ao mesmo tempo suficientemente comedido e limitado para impedir o abuso desse poder.

15. Atribui-se a Daniel Webster a afirmação de que a "liberdade é produto do direito, basicamente diferente da licenciosidade autorizada que transgride a justiça", e a Charles Evans Hughes a de que "Liberdade e Direitos são uma única coisa e inseparáveis". Há diversas afirmações semelhantes feitas por estudiosos do direito da Europa continental do século XIX; por exemplo, Charles Beudant, *Le Droit individuel et l'état* (Paris, 1891), p. 5: "*Le Droit, au sens le plus général du mot, est la science de la liberté*"; e Karl Binding, que afirmou em um texto que "*Das Recht ist eine Ordnung menschlicher Freiheit*".

16. Ver J. Bentham, "Principles of the civil code", em *Theory of Legislation*, editado por C. K. Ogden (Londres, 1931), p. 98: "As leis não podem ser feitas exceto à custa da liberdade". Também em *Deontology* (Londres e Edimburgo, 1834), vol. II, p. 59:

> Poucas palavras, com as suas derivações, foram mais perniciosas do que "liberdade". Quando significa algo além de mero capricho e dogmatismo, significa bom governo; e se o bom governo tivesse tido a sorte de ocupar o mesmo lugar na mente do povo que foi ocupado pela liberdade, os crimes e os desatinos que

## NOTAS

desgraçaram e retardaram o progresso do aperfeiçoamento político dificilmente teriam sido cometidos. A definição usual de liberdade — a de que é o direito de fazer tudo que as leis não proíbem — mostra com que descuido se usam as palavras na linguagem falada ou escrita corriqueira; pois se as leis são ruins, o que acontece com a liberdade?, e se as leis são boas, onde está o seu valor? As boas leis possuem um significado definido e inteligível; elas buscam um fim evidentemente útil por meios obviamente apropriados.

17. Ver, por exemplo, Jean Salvaire, *Autorité et liberté* (Montpellier, 1932), p. 65 e segs., que sustenta que "a realização plena da liberdade nada mais é, de fato, que a completa abolição do direito. (...) Direito e liberdade são mutuamente excludentes".

18. Edmund Burke, "Letter to W. Elliot" (1795), em *Works* (Londres, 1808), vol. VII, p. 366:

Essas analogias entre corpos naturais e políticos, embora às vezes possam exemplificar argumentações, não fornecem nenhum argumento a favor por si mesmas. São usadas com demasiada frequência sob o matiz de uma filosofia enganosa, para justificar a desesperança da preguiça e da pusilanimidade, e para desculpar a falta de todo esforço varonil, quando as necessidades urgentes do nosso país mais o exigem.

19. Para um uso característico do contraste entre "organismo" e "organização", ver Adolf Wagner, *Grundlegung der politischen Ökonomie, I. Grundlagen der Volkswirtschaft* (Leipzig, 1876), §§ 149 e 299.

20. Ver Immanuel Kant, *Kritik der Urteilskraft* (Berlim, 1790), Parte 2, seção 1, § 65n.: "*So hat man sich bei einer neuerlich unternommenen gänzlichen Umbildung eines grossen Volkes zu einem Staat des Wortes* Organisation *häufi g für Einrichtung der Magistraturen usw. und selbst des ganzen Staatskörpers sehr schicklich bedient*".

21. Ver H. Balzac, *Autre étude de femme*, em *La Comédie Humaine*, edição Pleiade, vol. III, p. 226: "*Organiser, par example, est un mot de l'Empire et qui contient Napoléon tout entier*".

22. Ver, por exemplo, a publicação editada por H. de Saint-Simon e Auguste Comte intitulada *Organisateur*, reeditada em *Oeuvres de Saint Simon et d'Enfantin* (Paris, 1865-78), vol. XX, sobretudo p. 220, em que o objetivo do trabalho é definido como "*D'imprimer au xix siècle le caractère organisateur*".

23. Ver, em particular, Louis Blanc, *Organisation du travail* (Paris, 1839), e H. Ahrens, *Rechtsphilosophie*, quarta edição (Viena, 1852), sobre "organização" como a palavra mágica dos comunistas e socialistas; ver também Francis Lieber, "Anglican and Gallican liberty" (1848), em *Miscellaneous Writings* (Filadélfia, 1881), vol. II, p. 385:

O fato de a liberdade galicana esperar tudo da *organização*, enquanto a liberdade anglicana tende à evolução, explica por que vemos na França tão pouco aprimoramento e expansão das instituições; porém, quando aprimoramentos são tentados, observa-se uma total abolição da situação anterior — um início *ab ovo* —, uma rediscussão dos primeiros princípios elementares.

24. Ver Ernest Renan, *L'Avenir de la Science* (1890), em *Oeuvres complètes* (Paris, 1949), vol. III, p. 757: "*ORGANISER SCIENTIFIQUEMENT L'HUMANITÉ, tel est donc le dernier mot de la science moderne, telle est son audacieuse mais légitime prétention*".

25. Ver *Shorter Oxford Dictionary*, s.v. "Organization", que mostra, no entanto, que o termo já era utilizado por John Locke.

26. Jean Labadie (ed.), *L'Allemagne, a-t-elle le secret de l'organisation?* (Paris, 1916).

27. Ver Dwight Waldo, "Organization theory: an elephantine problem", *Public Administration Review*, XXX, 1961, e reeditado em *General Systems, Yearbook of the Society for General System Research*, VII, 1962, cujo volume VI contém uma coletânea de artigos útil sobre a teoria da organização.

## Capítulo 3

\* Constituição do estado da Carolina do Norte. Provavelmente, a ideia foi tirada dos *Essays* de David Hume, em *Works* III, p. 482: "Um governo, afirma Maquiavel, deve em muitos casos ser reconduzido aos seus princípios originais". Uma versão anterior deste capítulo foi publicada em *Towards Liberty, Essays in Honor of Ludwig von Mises* (Menlo Park, Califórnia, 1971), vol. I.

1. Ver F. A. Hayek, *The Constitution of Liberty* (Londres e Chicago, 1960).

2. Adam Smith, *Wealth of Nations*, editado por E. Cannan (Londres, 1930), vol. II, p. 184; ver também John Locke, *Second Treatise on Government*, editado por P. Laslett (Cambridge, 1960), seção 22: "Uma

# DIREITO, LEGISLAÇÃO E LIBERDADE

liberdade de seguir a minha própria vontade em todas as coisas, quando não estipuladas pelas normas".

3.  Ver A. V. Dicey, *Lectures on the Relation between Law and Public Opinion during the Nineteenth Century* (Londres, 1914), p. 257:

    > O efeito benéfico da intervenção do Estado, sobretudo sob a forma de legislação, é direto, imediato e, por assim dizer, visível, enquanto os seus efeitos maléficos são graduais e indiretos, ficando fora do alcance da visão. (...) Desse modo, a maior parte da humanidade encara inevitavelmente com indevido obséquio a intervenção governamental. Esse viés natural só pode ser neutralizado pela existência, numa dada sociedade, (...) de uma presunção ou predisposição a favor da liberdade individual, isto é, do *laissez-faire*.

    Da mesma forma, E. Küng, *Der Interventionismus* (Berna, 1941), p. 360: "*Die günstigen und gewollten Nachwirkungen der meisten wirtschafts-politischen Massnahmen treten kurz nach ihrer Inkraftsetzung auf, die manchmal schwerer wirkenden Fernwirkungen erst später*".

4.  Como pregou John Dewey, com efeitos tão profundos nos intelectuais norte-americanos; ver, por exemplo, o seu ensaio "Force and coercion", *International Journal of Ethics*, xvi, 1916, sobretudo p. 362. "Se o uso da força é justificado ou não (...) é, em essência, uma questão de eficiência (incluindo a economia) dos meios na realização dos fins."

5.  Benjamin Constant, "De l'arbitraire", em *Oeuvres politiques*, editado por C. Louandre (Paris, 1874), pp. 71-2.

6.  Frederic Bastiat, *Ce qu'on voit et ce qu'on ne voit pas en economie politique* (Paris, 1850), tradução para o inglês nos seus *Selected Essays in Political Economy*, editado por G. B. de Huszar (Princeton, 1964), o seu último e mais brilhante ensaio.

7.  Carl Menger, *Problems of Economics and Sociology*, editado por L. Schneider (Urbana, Illinois, 1963).

8.  Ver W. Y. Elliott, *The Pragmatic Revolt in Politics* (Nova York, 1928).

9.  Nessa linha, em particular, R. A. Dahl e Charles Lindblom, *Politics, Economics, and Welfare* (Nova York, 1953), pp. 3-18, por exemplo p. 16: "Técnicas e não 'ismos' são o cerne da ação racional no mundo ocidental. Tanto o socialismo quanto o capitalismo estão mortos". É exatamente por isso que estamos à deriva.

10. Londres e Chicago, 1944.

11. Ver o prefácio a W. S. Jevons, *The State in Relation to Labour* (Londres, 1882).

12. Herbert Spencer, *Justice: Being Part IV of the Principles of Ethics* (Londres, 1891), p. 44.

13. J. A. Schumpeter, *History of Economic Analysis* (Nova York, 1954), p. 394.

14. Adam Smith, *op. cit.* vol. I, p. 435.

15. Ver, por exemplo, Max Weber, *On Law in Economy and Society*, editado por Max Rheinstein (Cambridge, Massachusetts, 1954), p. 298.

16. Ver os ensaios sobre *Capitalism and the Historians*, de diversos autores, editados pelo presente autor (Londres e Chicago, 1953).

17. David Hume, *Essays*, em *Works* III, p. 125, e comparar as passagens de J. S. Mill e Lord Keynes citadas na p. 113 e na nota 14 do cap. 6 do meu livro *The Constitution of Liberty*, às quais agora pode ser acrescentada afirmação semelhante de G. Mazzini, que vi citada sem menção da fonte: "As ideias regem o mundo e os seus eventos. A revolução é a passagem de uma ideia da teoria para a prática. Independentemente do que dizem os homens, os interesses materiais nunca provocaram e nunca provocarão uma revolução".

18. Portanto, também não é, como sugeriu gentilmente J. A. Schumpeter em uma resenha do livro *Road to Serfdom* no *Journal of Political Economy*, xiv, 1946, por "excesso de polidez", mas por uma convicção profunda acerca de quais são os fatores decisivos, que esse livro "raramente atribui aos oponentes algo além de erro intelectual".

19. Como escreveu George Dahm, um dos seguidores de Carl Schmitt, ao resenhar *Drei Arten des rechtswissenschaftlichen Denkens* (Hamburgo, 1934), de Schmitt, em *Zeitschrift für die gesamte Staatswissenschaft*, xcv, 1935, p. 181, todas as obras de Schmitt "*sind von Anfang an auf ein bestimmtes Ziel gerichtet gewesen: die Entlarvung und Zerstörung des liberalen Rechtsstaates und die Überwindung des Gesetzgebungsstaates*". O comentário mais apropriado sobre Schmitt foi realizado por Johannes Huizinga, *Homo Ludens* (1944), tradução para o inglês (Londres, 1947), p. 209:

NOTAS

> Não conheço rebaixamento mais triste e profundo da razão humana do que o delírio bárbaro e patético de Schmitt a respeito do princípio entre amigo e inimigo. As suas cerebrações inumanas não se sustentam sequer com uma peça de lógica formal. Pois não é a guerra que é séria, mas a paz. (...) Apenas transcendendo essa lamentável relação entre amigo e inimigo poderá a humanidade celebrar a dignidade da condição humana. O tipo de "seriedade" de Schmitt simplesmente nos devolve ao nível selvagem.

20. Ver Carl Schmitt, *op. cit.*, p. 11 e segs.

## Capítulo 4

\* Julius Paulus, jurista romano do século III d.C., em *Digests* 50.17.1: "O que é certo não é inferido da norma, mas sim é a norma que se origina do nosso conhecimento do que é certo". Ver também a observação de Francisco Acúrsio, glosador do século XII, comentário de *Digests*, I. 1.1., pr. 9: "(...) *est autem ius a iustitia, sicut a matre sua, ergo prius fuit iustitia quam ius*". Quanto a todo o conjunto de problemas a ser discutido neste capítulo, ver Peter Stein, *Regulae Iuris* (Edimburgo, 1966), sobretudo p. 20: "Na origem, *lex* era declaratório de *ius*".

1. Bernhard Rehfeld, *Die Wurzeln des Rechts* (Berlim, 1951), p. 67:

    > *Das Auftauchen des Phänomens der Gesetzgebung (...) bedeutet in der Menschheitsgeschichte die Erfindung der Kunst, Recht und Unrecht zu machen. Bis dahin hatte man geglaubt, Recht nicht setzen, sondern nur anwenden zu können als etwas, das seit jeher war. An dieser Vorstellung gemessen ist die Erfindung der Gesetzgebung vielleicht die folgenschwerste gewesen, die je gemacht wurde — folgenschwerer als die des Feuers oder des Schiesspulvers — denn am stärksten von allen hat sie das Schicksal des Menschen in seine Hand gelegt.*

2. Essa ilusão, característica de muitos pensadores do nosso tempo, foi expressa por Lord Keynes em uma carta endereçada a mim em 28 de junho de 1944, citada em R. F. Harrod, *The Life of John Maynard Keynes* (Londres, 1951), p. 436, em que, comentando o meu livro *The Road to Serfdom*, ele observou que "atos arriscados podem ser praticados sem perigo em uma comunidade que pensa e sente corretamente, mas seriam o caminho do inferno se fossem praticados por aqueles que pensam e sentem incorretamente".

3. David Hume, *Treatise* II, p. 306:

    > No entanto, embora seja possível que os homens mantenham uma pequena sociedade inculta sem governo, é impossível que mantenham uma sociedade de qualquer tipo sem justiça e sem a observância das três leis fundamentais relativas à estabilidade da propriedade, à transferência por consentimento e ao cumprimento de promessas. Portanto, elas antecedem o governo.

    Ver também Adam Ferguson, *Principles of Moral and Political Science* (Edimburgo, 1792), vol. I, p. 262:

    > O primeiro objeto de acordo e de convenção entre os homens não é dar existência à sociedade, mas aperfeiçoar a sociedade na qual os homens já se encontram colocados por natureza; não é estabelecer subordinação, mas corrigir o abuso da subordinação já estabelecida. E esse conteúdo, sobre o qual o talento político dos homens deve trabalhar, não é, como os poetas imaginaram, uma raça dispersa, num estado de individualidade a ser reunido pelos encantos da música ou pelas lições de filosofia. Mas sim um conteúdo muito mais próximo do ponto ao qual o ato político o conduziria; um grupo de homens reunidos por mero instinto; colocados na relação de subordinação entre pai e filho, nobre e plebeu, senão entre rico e pobre, ou outra distinção fortuita, senão original, que constitui, de fato, uma relação de poder e dependência, pela qual poucos estão em condição de governar muitos, e uma parte tem ascendência sobre o todo.

    E Carl Menger, *Problems of Economics and Sociology* (Urbana, Illinois, 1963), sobretudo p. 227:

    > Sendo assim, o direito nacional na sua forma mais original não é, com certeza, o resultado de um contrato ou de uma reflexão visando a garantia do bem-estar comum. Tampouco é, de fato, dado com a nação, como a escola histórica afirma. Ao contrário, é anterior ao aparecimento desta última. Na verdade, é um dos vínculos mais fortes pelos quais a população de um território se torna nação e alcança a organização do estado.

## DIREITO, LEGISLAÇÃO E LIBERDADE

4. Ver Gilbert Ryle, "Knowing how and knowing that", *Proceedings of the Aristotelian Society*, 1945-6, e *The Concept of Mind* (Londres, 1949), cap. 2; ver também o meu ensaio "Rules, perception and intelligibility", *Proceedings of the British Academy*, xlviii, 1962, reeditado nos meus *Studies in Philosophy, Politics and Economics* (Londres e Chicago, 1967) (*S.P.P.E.*).
5. Ver Sten Gagnér, *Studien zur Ideengeschichte der Gesetzgebung* (Uppsala, 1960); Alan Gewirt, *Marsilius of Padua, Defender of Peace* (Nova York, 1951 e 1956); e T. F. T. Plucknett, *Statutes and their Interpretation in the First Half of the Fourteenth Century* (Cambridge, 1922).
6. Ver o meu ensaio em "Notes on the evolution of rules of conduct", em *S.P.P.E.*
7. O caso mais bem documentado e mais estudado de desenvolvimento de tradições "culturais" distintas entre grupos separados de animais da mesma espécie é o do macaco-japonês, que em épocas relativamente recentes foi separado, devido à ampliação das áreas de cultivo humanas, em grupos distintos que parecem ter adquirido, em pouco tempo, traços culturais claramente distinguíveis. Ver também a esse respeito J. E. Frisch, "Research on primate behaviour in Japan", *American Anthropologist*, lxi, 1959; F. Imanishi, "Social behavior in Japanese monkeys: 'Macaca fuscata'", *Psychologia*, I, 1957; e S. Kawamura, "The process of subcultural propagation among Japanese macaques", em C. H. Southwick (ed.), *Primate Social Behavior* (Princeton, 1963).
8. V. C. Wynne-Edwards, *Animal Dispersion in Relation to Social Behaviour* (Edimburgo, 1966), p. 456; ver também *ibid.*, p. 12:

> Como objeto de competição, a substituição de uma parte do terreno, no lugar do alimento próprio que ele contém, para que cada indivíduo ou unidade familiar tenha uma propriedade distinta do recurso para explorar, é o tipo mais simples e direto de convenção limitadora que é possível ter. (...) Em capítulos posteriores, grande espaço é dedicado ao estudo da variedade quase infinita de fatores de limitação de densidade (...) O território alimentar que acabamos de considerar é bastante concreto. (...) Descobriremos que metas abstratas são especialmente características de espécies gregárias.

E *ibid.*, p. 190:

> Há pouca novidade nessa situação no que concerne à humanidade, exceto quanto ao grau de complexidade; todo comportamento convencional é inerentemente social e de caráter moral; e longe de ser um atributo exclusivamente humano, descobrimos que o código primário de convenções que evoluiu para evitar que a densidade populacional excedesse o ideal origina-se não só das classes vertebradas inferiores como também parece bem estabelecido entre os filos invertebrados.

9. David Lack, *The Life of the Robin*, edição revisada (Londres, 1946), p. 35.
10. Além das conhecidas obras de Konrad Z. Lorenz e N. Tinbergen, ver I. Eibl-Eibesfeldt, *Grundlagen der vergleichenden Verhaltensforschung — Ethologie* (Munique, 1967); e Robert Ardrey, *The Territorial Imperative* (Nova York, 1966).
11. Ver J. Rawls, "Justice as fairness", *Philosophical Review*, lxvii, 195.
12. Ver, por exemplo, a descrição em Konrad Z. Lorenz, *King Solomon's Ring* (Londres e Nova York, 1952), p. 188, citado posteriormente neste capítulo.
13. Ver o meu ensaio sobre "The primacy of the abstract", em A. Koestler e J. R. Smithies (eds.), *Beyond Reductionism: New Perspectives in the Life Sciences* (Londres, 1969).  ·
14. Ver as obras de Noam Chomsky, sobretudo *Current Issues in Linguistic Theory* (Haia, 1966); e Kenneth L. Pike, *Language in Relation to a Unified Theory of the Structure of Human Behaviour* (Haia, 1967).
15. Ver Michael Polanyi, *Personal Knowledge* (Londres e Chicago, 1958), sobretudo caps. 5 e 6 sobre "Skills" e "Articulation" e o meu ensaio sobre "Rules, perception and intelligibility" em *S.P.P.E.*
16. Talvez deva ser assinalado de forma explícita que a distinção entre normas enunciadas e não enunciadas não equivale à distinção mais familiar entre lei escrita e não escrita — nem no sentido literal desses termos, nem no sentido em que a lei estatutária é às vezes definida como lei escrita em contraposição à lei consuetudinária. A lei não escrita, que é transmitida oralmente, pode ser plenamente enunciada, e com frequência foi. No entanto, um sistema como o do direito consuetudinário permite levar em consideração normas ainda não enunciadas que muitas vezes serão verbalizadas pela primeira vez por um juiz expressando o que ele justificadamente considera como lei existente.
17. Konrad Z. Lorenz, *op. cit.*, p. 188.
18. Ver a minha conferência sobre *Die Irrtümer des Konstruktivismus und die Grundlagen legitimer Kritik gesellschaftlicher Gebilde* (Munique e Salzburgo, 1970), pp. 24 e segs.
19. Ver S. N. Kramer, *History Begins at Sumer* (Nova York, 1952), p. 52.

## NOTAS

20. É claro que isso não impediu que esses homens viessem mais tarde a ser considerados os criadores desse direito, porquanto o tinham codificado. Ver John Burnet, "Law and nature in Greek ethics", *International Journal of Ethics*, vii, 1897, p. 332:

> Mas um código legal formulado por um legislador conhecido, um Zalenkus ou um Charondas, um Licurgo ou um Sólon, não podia ser aceito dessa maneira como parte da ordem eterna das coisas. Era evidentemente "feito" e, portanto, do ponto de vista de φυσις, artificial e arbitrário. Aparentemente também poderia ter sido feito de outra forma, ou nem sequer ter sido feito. Uma geração que vira as leis sendo feitas não podia deixar de perguntar se toda a moral não tinha sido "feita" do mesmo modo.

21. A. H. M. Jones, *Athenian Democracy* (Oxford, 1957), p. 52.
22. Ver Lord Acton, *History of Freedom* (Londres, 1907), p. 12:

> Em uma ocasião memorável, os atenienses reunidos declararam ser monstruoso que fossem impedidos de fazer o que quisessem; nenhuma força existente conseguiu contê-los, e eles decidiram que nenhum dever os restringiria, e que não se sujeitariam a nenhuma lei que não fosse de sua própria autoria. Assim, o povo emancipado de Atenas tornou-se um tirano.

23. Aristóteles, *Politics*, IV, iv, 4, 1292a, edição Loeb, p. 305:

> E pareceria uma crítica razoável dizer que tal democracia não é uma constituição; pois onde as leis não governam não há constituição, já que o direito deveria governar todas as coisas enquanto os magistrados controlam as particularidades, e deveríamos julgar esse governo constitucional; se a democracia é então realmente uma das formas de constituição, é evidente que uma organização desse tipo, em que todas as coisas são geridas por resoluções da assembleia, não é sequer uma democracia no sentido próprio, pois é impossível que uma resolução votada seja uma norma universal.

24. Max Kaser, *Römische Rechtsgeschichte* (Göttingen, 1950), p. 54.
25. *Ibid.* Ver também Max Rheinstein, "Process and change in the cultural spectrum coincident with expansion: government and law", em C. H. Kraeling e R. M. Adams (eds.), *City Invincible* (Chicago, 1960), p. 117:

> A ideia de que normas válidas de conduta pudessem ser estabelecidas por meio de legislação era característica dos estágios finais da história grega e romana; na Europa Ocidental, permaneceu latente até a descoberta do direito romano e a ascensão da monarquia absoluta. A proposição de que toda lei é domínio de um soberano é um postulado engendrado pela ideologia da Revolução Francesa de que toda lei deveria emanar dos representantes do povo devidamente eleitos. No entanto, essa não é uma descrição fiel da realidade, muito menos nos países do Direito Consuetudinário anglo-saxão.
>
> Sobre Roma, em particular, ver Theodor Mommsen, *Abriss des römischen Staatsrechts* (Leipzig, 1893), p. 319: "*Aber auch mit Hinzuziehung der Bürgerschaft hat der Magistrat der bestehenden Rechtsordnung gegenüber keineswegs freie Hand. Im Gegenteil gilt diese, als nicht durch die Comitien geschaffen, auch nicht als von ihrem Belieben abhängig, vielmehr als ewig und unveränderlich*".

26. Peter Stein, *op. cit.*, p. 20: "Os romanos não recorreriam prontamente à legislação em questões de direito privado".
27. Ver W. W. Buckland e A. D. McNair, *Roman Law and Common Law* (Cambridge, 1936).
28. Além dos autores citados em F. A. Hayek, *The Constitution of Liberty* (Londres e Chicago, 1960), p. 163 e notas 5 e 6, ver R. Sohm, *Fränkische Reichs- und Gerichtsverfassung* (Weimar, 1871), p. 102: "*Das Volksrecht ist das Recht des deutschen Rechts. Das Volksrecht ist das Stammesgewohnheitsrecht. Die gesetzgebende Gewalt ist in der Staatsgewalt nicht enthalten. Die capitula sind nicht Rechtsnormen, sondern Norm für die Ausübung der königlichen Gewalt*"; J. E. A. Jolliffe, *The Constitutional History of Medieval England from the English Settlement to 1485*, segunda edição (Londres, 1947), p. 334:

> Até meados do século XIII, a concepção primitiva de uma sociedade que vivia no âmbito de direito herdado privara o rei da qualidade de legislador e restringira o *commune consilium* ao reconhecimento do costume e à participação em ajustes referentes a direitos e procedimentos por meio de inquérito. Sem dúvida, alterações fundamentais foram feitas, mas de uma maneira que ocultou a sua verdadeira natureza enquanto alteração legislativa.
>
> Uma nota de rodapé sobre essa passagem assinala que Bracton só considerava admissível *legem in melius convertire*, mas não *legem mutare*. Conclusão semelhante pode ser encontrada em F. Fichtenau,

DIREITO, LEGISLAÇÃO E LIBERDADE

*Arenga, Spätantike und Mittelalter im Spiegel von Urkundenformeln* (Graz e Colônia, 1957), p. 178: *"Früher war dem Herrscher allein das leges custodire aufgegeben gewesen. Recht und Gesetz standen ja über ihm und das Neue musste stets im Alten seine Begründung finden".*

29. Fritz Kern, *Kingship and Law in the Middle Ages*, tradução para o inglês de S. B. Chrimes (Londres, 1939), p. 151; G. Barraclough, *Law Quarterly Review*, lvi, 1940, p. 76, descreve esta obra como "dois ensaios notáveis, cujas conclusões, embora possam ser alteradas ou limitadas, certamente jamais serão contestadas".

30. Ver, em particular, Sten Gagnér, *op. cit.*

31. Creio que essa passagem, cuja referência perdi, seja de F. W. Maitland. Ver também A. V. Dicey, *Law of the Constitution*, nova edição (Londres, 1939), p. 370:

> Um jurista, que considera a matéria de um ponto de vista exclusivamente legal, fica tentado a afirmar que a verdadeira questão em discussão entre figuras ilustres como Bacon e Wentworth, de um lado, e Coke ou Eliot, de outro, era saber se uma administração forte do tipo europeu continental devia ou não ser permanentemente estabelecida na Inglaterra.

32. Ver W. S. Holdsworth, *A History of English Law*, vol. V (Londres, 1924), p. 439:

> Foi nos escritos de Coke que essa [concepção da supremacia do direito consuetudinário] e outras concepções medievais ganharam a sua forma moderna; portanto, em grande medida, foi devido à influência dos seus escritos que essas concepções medievais passaram a integrar o nosso direito moderno. Se a sua influência sobre algumas partes do nosso direito moderno não foi totalmente satisfatória, lembremos que elas pouparam os ingleses de um procedimento penal autorizado a usar a tortura, e que preservaram para a Inglaterra e para o mundo a doutrina constitucional do estado de direito.

33. Citado por W. S. Holdsworth, *Some Lessons from Legal History* (Londres, 1928), p. 18.

34. Ver David Hume, *Essays* (Londres, 1875), vol. II, p. 274:

> Todas as leis naturais que regulam a propriedade, assim como as leis civis, são gerais, e consideram apenas algumas circunstâncias fundamentais do caso, sem levar em consideração os caracteres, as situações e as relações das pessoas em questão, ou quaisquer consequências que possam resultar da determinação dessas leis, em qualquer caso específico que se apresente. Elas privam, sem escrúpulos, um homem generoso de todas as suas posses, se adquiridas por mal-entendido, sem um bom direito de propriedade — para entregá-las a um avarento egoísta que já acumulou imensas reservas de bens supérfluos. O interesse público exige que a propriedade seja regulada por normas gerais inflexíveis; e ainda que essas normas sejam adotadas para melhor atender ao mesmo fim do interesse público, é impossível para elas impedir todas as adversidades particulares, ou fazer com que consequências benéficas resultem de cada caso individual. Basta que todo o plano ou esquema seja necessário ao apoio da sociedade civil, e que, principalmente, o bem resulte muito superior ao mal.

35. O argumento a favor de se valer, mesmo nos tempos modernos, do processo gradual do precedente judicial e da interpretação acadêmica para o desenvolvimento do direito foi defendido de maneira convincente pelo falecido Bruno Leoni, em *Liberty and the Law* (Princeton, 1961). Contudo, embora o seu argumento seja um antídoto eficaz à ortodoxia vigente que acredita que só a legislação pode ou deve alterar o direito, não me convenceu de que podemos prescindir da legislação, mesmo no campo do direito privado, que envolve o principal interesse de de Leoni.

36. Ver W. S. Jevons, *The State in Relation to Labour* (Londres, 1882), p. 33: "A grande lição que aprendemos [de 650 anos de legislação criada pelo parlamento inglês] é que a legislação referente ao trabalho sempre foi uma legislação de classe. É a iniciativa de algum organismo dominante para reprimir uma classe inferior, que começa a apresentar aspirações inconvenientes".

37. H. Kelsen, *What is Justice?* (Berkeley, Califórnia, 1957), p. 21.

38. F. W. Maitland, *Constitutional History of England* (Cambridge, 1908), p. 382.

39. Ver David Hume, *op. cit.*, vol. I, p. 125: "Embora os homens sejam bastante governados pelo interesse, mesmo o próprio interesse, e todas as questões humanas, são inteiramente governados pela opinião".

NOTAS

# Capítulo 5

\* Estrabão, *Geography*, 10, 4, 16, na edição Loeb de H. L. Jones, vol. V, p. 145. Enquanto Estrabão viveu no início da nossa era, Éforo de Cime, que ele cita e de cujas obras só se preservaram fragmentos, viveu por volta de 400-330 a.C.

1. Ver, por exemplo, a afirmação do gramático Sérvio, do século IV d.C. (citada por P. Stein, *Regulae Iuris* (Edimburgo, 1966), p. 109): "(...) *ius generale est, sed lex est species, ius ad non scriptum pertinet, leges ad ius scriptum*". Foi sugerido com alguma razão (por Alvaro d'Ors, *De la Guerra, de la Paz* (Madri, 1954), p. 160, citado por Carl Schmitt, *Verfassungsrechtliche Aufsätze* (Berlim, 1958), p. 427), que foi uma grande infelicidade que Cícero tenha traduzido o termo grego *nomos* por *lex* em vez de *ius*. A respeito do uso de termo *lex* por Cícero, ver, em particular, *De legibus*, II, v-vi, edição Loeb de C. W. Keyes (Londres, 1929), pp. 384-6: "*Est lex iustorum iniustorumque distinctio* (...) *nec vero iam aliam esse ullam legem puto non modo habendam, sed ne appellandum quidem*".

2. Ver a afirmação frequentemente citada de H. Triepel, em *Festgabe der Berliner juristischen Fakultät für W. Kahl* (Tübingen, 1923), p. 93: "*Heilig ist nicht das Gesetz, heilig ist nur das Recht, und das Recht steht über dem Gesetz*".

3. Ver as passagens de David Hume, Adam Ferguson e Carl Menger citadas no capítulo 4, nota 3, deste livro.

4. Ver H. L. A. Hart, *The Concept of Law* (Oxford, 1961).

5. Ver James Coolidge Carter, *Law, Its Origin, Growth and Function* (Nova York e Londres, 1907), p. 59: "Todas as queixas de um homem contra outro, sejam de natureza civil ou criminal, resultaram do fato de que algo fora feito *contrariamente às expectativas do queixoso sobre o que deveria ter sido feito*". Ver também *ibid.*, p. 331:

   > A grande norma geral que governa a ação humana desde o início, a saber, que esta deve se adaptar a expectativas justas, continua sendo a norma científica. Todas as formas de conduta que satisfazem essa norma são mutuamente coerentes e se tornam os costumes reconhecidos. Todas as que são incoerentes com a norma são estigmatizadas como más práticas. Portanto, o conjunto de costumes tende a se tornar um sistema harmonioso.

   Sobre esta importante obra, que não é tão conhecida quanto merece, ver M. J. Gronson, "The juridical evolutionism of James Coolidge Carter", *University of Toronto Law Journal*, 1953.

6. Roscoe Pound, *Jurisprudence*, vol. I (Nova York, 1959), p. 371.

7. Como frequentemente falamos de "um grupo que prevalece sobre outros", talvez deva ser enfatizado que isso não significa necessariamente a vitória em um confronto de forças, ou mesmo que os membros desse grupo substituam os membros individuais dos outros grupos. É muito mais provável que o sucesso de um grupo atraia membros de outros, que assim se incorporam ao primeiro. De vez em quando, o grupo bem-sucedido se tornará uma aristocracia no âmbito de uma dada sociedade, e, em consequência, os demais grupos moldarão a sua conduta de acordo com a do primeiro. Porém, em todos esses casos, os membros do grupo mais bem-sucedido muitas vezes não saberão a que peculiaridade devem o seu sucesso, nem cultivarão esse atributo porque sabem o que depende dele.

8. Muitos dos primeiros téoricos do direito natural chegaram perto de compreender essa relação entre as normas jurídicas e a ordem de ações a que elas servem. Ver Roscoe Pound, *Interpretations of Legal History* (Nova York, 1923), p. 5:

   > Na verdade, o jurista, o escritor de textos legais, o juiz ou o legislador, ao trabalhar segundo a teoria do direito natural, avaliava todas as situações e procurava resolver todas a dificuldades remetendo-as a uma imagem idealizada da ordem social da época e do lugar e a uma concepção dos objetivos do direito em termos dessa ordem. (...) Em consequência, o ideal da ordem social era considerado a realidade suprema, da qual as instituições, as normas e as doutrinas jurídicas eram apenas reflexos ou manifestações.

   No entanto, em grande medida, a concepção medieval de uma ordem social ainda era uma do *status* específico dos diferentes indivíduos ou classes, e apenas alguns dos últimos escolásticos espanhóis abordaram a concepção de uma ordem abstrata baseada em um direito uniforme para todos.

9. Quanto ao uso desse termo pelos últimos escolásticos espanhóis, ver C. von Kaltenborn, *Die Vorläufer des Hugo Grotius* (Leipzig, 1848), p. 146. Contudo, a concepção de justiça como sendo circunscrita à ação contra outra pessoa remonta, no mínimo, a Aristóteles, *Nicomachean Ethics*, V, i, 15-20, edição de Loeb, pp. 256-9.

185

# DIREITO, LEGISLAÇÃO E LIBERDADE

10. Esta é uma objeção legítima à maneira pela qual tratei o assunto em *The Constitution of Liberty* (Londres e Chicago, 1960), e espero que esta afirmação satisfaça os críticos que assinalaram essa falha, como Lord Robbins (*Economica*, fevereiro de 1961), J. C. Rees (*Philosophy*, 38, 1963) e R. Hamowy (*The New Individualist Review*, 1 (1), 1961).

11. Naturalmente, isso está implícito na fórmula de Immanuel Kant (e de Herbert Spencer) a respeito de ser a "igual liberdade dos outros" o único fundamento legítimo para uma restrição da liberdade pelo direito. Sobre toda essa questão, ver John Rawls, *A Theory of Justice* (Oxford, 1972).

12. Ver P. A. Freund, "Social justice and the law", em R. B. Brandt (ed.), *Social Justice* (Nova York, 1962), p. 96: "Em geral, expectativas cabíveis são mais o fundamento do que o produto das leis".

13. Heinrich Dernburg, *Pandekten*, segunda edição (Berlim, 1888), p. 85:

> *Die Lebensverhältnisse tragen, wenn auch mehr oder weniger entwickelt, ihr Mass und ihre Ordnung in sich. Diese den Dingen innewohnende Ordnung nennt man Natur der Sache. Auf sie muss der denkende Jurist zurückgehen, wo es an einer positiven Norm fehlt oder wenn dieselbe unvollständig oder unklar ist.*

14. Ver O. W. Holmes Jr., *The Common Law* (Nova York, 1963), p. 7:

> A essência do direito não tem sido a lógica, mas a experiência. O que se supõe necessário numa época, as teorias morais e políticas predominantes, as instituições de política pública, manifestas ou inconscientes, até as ideias preconcebidas que os juízes compartilham com os seus semelhantes têm muito mais força que os silogismos na determinação das normas pelas quais os homens são governados. O direito encarna a história do desenvolvimento de uma nação ao longo de muitos séculos, e não pode ser tratado como se contivesse apenas os axiomas e os corolários de um livro de matemática.

Ver também Roscoe Pound, *Law and Morals* (Chapel Hill, Carolina do Norte, 1926), p. 97:

> O problema do direito é impedir que seres conscientes e dotados de livre-arbítrio interfiram uns nos outros. É ordená-los de tal maneira que cada um exerça a sua liberdade de uma maneira em consonância com a liberdade de todos os demais, já que todos os demais devem ser igualmente considerados como fins em si mesmos.

15. Paul Van der Eycken, *Méthode positive de l'interprétation juridique* (Bruxelas e Paris, 1907), p. 401:

> *On regardait précédemment le droit comme le produit de la volonté consciente du législateur. Aujourd'hui on voit en lui une force naturelle. Mais si l'on peut attribuer au droit l'épithète de naturel, c'est, nous l'avons dit, dans un sens bien différent de celui qu'avait autrefois l'expression de "droit naturel". Elle signifiait alors que la nature avait imprimé en nous, comme un élément même de la raison, certains principes dont la foule des articles des codes n'étaient que les applications. La même expression doit signifier actuellement que le droit résulte des relations de fait entre les choses. Comme ces relations elles-mêmes, le droit naturel est en travail perpétuel. (...) Le législateur n'a de ce droit qu'une conscience fragmentaire; il la traduit par les prescriptions qu'il édicte. Lorsqu'il s'agira de fixer le sens de celle-ci, où faudra-t-il le chercher? Manifestement à leur source: c'est-à-dire dans les exigences de la vie sociale. La probabilité la plus forte de découvrir le sens de la loi se trouve là. De même lorsqu'il s'agira de combler les lacunes de la loi, ce n'est pas aux déductions logiques, c'est aux nécessités qu'on demandera la solution.*

16. C. Perelman e L. Olbrechts-Tyteca, *La Nouvelle Rhétorique — traité de l'argumentation* (Paris, 1958), vol. I, pp. 264-70, sobretudo §46: *Contradiction et Incompatibilité*, e §47: *Procédés permettant d'éviter un incompatibilité*, de que só podemos citar algumas passagens significativas; p. 263:

> *L'incompatibilité dépend soit de la nature des choses, soit d'une décision humaine. [p. 264:] Des incompatibilités peuvent résulter de l'application à des situations determinés de plusieurs règles morales ou juridiques, de textes legaux ou sacrés. Alors que la contradiction entre deux propositions suppose un formalisme où du moins une systeme des notions univoques, l'incompatibilité est toujours relative à des circonstances contingentes, que celles-ci soient constituées par des lois naturelles, des événements particuliers où des décisions humaines.*

Paralelamente, ver também Charles P. Curtis, "A better theory of legal interpretation", *Vanderbilt Law Review*, iii, 1949, p. 423: "O critério mais importante é simplesmente a coerênca com o restante do direito. Um contrato ou um testamento é uma parte muito pequena do nosso direito total, tanto quanto um estatuto é uma parte maior; e, embora a Justiça tenha objetivos maiores, a virtude em que o Direito deposita as suas esperanças é a coerência".

17. Ver Jürgen von Kempski, "Bemerkungen zum Begriff der Gerechtigkeit", *Studium Generale*, xii, 1959, e reeditado em *Recht und Politik* (Stuttgart, 1965), do mesmo autor, p. 51: "*Wir wollen davon sprechen,*

## NOTAS

*dass den Privatrechtsordnungen ein Verträglichkeitsprinzip für Handlungen zu Grunde liegt"*; e, do mesmo autor, *Grundlagen zu einer Strukturtheorie des Rechts*, em *Abhandlungen der Geistes — und Sozialwissenschaftlichen Klasse der Akademie der Wissenschaften und Literatur in Mainz*, 1961, no 2, p. 90: *"Wir fragen, welchen strukturellen Erfordernissen Handlungen entsprechen müssen, wenn sie miteinander verträglich sein sollen; mit andern Worten, wir betrachten eine Welt, in der die Handelnden nicht miteinander kollidieren"*.

18. Robert Frost no poema "Mending wall".

19. John Milton, *The Tenure of Kings and Magistrates*, em *Works*, editado por R. Fletcher (Londres, 1838), p. 27: "O poder que está na raiz de toda liberdade de dispor e economizar na terra que Deus lhes deu, como chefes de família em seu próprio patrimônio".

20. Thomas Hobbes, *The Leviathan* (Londres, 1651), p. 91.

21. Montesquieu, *The Spirit of the Laws*, XVI, capítulo 15.

22. J. Bentham, *The Theory of Legislation*, editado por C. K. Ogden (Londres, 1931), p. 113: "A propriedade e o direito nasceram juntos e vão morrer juntos".

23. Sir Henry Maine, *Village Communities* (Londres, 1880), p. 230: "Ninguém pode atacar a propriedade privada e dizer ao mesmo tempo que valoriza a civilização. A história de ambas não pode ser desembaraçada".

24. Lord Acton, *The History of Freedom* (Londres, 1907), p. 297: "Um povo avesso à instituição da propriedade privada carece dos primeiros elementos da liberdade".

25. Ver A. I. Hallowell, "Nature and function of property as a social institution", *Journal of Legal and Political Sociology*, i, 1943, p. 134:

> Do ponto de vista da nossa argumentação de que os direitos de propriedade de algum tipo são, de fato, não apenas universais como também envolvem um fator básico na estruturação do papel dos indivíduos em relação aos processos econômicos, é significativo que os pensadores do século XVIII tenham percebido a importância fundamental dos direitos de propriedade, ainda que o seu raciocínio fosse diferente do nosso.

> Ver também H. I. Hogbin, *Law and Order in Polynesia* (Londres, 1934), p. 77 e segs., e a introdução de B. Malinowski para essa obra, p. xli, e também deste último autor, *Freedom and Civilization* (Londres, 1944), pp. 132-3.

26. Ver, em particular, Immanuel Kant, *Metaphysik der Sitten*, em *Werke* (Akademie Ausgabe) vol. VI, pp. 382 e 396; e Mary J. Gregor, *Laws of Freedom* (Oxford, 1963).

27. David Hume, *Enquiry Concerning the Principles of Morals*, em *Essays* (Londres, 1875), vol. II, p. 273.

28. Roscoe Pound, "The theory of judicial decision", *Harvard Law Review*, ix, 1936, p. 52.

29. Provavelmente, a opinião mais influente sobre essa visão é a de C. Beccaria, *On Crimes and Punishment* (1764), tradução para o inglês de H. Paolucci (Nova York, 1963), p. 15: "Um juiz é obrigado a completar um silogismo perfeito em que a premissa principal deve ser a lei geral, e a secundária, a ação que se conforma ou não à lei; e a conclusão, a absolvição ou a punição".

30. Ver Sir Alfred Denning, *Freedom under the Law* (Londres, 1949).


## Capítulo 6

\* Paul A. Freund, "Social justice and the law", em R. Brandt (ed.), *Social Justice* (Englewood Cliffs, Nova Jersey, 1962), p. 94, e na coletânea de ensaios do autor *On Law and Justice* (Cambridge, Massachusetts, 1968), p. 83. Compare-se com J. W. Hurst, *Law and Social Process in U.S. History* (Ann Arbor, Michigan, 1960), p. 5:

> Apesar de muita retórica em contrário, a nossa principal filosofia operativa sempre foi usar o direito para alocar recursos positivamente a fim de afetar as condições de vida onde vimos algo de útil ser realizado desse modo. (...) O direito significou organização para fazer e implantar escolhas entre recursos escassos relativas à satisfação humana.

> Quanto ao termo grego *thesis* utilizado no título deste capítulo (que corresponde ao termo alemão *Satzung*), ver John Burnet, "Law and nature in Greek Ethics", *International Journal of Ethic*, vii, 1897, p. 332, onde ele mostra que, em contraposição ao *nomos*, que originalmente significava "uso", *thesis* "pode significar tanto a concessão da lei como a adoção das leis assim concedidas e, portanto, contém

# DIREITO, LEGISLAÇÃO E LIBERDADE

o germe não só da teoria do legislador original como também daquela conhecida como o Contrato Social".

1. Ver a conhecida afirmação de Edward Coke, em "Dr. Bonham's case", 8 Rep. 118a (1610):

> E figura nos nossos livros que, em muitos casos, o direito consuetudinário controlará Atos do Parlamento, e ocasionalmente os julgará inteiramente nulos: pois quando um Ato do Parlamento é contrário ao direito e à razão comuns, ou incompatível, ou impossível de ser executado, o direito consuetudinário controlará esse Ato e o julgará nulo.

> Para a discussão do significado desse caso, ver C. H. McIlwain, *The High Court of Parliament* (New Haven, 1910); T. F. T. Plucknett, "Bonham's case and judicial review", *Harvard Law Review*, xl, 1926-7; e S. E. Thorne, "Bonham's case", *Law Quarterly Review*, liv, 1938. Ainda em 1766, William Pitt podia sustentar na Câmara dos Comuns (*Parliamentary History of England*, vol. VI, col. 195) o seguinte: "Há muitas coisas que um parlamento não pode fazer. Não pode se fazer de executivo, nem dispor de cargos que pertencem à coroa. Não pode tomar a propriedade de nenhum homem, mesmo a do mais pobre aldeão, como na questão de demarcações, sem que ele seja ouvido."

2. Ver J. C. Carter, *Law, Its Origin, Growth, and Function* (Nova York e Londres, 1907), p. 115: "No surgimento da legislação, sua alçada e a alçada do direito público eram quase coincidentes. A alçada do direito privado é pouco afetada."

3. Ver Courtenay Ilbert, *Legislative Methods and Forms* (Oxford, 1901), p. 208: "O legislativo inglês foi constituído originalmente não para fins legislativos, mas para fins financeiros. A sua função básica não era fazer leis, mas conceder recursos".

4. Ver J. C. Gray, *Nature and Sources of Law*, segunda edição (Nova York, 1921), p. 161: "Um estatuto é uma norma geral. Uma resolução do legislativo de que uma cidade deve pagar cem dólares a Timothy Coggan não é um estatuto".

5. Courtenay Ilbert, *op. cit.*, p. 213.

6. Ver J. C. Carter, *op. cit.*, p. 116:

> Nos inúmeros volumes dos livros estatutários, encontramos grande quantidade de assuntos que, embora sob a forma de leis, não são leis no sentido próprio. Consistem na criação de disposições relativas à manutenção de obras públicas do Estado, à construção de asilos, hospitais, escolas e grande variedade de coisas semelhantes. Não passam do registro das ações do Estado em relação às *atividades* em que está envolvido. O Estado é uma grande empresa pública que realiza uma imensa quantidade de atividades, e as disposições escritas para esse fim, embora sob a forma de leis, não diferem basicamente das atas nas quais as empresas comuns registram as ações adotadas (...) essencialmente, é verdade que todo o vasto conjunto de legislação restringe-se ao direito público, e que o seu efeito no direito privado é remoto e indireto e visa apenas tornar mais fácil e segura a aplicação do direito consuetudinário não escrito.

> Ver também Walter Bagehot, *The English Constitution* (1967), World's Classics edition (Oxford, 1928), p. 10: "Na verdade, o legislativo nominalmente escolhido para fazer leis tem como atividade principal a instituição e manutenção de um executivo"; e *ibid.*, p. 119:

> Na verdade, na linguagem própria da jurisprudência, uma imensa quantidade de legislação não é legislação. Uma lei é uma prescrição geral aplicável a muitos casos. As "leis especiais" que abarrotam o livro estatutário e enfadam as comissões parlamentares são aplicáveis apenas a um único caso. Não estabelecem normas segundo as quais as ferrovias devem ser feitas, mas decretam que esta ou aquela ferrovia deve ser feita deste lugar para aquele, não tendo influência sobre nenhuma outra operação.

7. Courtenay Ilbert, *op. cit.*, p. 6. Ver também *ibid.*, p. 209 e segs.:

> Quando os autores de livros de jurisprudência escrevem a respeito de leis, quando os juristas falam sobre leis, estão pensando sobretudo naquelas leis encontradas nos *Institutas* de Justiniano, no Código Napoleônico ou no Novo Código Civil do Império Germânico, ou seja, as normas jurídicas referentes a contratos e danos, à propriedade, a relações de família e herança, ou então ao direito relativo a crimes, tal como é encontrado num Código Penal. Também incluiriam o direito processual, ou direito "adjetivo", para usar um termo de Bentham, de acordo com o qual as normas jurídicas substantivas são administradas pelos tribunais. Esses ramos do direito constituem o que talvez se possa chamar de direito dos "juristas".

8. Ver M. J. C. Vile, *Constitutionalism and the Separation of Powers* (Oxford, 1967); e W. B. Gwyn, *The Meaning of the Separation of Powers*, *Tulane Studies in Political Science*, IX (Nova Orleans, 1965). Gwyn mostra

# NOTAS

que a ideia da separação dos poderes se inspirou em três considerações totalmente diferentes, que ele classifica como argumentos do estado de direito, da responsabilidade e da eficiência. O argumento do estado de direito exigiria que o legislativo só aprovasse normas de conduta justa aplicáveis igualmente a todas as pessoas e ao governo; o argumento da responsabilidade pretende tornar o pequeno número de homens que necessariamente dirige de fato o governo responsável perante a assembleia representativa; e o argumento da eficiência exige a delegação do poder de ação ao governo porque uma assembleia não consegue conduzir atividades com eficiência. É óbvio que no segundo e no terceiro casos a assembleia também tomaria parte do governo, mas apenas numa função de supervisão ou controle.

9. M. J. C. Vile, *op. cit.*, p. 44.
10. *The First Agreement of the People of 28 October 1647*, em S. R. Gardiner, *History of the Great Civil War*, nova edição (Londres, 1898), vol. III, p. 392.
11. [Marchamont Needham?], *A True Case of the Common Wealth* (Londres, 1654) citado por M. J. C. Vile, *op. cit.*, p. 10, onde o livro é considerado como "defesa oficial" do *Instrument of Government of 1653*.
12. M. J. C. Vile, *op. cit.*, p. 63:

> O poder do legislativo em si limita-se ao exercício da sua própria função. John Locke considerava que a autoridade legislativa *deve agir de uma maneira específica* (...) aqueles que exercem essa autoridade devem elaborar *apenas* normas gerais. Devem governar por meio de leis consagradas e promulgadas, que não devem ser alteradas em casos particulares.

Ver também *ibid.*, pp. 214 e 217.

13. J. Bentham, *Constitutional Code*, em *Works*, IX, p. 119:

> Por que tornar a legislação onicompetente? (...) Porque isso permitirá que ela ponha em prática a vontade do legislativo supremo e promova o interesse e a segurança dos membros do estado. (...) Porque a prática que isso exclui está, numa constituição como a atual, prenhe de mal sob todas as formas imagináveis. Qualquer limitação está em contradição com o princípio da felicidade geral.

14. Sobre o papel de James Mill em relação a isso, ver M. J. C. Vile, *op. cit.*, p. 217.
15. Robert A. Palmer, *The Age of Democratic Revolution*, vol. I, (Princeton, 1959).
16. O trecho é citado por J. Seeley, *Introduction to Political Science* (Londres, 1896), p. 216, mas não consegui encontrá-lo na correspondência publicada de Napoleão.
17. G. W. F. Hegel, *Philosophie der Weltgeschichte* (citado dos trechos em *Gesellschaft, Staat, Geschichte*, editado por F. Bülow (Leipzig, 1931), p. 321):

> *Die erste Verfassung in Frankreich enthielt die absoluten Rechtsprinzipien in sich. Sie war die Konstituierung des Königtums; an der Spitze des Staates sollte der Monarch stehen, dem mit seinen Ministern die Ausübung zustehen sollte; der gesetzgebende Körper hingegen sollte die Gesetze machen. Aber diese Verfassung war sogleich ein innerer Widerspruch; denn die ganze Macht der Administration war in die gesetzgebende Gewalt verlegt: das Budget, Krieg und Frieden, die Aushebung der bewaffneten Macht kam der gesetzgebenden Körperschaft zu. Das Budget aber ist seinem Begriffe nach kein Gesetz, denn es wiederholt sich alle Jahre, und die Gewalt, die es zu machen hat, ist Regierungsgewalt. (...) Die Regierung wurde also in die Kammern verlegt wie in England in das Parlament.*

18. W. Hasbach, *Die moderne Demokratie* (Jena, 1912), pp. 17 e 167.
19. Ver J. C. Carter, *op. cit.*, p. 234:

> Prescrições legislativas assim formuladas, exigindo que se façam coisas específicas, fazem parte da máquina governamental, mas uma parte muito diferente daquela referente às normas que regem a conduta dos homens nas suas relações mútuas. É devidamente denominada *direito público*, como distinção do direito privado.

Ver também J. Walter Jones, *Historical Introduction to the Theory of Law* (Oxford, 1956), p. 146:

> Existe, por exemplo, a visão de que a essência do Estado é a posse da força suprema. O direito público, devido à sua relação com o Estado, mostra-se tão vivamente marcado pela característica da força que o atributo da ordem ou regularidade, tão pronunciado nas normas de que o jurista em geral se ocupa, parece totalmente ofuscado. Como resultado, a diferença entre o direito público e o direito privado torna-se mais de gênero do que de grau — uma diferença entre força e norma. O direito público deixa absolutamente de ser direito, ou pelo menos de ser direito no mesmo sentido de direito privado.

DIREITO, LEGISLAÇÃO E LIBERDADE

No polo oposto encontram-se aqueles juristas basicamente dedicados a uma ciência do direito público independente. Eles têm que admitir que é tarde demais para negar que as normas agrupadas como direito privado merecem o nome de direito, mas, longe de considerarem a ligação entre as normas que constituem o direito público e a força como uma prova de sua inferioridade em relação ao direito privado, vislumbram nisso antes o sinal de uma superioridade inerente. (...) Portanto, a distinção torna-se uma entre relações de subordinação e de coordenação.

A distinção mais clara entre o direito constitucional enquanto composto de normas organizacionais e o direito privado enquanto composto de normas de conduta foi formulada por W. Burkhardt, *Einführung in die Rechtswissenschaft*, segunda edição (Zurique, 1948), sobretudo p. 137:

*Der erste [der doppelten Gegensätze auf die die Gegenüberstellung von öffentlichen und privaten Recht zielt] beruht auf einer grundlegenden Verschiedenheit der Rechtsnormen: die* materiellen oder Verhaltensnormen *schreiben den Rechtsgenossen vor, was sie tun oder lassen sollen: die* formellen oder organisatorischen Normen *bestimmen, wie, d.h. durch wen und in welchem Verfahren, diese Regeln des Verhaltens gesetzt, angewendet und (zwangsweise) durchgesetzt werden. Die ersten kann man Verhaltensnormen, die zweiten Verfahrensnormen oder (i.w.S.) Verfassungsnormen nennen. Man nennt die ersten auch materielle, die zweiten formelle Normen. (...) Die ersten geben den Inhalt des Rechts, das rechtlich geforderte Verhalten, die zweiten entscheiden über seine Gültigkeit.*

Ao que parece, a distinção formulada por Burkhardt foi aceita sobretudo por outros juristas suíços; ver, em particular, Hans Nawiaski, *Allgemeine Rechtslehre als System der rechtlichen Grundbegriffe* (Zurique, 1948), p. 265, e C. Du Pasquier, *Introduction à la théorie générale et la philosophie du droit*, terceira edição (Neuchatel, 1948), p. 49.

Ver, no entanto, H. L. A. Hart, *The Concept of Law* (Oxford, 1961), p. 78:

No âmbito de normas de um tipo, que pode muito bem ser considerado o tipo básico ou primário, os seres humanos devem fazer ou se abster de certas ações, queiram ou não. As normas de outro tipo são, em certo sentido, parasitas ou secundárias em relação às normas do primeiro tipo; pois preveem que os seres humanos podem, ao fazer ou dizer certas coisas, introduzir novas normas do tipo primário, extinguir ou alterar normas antigas, ou de várias maneiras determinar a sua incidência ou controlar as suas atividades.

Ver também Lon L. Fuller, *The Morality of Law* (New Haven, 1964), p. 63: "Há hoje uma forte tendência de identificar o direito não a normas de conduta, mas a uma hierarquia de poder ou comando"; e *ibid.* p. 169, onde o autor fala de "uma confusão entre o direito no sentido usual de norma de conduta dirigida ao cidadão e a ação governamental em geral".

20. Ulpian, *Digests*, I,1,1,2, define direito privado como *ius quod ad singulorum utilitatem spectat* e direito público como *ius quod ad statum rei Romanae spectat*.

21. Ver Ernest Barker, *Principles of Social and Political Theory* (Oxford, 1951), p. 9: "Parte dela é direito primário ou constitucional, e parte é direito secundário ou consuetudinário".

22. Ver J. E. M. Portalis, *Discours préliminaire du premier projet de code civil* (1801), em *Conference du Code Civil* (Paris, 1805), vol. I, p. xiv: "*L'experience prouve que les hommes changent plus facilement le domination que de lois*"; ver também H. Huber, *Recht, Staat und Gesellschaft* (Berna, 1954), p. 5: "*Staatsrecht vergeht, Privatrecht besteht.*" Infelizmente, como Alexis de Tocqueville mostrou há muito tempo, também é verdade que as constituições passam, mas o direito administrativo persiste.

23. H. L. A. Hart, *op. cit.*

24. Típica e bastante influente na literatura alemã a esse respeito é a crítica de A. Haenel, *Studien zum deutschen Staatsrecht, II. Das Gesetz im formellen und materiellen Sinn* (Leipzig, 1888), pp. 225-6, à definição de E. Seligmann de uma *Rechtssatz* em *Der Begriff des Gesetzes im materiellen und formellen Sinn* (Berlim, 1886), p. 63, como uma norma que "*abstrakt ist und eine nicht vorauszusehende Anzahl von Fällen ordnet*", com base de que isso excluiria as normas fundamentais do direito constitucional. Na verdade, exclui, e os pais da Constituição dos Estados Unidos provavelmente teriam ficado horrorizados se houvesse sido sugerido que a sua obra pretendia ser superior às normas de conduta justa como incorporadas no direito consuetudinário.

25. Ver, em particular, Johannes Heckel, "Einrichtung und rechtliche Bedeutung des Reichshaushaltgesetzes", *Handbuch des deutschen Staatsrechtes* (Tübingen, 1932), vol. II, p. 390.

26. A. V. Dicey, *Lectures on the Relation between Law and Public Opinion in England during the Nineteenth Century* (Londres, 1903).

# NOTAS

27. Rudolf Gneist, *Das englische Verwaltungsrecht der Gegenwart* (Berlim, 1883).
28. Ver, em particular, Walter Lippmann, *An Inquiry into the Principles of a Good Society* (Boston, 1937).
29. Ver E. Freund, *Administrative Powers over Persons and Property* (Chicago, 1928), p. 98.
30. Carl Schmitt, "Legalität und Legitimität" (1932), reeditado em *Verfassungsrechtliche Aufsätze* (Berlim, 1958), p. 16.
31. Hans J. Morgenthau, *The Purpose of American Politics* (Nova York, 1960), p. 281: "Na nossa época, além de continuar a ser o árbitro, o estado também se converteu no jogador mais poderoso, que, para se assegurar do resultado, reescreve as regras do jogo à medida que este prossegue".
32. Ver Paul Vinogradoff, *Custom and Right* (Oslo, 1925), p. 10:

> A Lei de Disputas Sindicais de 1906 conferiu aos sindicatos uma imunidade a processos com base em atos delituosos praticados por seus agentes; essa imunidade está em flagrante desacordo com a lei de representação e a lei relativa às empresas representadas pelos seus funcionários em conformidade com as Ordens Estatutárias de 1883. A razão dessa situação jurídica contraditória encontra-se na resolução da legislação de assegurar aos sindicatos uma posição favorável na sua luta contra os empregadores.

> Ver também os comentários de A. V. Dicey, J. A. Schumpeter e Lord MacDermott citados em F. A. Hayek, *The Constitution of Liberty* (Londres e Chicago, 1960), p. 504, nota 3.

33. Processo *Home Building and Loan Ass. v. Blaisdell*, 290 U.S. 398, 434, 444, 1934, segundo o qual o estado tem "autoridade para salvaguardar os interesses vitais do seu povo" e, com essa finalidade, impedir "a deturpação da cláusula [contratual] mediante o seu uso como um instrumento para sufocar a capacidade dos Estados de proteger os seus interesses fundamentais".
34. Gustav Radbruch, "Vom individualistischen Recht zum sozialen Recht" (1930), reedição em *Der Mensch im Recht* (Göttingen, 1957), p. 40:

> *Für eine individualistische Rechtsordnung ist das öffentliche Recht, ist der Staat nur der schmale schützende Rahmen, der sich um das Privatrecht und das Privateigentum dreht, für eine soziale Rechtsordnung ist umgekehrt das Privatrecht nur ein vorläufig ausgesparter und sich immer verkleinernder Spielraum für die Privatinitiative innerhalb des all umfassenden öffentlichen Rechts.*

35. Otto Mayer, *Deutsches Verwaltungsrecht*, vol. I, segunda edição (Munique e Leipzig, 1924), p. 14: "*Verwaltungsrecht ist das dem Verhaltniss zwischen dem verwaltenden Staate und den ihm dabei begegnenden Untertanen eigentumliche Recht*".
36. C. A. R. Crosland, *The Future of Socialism* (Londres, 1956), p. 205.

## TAMBÉM DE F. A. HAYEK:

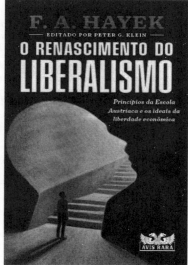